增訂四版序

　　本書出版二十年後，迎來第四版的重印。寫這次增訂四版序時，我的心情頗為複雜。2021 年 8 月 16 日，塔利班武裝兵不血刃，進入首都喀布爾，重新執掌政權，阿富汗歷史似乎又倒退回二十年前。對於像我這樣的相信人類社會會不斷進步，人們會因知識的普及和理性的啟迪而擁抱自由、民主、人權和文化多元主義的知識份子，心裡倍感失望。

　　近幾個月的事態表明，塔利班儘管溫和了一些，但仍舊對婦女受教育、生活和工作的權利加以限制，不允許人民享受電視娛樂等現代文化生活，塔利班的基本教義派精神並沒有改變多少。阿富汗的經濟受到西方和大多數國家的制裁和限制，落後的宗教法規禁錮著社會生活，阿富汗經濟大幅後退，人民生活更加貧苦。

　　2021 年 8 月 16 日，美國駐喀布爾大使館降下國旗。一個美國治理下的阿富汗時代畫下句點。此前連續幾天，美國使館日夜不停地焚燒檔案，大型直升機不斷轉運撤離人員。降下國旗時，美國大使館已經清空，停止辦公。這是一個時代的終結。俄國發言人扎哈羅娃說這是「美國歷史實驗的結束」。川普說這是一個不光彩的結束，並要拜登辭職。看看美軍一夜撤軍，使館人員乘直升機倉皇撤離的樣子，簡直可以說是慘敗，媒體把它與越戰期間

美國西貢撤離相提並論。

誰能想到，塔利班半年前還在農村和郊外打遊擊，竟會如此迅速地再次奪權。美國扶持的阿富汗政權竟如此不堪一擊。阿富汗政府軍有三十萬，而塔利班只有七萬左右，雙方的武器完全不在同一個層面。短短一個月，塔利班就成功地使阿富汗再次變天。整個世界都對阿富汗政府軍的表現目瞪口呆。這支擁有現代化武器的政府軍的敗退可以用兵敗如山倒來形容。

對此，後代的歷史學家們會有多種分析原因，但我覺得有一個簡單而又直截了當的解釋。那就是二十年來在阿富汗，除塔利班以外，並沒有形成第二個具高度組織性且團結一致的武裝集團。阿富汗前政府及其軍隊看起來好似團結，但其實不是。其政府組織覆蓋全國，政令來自總統，且有一個服從命令的軍隊，但這個行政軍事組織缺乏權威性的領袖，組織實際非常鬆散，沒有獻身精神，也缺乏戰鬥意志。

我們可以發現，近半個世紀以來，阿富汗的政權更迭，或是在外國軍隊的入侵下，比如蘇聯和美國；或是國內一個武裝集團，比如塔利班，攻入首都；或是透過政變來實現的，也就是「槍桿子裡奪取政權」。一旦阿富汗國內只有一個高度有組織和戰鬥意志的武裝集團「塔利班」，阿富汗的變天就是遲早的事。

美國媒體哀歎，美國在阿富汗建立代議政府的計畫崩盤了。實際上，成熟的研究者都知道，民主是多方妥協的結果，當阿富汗仍以武力來決定和維持一種權力結構，民主註定是脆弱的。阿富汗的迅速變天可以說既是「美國歷史實驗的失敗」，也再一次提

醒我們注意阿富汗社會中，傳統力量如宗教意識形態及其組織、農村部族社會經濟基礎，會如何影響社會發展。

　　美國在阿富汗建立一個現代國家的努力失敗，也與前後五個美國總統實行五種不同的戰略有關。美國只知道強加自由放任的西方民主制度，卻不考慮阿富汗部落政治和社會現實。美國最長的戰爭以如此羞辱的方式結束了。美國武裝的三十萬政府軍被幾萬塔利班軍隊打敗。這是現代史上最令人匪夷所思的事件，其中的教訓將為後代歷史家不斷回顧。

何　平

增訂三版序

　　在本書第三版印刷之際，阿富汗已經不再是文明衝突的核心板塊，比塔利班更加激進的伊斯蘭基本教義派別——伊斯蘭國在中東崛起。它一度以中世紀哈里發阿拉伯帝國的擴張之勢，在伊拉克和敘利亞攻城掠地，並且以斬首示眾、群體屠殺、奴役婦女和對社會生活的更加嚴峻的規訓震驚世人。它在巴黎等西方社會心臟地帶，發動連環爆炸和槍擊事件；在非洲和亞洲多個國家的公共場所濫殺無辜，撼動世界。

　　九一一事件後，以美國為首的聯軍推翻塔利班政權，阿富汗已有兩位總統經普選產生，國家的經濟和社會重建正緩慢進行，但塔利班勢力並沒有被剿滅，甚至呈現捲土重來之勢。它在阿富汗廣袤的山區和鄉鎮地帶重新集聚力量，並頻繁派遣自殺炸彈客潛入喀布爾、坎達哈和昆都士等核心城市，炸死路人，發動對重兵把守的機場、政府駐地和使館區的襲擊。

　　為什麼數十萬西方聯軍和阿富汗政府軍無法剿滅塔利班武裝分子？其中的原因值得討論。西方聯軍主要致力於武力打擊塔利班，並沒有連帶實施一套社會重建計畫。雖然它在阿富汗首都喀布爾協助建立美國式總統制政府，選舉產生類似議會的國民大會和各級現代行政機構，並經普選產生以四年為任期的總統，但在

鄉村和山區卻缺少有效的行政組織管理，也沒法行使權威，尤其是缺少像塔利班那樣被一定的思想意識形態所團結，具有一定的獻身精神或組織責任感，並有一個自上而下的有權威的組織管轄且具有紀律的官員集團。西方和阿富汗政府也未能提供一套足以與伊斯蘭基本教義派相對抗的意識形態，即使有這樣一個以宣導民主、自由和寬容的政治理論，身處社會動亂，遭受武力威脅的一般民眾也不會信仰和實踐這些信條。

在阿富汗，不僅社會經濟發展遠比中東的伊拉克和敘利亞落後，而且當數十年構建起來的，取代分離且組織化程度極低的中世紀社會的現代國家政權坍塌後，社會管理菁英也散落消失。阿富汗長達幾代人的戰亂摧毀了中產階級，世俗的菁英階層短期內無法再生長出來，整個社會缺少一個能夠組織社會的中堅力量。

筆者曾在一個國際學術會議上就此議論：只有像共產黨那樣的一種武裝力量，才能在短期內有效治理阿富汗國家政權土崩瓦解後出現的無組織狀況。這樣的一支武裝力量不僅有壓倒性的武力作為後盾，而且致力於從思想、經濟和制度上重構整個社會，它還有一大批敢於深入窮鄉僻壤，有執行力和遵守執政黨紀律的行動隊伍。西方帝國曾在十九世紀把西方的政治體制和管理人員強加在非洲和亞洲的落後社會，使之組織化，並緩慢向近現代社會進化。然而，在二十一世紀，無論是前者或是西方殖民主義都被認為是落後和不被認可的統治形式。

本書新版出版之際，阿富汗歷史正進入致力民族和解的新篇章。美國、中國、巴基斯坦、阿富汗政府和塔利班代表參與的和

平談判已進行多次。談判會給阿富汗政局和治安環境帶來變化嗎？塔利班會放棄武力反抗，停止把自己的極端信條強加給社會和他人，並學會容納現代性，讓飽受苦難的阿富汗擺脫噩夢嗎？讓我們祈禱吧。

何　平

增訂二版序

　　本書初版近十年後再版，正值九一一事件的幕後策劃者賓拉登在巴基斯坦阿伯塔巴德市家中被擊斃。這個對阿富汗當代史有重大影響的人物的死亡標誌著美國反恐戰爭的新勝利，也象徵性地宣告二十一世紀之交西方聯軍征戰阿富汗這段歷史的終結。十年來，阿富汗已發生較大變化：民主選舉國家領導人已進行兩屆，經濟開始復甦，多國聯軍正漸次撤出。儘管反對美國扶持卡爾扎伊政權的塔利班仍在戰鬥，阿富汗整體局勢是趨於結束戰亂和重建經濟社會。

　　2011 年對於穆斯林世界是一個不平凡的年份，「阿拉伯之春」在中東多個國家輪番演進。這場群眾抗議運動是由一位突尼西亞小販不堪警察「侮辱」而自殺所引發，隨後演變為席捲多國的抗議長期獨裁統治的武裝和非武裝反抗運動，「阿拉伯之春」雖不能說是由西方勢力發起，但它的訴求卻符合西方民主價值觀，因此得到西方支持。反觀此前的塔利班運動和九一一事件則是以反西方文化和美國中東政策為目的。二十年以前，冷戰結束後，基本教義派曾一度蔓延到北非、中東、南亞和東南亞。二十年以後，阿拉伯世界的政治鐘擺似乎開始向西搖擺。

　　「阿拉伯之春」的出現為學者提供了一個新的研究課題，我

們可以用「後革命的困境」一詞來概括那些遭遇群眾抗議反對的長期獨裁政權「革命者」所處的境遇。以格達費和穆巴拉克為代表,他們原本屬於二戰後興起的民族解放運動和力求擺脫落後君主制政體的革命運動領導者,因而具有進步意義;然而,在獲得政權後,他們卻長期獨霸政權,遲遲不願轉換到政黨輪替的民主政治,導致最終被人民所唾棄。其中教訓值得全世界的「革命者」反思。

阿富汗二十世紀後半葉的歷史和它反覆多次的戰亂,屬於政治現代化進程的另一層面。在阿富汗,現代化進程中的社會經濟整合程度較低,推行現代化的領導集團由於利益和意識形態分歧而內爭,使國家失去統治能力,為反對西方式現代化的傳統勢力提供了機會,現代化進程也因而中斷,成為所謂「失敗國家」。現在,阿富汗的卡爾扎伊政權在開始階段就力圖避免出現「阿拉伯之春」的政治局面。卡爾扎伊的總統職位是經兩次基本上符合民主程序的選舉而產生。當然,阿富汗能否進一步現代化,防止塔利班為代表的傳統勢力推翻國家政權,並避免出現「阿拉伯之春」政治局面,仍須留待歷史來驗證。

正如本書的副標題所揭示:阿富汗是一個不同文明碰撞、交會和融合的區域。十五世紀地理大發現前,阿富汗曾是歐洲文明東傳最遠的區域。亞歷山大大軍的鐵蹄,把古希臘的文明帶到這片荒僻的山野。帶有希臘雕塑風格的犍陀羅藝術從阿富汗傳到中國,影響了中國的雕塑傳統。中國新疆地區的「大月氏」游牧部落也曾把他們的文明生活方式帶到巴克特里亞阿富汗。

　　現在，阿富汗正成為方興未艾的「全球史」所關注的「文明交叉點」區域，成為學術研究的熱點。2011 年 7 月，在北京首都師範大學舉辦的「美國世界史學會第二十屆年會」上，大會主題發言即是討論古代阿富汗的巴克特里亞對世界文明的影響。

　　在增訂二版中，我們添加了近十年來阿富汗的歷史發展，以及賓拉登被擊斃的經過，希望能為關心阿富汗局勢的讀者提供其歷史和最新發展的基本知識。

　　　　　　　　　　　　　　　　　　　　　　　何　平

代　序

　　阿富汗再次成為世界關注的國家。美國九一一事件和恐怖主義的全球化是當代世界若干基本矛盾、地區衝突和文明碰撞的表現。基本教義派在阿富汗的興起，原因何在？阿富汗的歷史和未來如何？

　　國際知名的牛津大學歐洲和亞洲比較研究客座教授何平及其合作者，為我們撰寫這本有關阿富汗和九一一事件的專著。作者以他們在世界著名大學長期研究而積累的深厚歷史知識，以他們對國際局勢的特殊洞察力為我們解讀塔利班和賓拉登，以及史無前例的恐怖攻擊事件之象徵意義。本書的作者具有豐富的閱歷，這些閱歷包括訪問巴基斯坦、印度，出席由美國國務院官員、歐盟高級官員、北約和美國高級將領參加的學術討論會議，以及親歷美國航空母艦等。

　　本書以新的觀點為我們描述了阿富汗，這個處於東西方交通要道和文明十字路口的國家，它在長達二千多年的時間內成為各種文明交會和碰撞之前沿的不平凡經歷。它也向我們提供了經歷二十一世紀第一場戰爭的國家的自然地理和氣候狀況，以及其民族個性和宗教意識形態。

中國社會科學院學部委員　陳啟能　研究員

阿富汗史
文明的碰撞和融合

目　次 | *Contents*

增訂四版序

增訂三版序

增訂二版序

代　序

Afghanistan

緒　言

世界聚焦阿富汗

黑色的星期二：
不對稱戰爭的終結

在喜馬拉雅山的後面，中東沙漠再往西越過伊朗高原，在寂靜的印度洋北岸往內陸走去，在古老的印度河西邊，有一個世界上最崎嶇和封閉的國家。這個國家叫阿富汗，它就像巨大的雜色拼圖的樞紐中心塊，把世界幾大文明的拼板——歐洲的基督教文明、中東的伊斯蘭文明、印度的印度教文明和佛教文明——聯結得天衣無縫。這個國家是南亞、遠東通往非洲和歐洲的關口，它也是從中國到義大利的絲綢之路的要道。在歷史上，代表世界幾乎所有重要宗教文明的大帝國，都曾想在這個主要是高山和河谷的國家留駐。歲月滄桑，阿富汗使無數英雄競折腰。阿富汗荒涼的群山、河谷和沙漠中留下了亞歷山大大帝的希臘城遺址，成吉思汗鐵蹄的蹄印和十九世紀英國遠征軍魂斷沙場的傷心日記。俱往矣，在全球化的浪潮席捲世界的時代，阿富汗不再激起人們過多的思緒。然而，2001 年 9 月 11 日，紐約那個黑色星期二上午發生的歷史事件，又把人們的注意力拉回到在這個資訊時代中，仍堅持中世紀嚴峻道德信條的封閉和落後國家。

　　2001 年 9 月 11 日，美國波士頓羅根機場，朝陽剛剛升起在美國東部的大地上，把和煦的陽光灑滿機場。這又是秋高氣爽的一天，清晨乘飛機的旅客不多，機場顯得有點清靜。7 點半左右，埃及人穆罕默德‧阿塔踏進了第 11 班次的美洲航空公司波音 767 飛機的座艙，他最後再看了一眼機艙門外廣闊的大地。他知道他將永遠也不會再腳踏大地，隨著飛機的升空，他最終的歸宿將是化為一縷輕煙，回歸到全能的穆斯林真主阿拉身邊。稍早以前，早上 7 點 58 分飛往洛杉磯的 174 次航班的飛機上也有同他一起行動的另一小組二名成員。

　　在波士頓南邊的紐約紐沃克機場，另一架 93 班次的波音 757 飛機在兩分鐘後，當地時間 8 點 1 分也起飛開往舊金山。機上總共三十八名旅客中也有蓋達組織 (Al-Qaeda) 的其他行動組成員。八分鐘以後，當地時間上午 8 點 10 分，77 班次飛往洛杉磯的波音 757 飛機在美國首都華盛頓杜勒斯國際機場也升入空中，總共五十八名旅客稀稀鬆鬆地坐在機艙裡，蓋達組織的其他成員混在其中。四架飛機上總共有十九名蓋達所屬的恐怖分子組織成員，他們在兩個星期前透過網路和售票處購買了機票。

　　除了小刀以外，恐怖分子們並沒有攜帶其他武器。在經過一番打鬥，並以身帶炸藥相威脅後，三架飛機上的恐怖分子都很快控制了飛機。一架飛機上的恐怖分子在控制飛機後，還向旅客宣布自己是新機長，並把乘客驅趕向飛機後部。

第一節　世貿大廈被撞毀

8 點 35 分，聯邦航空局已經知道美洲航空公司的第 11 班次飛機遭劫持，並通知美國北美防空司令部。位於科羅拉多斯普林斯的北美防空司令部接到通知後，立即命令二架 F–15 戰鬥機從位於科德角的奧蒂斯空軍基地起飛，三架 F–16 戰鬥機從麻塞諸塞州的蘭利空軍基地起飛。然而，此時距那個宿命的時刻——8 點 45 分只有不到二分鐘。

阿塔駕駛著飛機順著美國海岸線向紐約飛去，曼哈頓已出現在機頭前方，世貿大廈的雙塔樓高聳在樓群林立的曼哈頓繁華市區。他把飛機的高度降低到三百公尺左右，從北邊飛速逼近世貿大廈一號樓。

美洲航空公司 11 班次的航空小姐、華裔的鄧月薇 (Betty Ann Ong) 在飛機撞擊世貿中心一號樓前，向地面報告了劫持者的座位號碼和行動狀況。鄧月薇雖未能阻止飛機撞擊大樓，但是她的勇敢事跡還是在社會上迅速流傳開來。

法國記者朱爾‧諾代 (Jules Naudet) 和熱代翁‧諾代 (Gédéon Naudet) 兩兄弟在工作中意外地拍攝到了世貿大廈被撞的驚人一幕。從 7 月以來，這兩兄弟一直在紐約拍攝一部關於消防隊員生活和訓練的紀錄片。9 月 11 日上午 8 時，兩兄弟各扛著一臺攝影機來到世界貿易中心附近，準備分頭拍攝世貿中心的一號樓和二號樓。

　　8 時 45 分，朱爾‧諾代正在大樓底下拍攝消防隊員進行排除危險狀況的紀錄片。一架波音 767 飛機幾乎是從他們的頭頂上掠過。他簡直被這個不尋常的低空飛機嚇呆了。而職業的習慣使他迅速調整好攝影機的鏡頭，在飛機撞入世貿中心一號樓時，將這恐怖的一瞬間拍攝下來。

　　朱爾‧諾代因此成為唯一一位把這第一次撞擊攝入鏡頭的人。這些圖像不久被包括美國 CNN 在內的全球各國電視臺不斷播放。

　　與此同時，朱爾的兄弟熱代翁也正在現場進行緊張的拍攝。十八分鐘後，第二架波音飛機撞向了世貿中心的二號樓，當飛機撞入一號樓後，世貿中心大樓內的人都往下逃命的時候，數百名消防人員卻不顧個人安危地往上衝。兩棟塔樓倒塌時，三百多名消防隊員，包括紐約市消防局的正副局長全部犧牲。就在世貿中心附近的諾代兄弟把這一災難發生的場面攝入了鏡頭。

　　9 月 11 日上午 8 時 10 分，華人趙志超與他的同事、七十歲的亞歷克斯走進了他們公司設在世貿大廈二號樓九十一層樓的會議室。寬大的會議室裡只坐了幾個人，窗外可以看到下面曼哈頓市區和林立的樓群，討論進行差不多半小時，忽然傳來「轟」的一聲東西相撞的響聲。他們身上立刻感到一陣炙熱，連忙跑到窗口一看，隔空相對的一號樓的九十一層樓破了一個六公尺多的大洞，趙志超回憶起當時的場景時說，他看到人從破洞中紛紛掉落。

　　二號樓裡驚慌的人們直衝樓梯，花了十三分鐘奔到七十八層。此時大樓管理處透過擴音器宣布：「本大樓無事，不要驚慌，留在

圖 1：世貿中心遭到襲擊

原地。」許多人還是拼命地往電梯方向湧去。電梯花一分鐘從七十八層下到大廳。此時大廳聚滿了人，但沒有人知道究竟發生了什麼事，只看到外面地上有一段飛機的殘翼。不久，第二架飛機撞上二號樓的六十幾層樓間，又是一陣狂熱。大家衝向南邊出口，但門外飛機碎片、物品掉落如山，堵住了南門，無法出去。眾人再折向東北角出口，狂奔半條街，只見南北兩棟大樓，烈火衝天，濃煙滾滾，連同物品紛紛從樓上墜落而下。

　　二十五歲的華裔姑娘關豔珠平時在 8 時 45 分到二號樓八十六層紐約稅務局上班。9 月 11 日飛機撞擊一號樓時，她正在二號樓上行到十二層的電梯中，她接到親人來電要她趕快下樓，但電梯門打不開。二號樓被撞後她還在電梯裡，只和親人說了一句話，

手機就不通了，眼睜睜地等到二號樓倒塌而遇難。

林衛榮的妻子回憶說，林衛榮在世貿中心二號樓八十九層的律師事務所上班。飛機撞擊後，她不停地打電話，叫她先生趕快下樓逃命，但林衛榮認定一件事：大樓管理處沒有錯。大樓管理處要求所有人員「不要慌亂，聽從消防隊員指揮」。當時大樓電梯已經失效，消防隊員從樓下步行到高層已不可能。大樓倒塌前，她先生還打電話來。後來就再也聽不到她先生的聲音了。「我先生有一個半小時的時間可以用來逃命，但是他太相信世貿中心的廣播。」

兩架波音飛機撞擊紐約世貿中心，使大樓上部數層受到損壞，不到兩個小時後整個大樓倒塌。估計飛機飛行速度每小時約四百八十三公里，每架飛機帶有兩萬七千多公斤的燃料。每棟樓有一百三十多根支柱，其中許多斷裂。灑水滅火系統大概也失靈了。飛機撞擊造成爆炸，由此產生的溫度高達攝氏二千度。高溫使上層鋼架變軟，桁架周圍的混凝土膨脹不勻。一層層樓開始崩塌。

第二節　五角大廈遭到撞擊

聯邦航空局在世界貿易中心的慘劇發生後，從雷達、通信部門以及機上資訊獲悉，一架波音 757 飛機改變正常航線飛向華盛頓，航空局立即向美國防空司令部報告。

這架波音 757 飛機的乘客和機組人員都被劫持者趕到飛機的尾部，其中包括前聯邦檢察官芭芭拉・奧爾森，她是美國司法

部副部長西奧多‧奧爾森的妻子。此時，劫機者正命令人們給家裡人打電話，飛往洛杉磯的這架飛機成了直指白宮的大型導彈。但是，它中途改變了襲擊目標，衝向五角大廈。芭芭拉‧奧爾森在前總統柯林頓遭彈劾期間成為著名的電視評論員。芭芭拉在第一次通話時告訴丈夫：「飛機被劫持了。」她形容了劫機者如何強迫乘客和飛行員集中到飛機尾部。但她並沒有說明劫機犯的人數和國籍。她的第一次電話被迫中斷後，她丈夫立即打電話給司法部的指揮中心，但他被告知，政府官員對 77 班次被劫持一事無所知。幾分鐘後，他妻子再次打電話詢問：「我該讓飛行員怎麼做？」

然而，此時距華盛頓僅二十四公里的馬里蘭州安德魯斯空軍基地居然沒有一架戰鬥機可以起飛。防空司令部不得不命令二百公里以外的維吉尼亞州蘭利空軍基地的兩架 F-16 戰鬥機起飛迎擊。但此刻為時已晚，接到命令的 F-16 戰鬥機在五角大廈被撞前兩分鐘才到達五角大廈上空。

在飛機撞擊五角大廈前，國防部長拉姆斯菲爾德及其高級助手們並沒有意識到大禍降臨。當時，負責保衛五角大廈的有關官員似乎沒有接到任何警告，因此沒有進行人員疏散。

9 點 45 分，呼嘯著俯衝而來的飛機把五角大廈割開一個巨大的裂口。飛機上的乘客經歷了前所未有的恐懼，瞬間告別了塵世。這個國家的安全象徵──五角大廈也被破壞得慘不忍睹，濃煙從巨大的空洞中升起。

第三節　第四架被劫持的飛機

9 月 11 日早晨，當三架飛機分別撞向世貿中心和五角大廈後，93 班次也被劫持。駕駛艙中的錄音帶記錄下了劫機過程。一名駕駛員喊道：「滾出去！滾出去！」一陣搏鬥聲過後，響起了帶有阿拉伯口音的英語：「我是機長，請大家保持安靜。大家要服從命令。機上有炸彈……。」空姐萊爾斯用手機打電話給她丈夫。萊爾斯哭泣著告訴丈夫自己非常愛他和他們的孩子。手機的背景聲是人們的一片驚慌尖叫。

這架飛機很快就被美國空軍戰鬥機跟蹤。劫機犯把八名乘客和五名機組人員帶到機尾並讓他們坐在地下。但是，聯合航空公司的飛機前不久剛在座椅靠背上加了電話。9 時 45 分，比梅爾用它和航空通信的話務員傑菲遜進行了聯絡，告訴他機上已有一人被打死，兩名駕駛員受傷。兩名恐怖分子占領了駕駛艙。傑菲遜的回話令他們大吃一驚：早晨有二架被劫持的飛機撞進了紐約世貿中心的二座塔樓。

恐怖分子把乘客和機組人員趕到機尾犯下了錯誤，因為他們是不甘心受人擺布的人。三十一歲的格利克長得十分結實，是柔道冠軍。再旁邊是比大家都高出一個頭，身高兩公尺的橄欖球運動員賓厄姆。他曾經徒手從搶劫犯手中奪下手槍。他後面是三十八歲、體重一百公斤的醫療公司經理巴尼特，他曾經是一名足球運動員。

　　他們紛紛同親人通了電話告別後，決定採取行動，與恐怖分子進行決鬥。從飛機墜落前奇怪的飛行軌跡可以推斷出，人質進入機艙，並在機艙內與恐怖分子發生過激烈的搏鬥。由於人質勇敢的反擊，這架波音飛機尚未飛抵華盛頓，就撞上了離匹茲堡一百三十公里處的山丘，從這裡到華盛頓只有三十分鐘的飛行距離。正是這一群英勇的乘客挽救了美國的首都，美國副總統錢尼 (Richard Bruce Cheney) 稱他們為英雄。

　　恐怖襲擊之際，美國總統小布希 (George W. Bush) 正在佛羅里達州參加活動。緊急狀態專家們認為空中最安全，小布希欲馬上飛回華盛頓，遭到安全部門的勸阻。總統座機「空軍一號」飛往路易斯安那州什里夫波特 (Shreveport) 附近的巴克斯代爾空軍基地，隨後飛往內布拉斯加州的奧馬哈 (Omaha)，躲進了美國戰略司令部的地下掩護堡壘。隨後，小布希與副總統錢尼和國家安全事務小組進行了電話會議。

　　世貿中心遭到撞擊時，美國副總統錢尼正在白宮與部分內閣官員和政府顧問開會。據哥倫比亞廣播公司的報導，在紐約世界貿易中心二號樓被炸後，錢尼斷定紐約遭遇了精心策劃的恐怖襲擊。安全人員當時要求他立刻撤離白宮，但錢尼表示，如果他坐上直升機離開白宮，那華盛頓有可能完全癱瘓。在安全人員報告美洲航空公司 77 班機正在朝白宮方向開來後，錢尼等人被轉移到連通中央情報局、五角大廈、國務院和司法部的白宮地下碉堡中，然後又坐直升機前往郊外的安全地帶。

第四節　世貿中心損失慘重

　　世貿中心於 1970 年代修建，耗資七億多美元。世貿中心的紐約證券交易所存有十二噸黃金和八百五十六噸白銀，總價值為二億四千多萬美元，三萬八千零三根金條價值一億零六百萬美元。這些金銀是用於期貨交易的備有現貨，放在四號樓的地下庫房裡。世貿中心有三十家非營利性藝術機構，展出許多藝術品，包括世貿中心二號樓懸掛的一幅米羅 1974 年創作的掛毯；考爾德的一件雕塑作品；在一號樓地下展出的奈維爾森的木雕，以及懸掛在七號樓門廳內的李奇登斯坦的繪畫作品。這些藝術珍品可能已永久損壞，光這一項損失就高達一千二百萬美元。

　　世貿中心高一百一十層的一號樓和二號樓以及七號樓在遭襲擊的當天就倒塌了。世貿中心倒塌時，剛好經過紐約上空的太空人在太空中看到一縷煙雲升起。由被焚燒的石棉、塑膠等有毒氣體和塵埃構成的煙雲籠罩在紐約上空，曼哈頓天昏地暗。12 日，由於遭受嚴重的結構破壞，世貿中心的五號樓也倒塌了。靠近世貿中心一號樓的六號樓、鄰近二號樓的四號樓和馬里奧特旅館也部分倒塌。另外，連接世貿中心和世界金融中心的天橋也被毀。現場廢墟中堆積的鋼樑和石塊有六七層樓高，雙塔樓的不銹鋼外牆皮斜插在廢墟上，高達十幾層樓。

　　清理世貿中心廢墟現場堆集的一百二十萬噸鋼鐵和瓦礫的工作每週耗資一億多美元。曼哈頓中心十六英畝的現場清理廢墟行

動需要約一年的時間，總計費用可能高達七十億美元。完成該地區的整個重建工作估計耗資三百九十億美元。

　　飛機撞擊美國軍事總部造成的損失大大超過一億美元。維修負責人說，修復的開支很可能「不到十億美元，但是肯定大大超過一億美元。」這場浩劫對美國經濟造成巨大破壞，紐約華人不能倖免。距離世貿中心僅幾個街區之遙的唐人街，供電、通信等設施受到破壞，學生被迫停學，工廠被迫停工，餐館、旅館生意停頓。

　　世貿中心在九一一事件中的失蹤者為五千二百一十九人，比先前報告中減少了四百二十二人。失蹤者中，有三百一十四人已證實死亡，其中二百五十五人身分已經查明。同一天發生的美國國防部五角大廈襲擊事件中，死亡和失蹤人數已達一百八十九人，其中包括飛機上遇難的六十四名乘客。此外，在賓夕凡尼亞州附近墜毀的第四架飛機上還有四十四人遇難。紐約市政當局和警方準備了三萬個存放遇難者遺體的裝屍袋，動用了二百隻警犬和最先進的無線電頻道探測器，用以發現被困在廢墟中的人員。兩個星期過後，發現了二百七十九具屍體，其中一具是雙手被電線反捆著的空姐遺體，但未能找到倖存者。黑色星期二發生的事件標誌了美國在世界其他地區進行的所謂「零傷亡」的「不對稱戰爭」的終結。

第五節　發現嫌犯線索

　　幾天以後，聯邦調查局在波士頓的一家旅館裡找到了駕機撞

向世貿大樓的穆罕默德‧阿塔的行李。行李中裝有航空公司制服和一卷錄有駕機自殺者留言的錄影帶。聯邦調查局 (FBI) 也很快確定了十九名劫機者的身分，阿塔是埃及人，另一些來自沙烏地阿拉伯和阿曼。

德國情報當局在恐怖襲擊事件後監聽到一個電話通話內容，提供了奧薩瑪‧賓拉登 (Osama bin Laden, 1957–2011) 和這起事件的聯繫。這是在賓拉登的信奉者之間進行的一次通話，其中提到了「為作戰而出發的三十人」。美國聯邦調查局已經公布了十九名劫機犯的名字和照片，並且認為，其餘十一人是在放棄行動計劃之後逃走了。

在十九名劫機犯當中，至少有四人在賓拉登設在阿富汗境內的營地接受過駕駛訓練，他們在幾年前就有組織地策劃過恐怖活動事件。聯邦調查局據信還找到了與賓拉登有聯繫的一個銀行帳戶向參與恐怖襲擊的嫌疑犯轉入資金的證據，德國警方說劫機者在德國漢堡從事整個事件的策劃，英國警方聲稱找到了在英國訓練恐怖襲擊事件參與者的飛行教官。於是這起事件被認為和賓拉登及其在阿富汗的恐怖組織有關。

第二章 | *Chapter 2*

賓拉登和
他在阿富汗的事業

　　1995 年 2 月 7 日，一架美國聯邦調查局的直升機在夜空中飛臨紐約曼哈頓上空。機艙裡坐著正被押解回紐約的 1993 年世貿中心炸彈案的主犯拉姆茲‧尤素福。尤素福剛在巴基斯坦落入聯邦調查局的手中。押解尤素福的聯邦調查局人員把蒙在尤素福頭上的黑頭罩掀開，指著聳立在曼哈頓市區的世貿中心燈火輝煌的兩座塔樓，對著尤素福說：「瞧，它們仍矗立在那兒」，尤素福回答說：「如果我有足夠的錢和炸藥，它們就不會在那兒了。」

　　尤素福和他的五位同夥如今都被關押在監獄中，然而，向美國復仇的願望卻在散布在全球的伊斯蘭基本教義派恐怖組織中。而居住在阿富汗的流亡者賓拉登是他們當中的明星，他被認為是以美國為主要目標的全球性恐怖組織的首領和主要資助者。1998 年 2 月，賓拉登宣稱所有的美國人都是聖戰的目標。1998 年美國在非洲的兩處使館被炸，

圖 2：賓拉登

和 2000 年葉門海港美國軍艦科爾號被襲都被認為與賓拉登有關。

第一節　賓拉登的事業

　　賓拉登是沙烏地阿拉伯一個擁有鉅額財產的建築企業家的第十七個兒子。他十七歲時娶了敘利亞籍的表妹為妻，在大學裡攻讀了管理、經濟專業。

　　1979 年激進伊斯蘭分子推翻了伊朗國王、蘇聯入侵阿富汗兩件震驚世界的大事徹底改變了賓拉登。他決定支援被壓迫的人民，最終並發展為宗教狂熱份子。最初他在美國的支援下反對共產主義，後來又把矛頭指向代表資本主義的西方，主要是美國和以色列。他總是試圖以致命的攻擊來對付它們。

　　賓拉登的父親同沙烏地阿拉伯王室關係密切。在沙烏地阿拉伯現代化的過程中，賓拉登家族從事建築業，獲利甚豐。蘇聯入侵阿富汗後，賓拉登向阿富汗反抗力量提供數量不算很大的援助。賓拉登的導師卡拉瓦尼教長聲稱伊斯蘭教徒在伊斯蘭教的土地被異教徒占領時，聖戰是宗教的基本支柱。受其影響，賓拉登把自己的企業交給童年時的好友薩拉赫管理，而去土耳其參與聖戰事業。

　　賓拉登有三個妻子。她們都是有權勢家庭裡的千金，而且這些家庭都支援賓拉登所從事的事業。賓拉登的妻子們及子女住在阿富汗的深山裡。那裡有一個為他們修建的由三十座房子構成的建築群，有許多塔利班 (Taliban) 民兵和保鏢保護著他們的安全。艾哈邁德和利亞德是賓拉登年齡最大的兒子。幾乎每次戰鬥他們

都陪伴在父親身邊。他們同父親一樣，虔誠、不喝酒、不聽音樂、不買美國的產品。

賓拉登把一個女兒嫁給了塔利班領袖歐瑪爾 (Mullah Omar, c. 1950–2013)。歐瑪爾就成為賓拉登的「生命保證」。2001 年 1 月，賓拉登讓兒子穆罕默德娶了埃及一名頗有影響力的賓拉登支持者之女。賓拉登擁有三億美元的資產，他在蘇丹有建築公司、製革廠和農場，並且在巴基斯坦、伊朗等國設立了分公司。他還在蘇黎世、日內瓦、法蘭克福和倫敦等金融市場開設了帳戶。他還能動用他的家族資金。另外，他還得到年輕的穆斯林同情者提供數百萬美元的捐款。

1980 年代，賓拉登的總部設在伊斯坦堡的郊區。在美國中央情報局 (CIA) 的幫助下，賓拉登收容、訓練志願者，然後把他們送到阿富汗。賓拉登在巴基斯坦的白沙瓦 (Peshawar) 和阿富汗邊疆的帕格蒂亞 (Paktia) 建立了十六個游擊隊訓練營地。他通過錯綜複雜的銀行網在瑞典、德國和法國購買武器彈藥和先進的電子設備。1990 年代初，賓拉登就購買了一架波音飛機，供他的戰士從事劫機訓練。賓拉登有了先進的通信技術後，可以通過網際網路下達命令、通過錄影帶在實施計劃時有效地鼓動他的追隨者。儘管如此，他的生活卻因為隱蔽的需要而十分簡陋。多次受傷、健康狀況不佳，他還是同戰士一起住山洞，睡硬地鋪，吃的是麵包、茶和奶酪。

一名巴基斯坦記者曾親身潛入深山野嶺，在山洞裡祕密會晤有「恐怖王」之稱的賓拉登。這位名叫哈密‧彌爾 (Hamid Mir) 的

巴基斯坦記者連同他的攝影記者被賓拉登的三名助手蒙起雙眼，乘坐在吉普車內長達五小時！當哈密終於可以解開蒙眼布時，已經身處昏暗的山洞內。雖然哈密不知道自己究竟被帶到什麼地方，但他猜測那裡靠近喀布爾 (Kabul)。賓拉登坐在山洞地上，旁邊則站滿了守衛，各個手上都拿著機關槍。哈密被邀請坐在賓拉登一旁。訪問還沒有開始，賓拉登竟先向他下死亡恐嚇，聲稱詳細瞭解哈密的父母、孩子的地址和銀行帳戶號碼以及汽車等，如果哈密洩漏了他的行蹤，便將他殺了。哈密那天晚上是在山洞裡度過的，次日才又被蒙上雙眼回到伊斯坦堡。

　　第二年，哈密又收到賓拉登的邀請。這回，賓拉登已不在山洞裡，而是在伊朗附近的村子內。這個村子一個村民也沒有，因為他們已經被殺害了。哈密就在一個很大的木屋裡再次見到賓拉登。

　　到 2001 年，賓拉登在阿富汗至少有五十五個據點或辦事處，手下有大約一萬三千人，其中既有阿拉伯人、巴基斯坦人，也有車臣人和菲律賓人。這些據點一般都設在一些重要城市或者附近，如喀布爾、南部城市坎達哈 (Kandahar)、東部城市賈拉拉巴德 (Jalalabad) 和北部城市馬扎里沙里夫 (Mazar-i-Sharif)。大部分據點位於阿富汗過去的軍事基地上，有的位於過去曾是國有農場的大片土地上，有的在山洞裡。大約一百五十人駐紮在一處名叫巴吉巴拉的山頂餐館裡，這裡曾是喀布爾最時髦的餐館。

　　賓拉登的勢力集中在前阿富汗陸軍第七師的基地上。這個基地位於喀布爾南部的里什胡爾，主要由賓拉登的副手卡里·賽義夫拉·阿赫塔爾負責。這裡有七千名戰士，其中包括一百五十名

阿拉伯人和一些巴基斯坦基本教義派者，還有巴基斯坦陸軍的一個團。附近的一個訓練營有來自利比亞、突尼西亞和埃及的教官。在查拉西亞布地區，曾經有一處反蘇聖戰者組織基地，那裡駐紮著一支賓拉登的軍隊，其中包括五十名菲律賓人。

第二節　賓拉登家族的經濟帝國

賓拉登家族是沙烏地阿拉伯除國王外最強大的一個勢力，在穆斯林世界中建立了龐大的經濟帝國。賓拉登家族在阿拉伯王國的奠基人——奧薩瑪·賓拉登的父親穆罕默德·阿瓦德·賓拉登，於 1930 年代到達沙烏地阿拉伯後，以建築業迅速起家，並與王室家族建立了良好的關係。他為當時的國王在利雅得 (Riyadh) 修建了新的王宮後，進一步贏得整個王室成員的信任。阿瓦德·賓拉登的五十四個子女也因此得到了與各個顯赫家族的繼承人同上一所學校的榮譽。

1967 年，阿瓦德·賓拉登逝世後，長子薩利姆·賓拉登 (Salem bin Laden, 1946–1988) 掌管了家族事業。他首先鞏固了父親創立的建築企業，然後投資軍火和製造業以及瑞士銀行本部和在中東地區的分支機構，並得到國王阿卜杜勒·阿齊茲 (Faisal bin Abdulaziz Al Saud, 1906–1975) 的大力支持。賓拉登家族很快發展為一個龐大的集團。1988 年，薩利姆在美國德克薩斯州因飛機失事身亡，其弟貝克爾接管了家族事業。

薩利姆同父異母的弟弟奧薩瑪·賓拉登本來也打算和家人一

起經營家族事業。他曾在吉達 (Jeddah) 的阿卜杜勒·阿齊茲大學攻讀工程專業。就是在那個時候，伊朗的政變和蘇聯入侵阿富汗，使他經歷了一生中最大的轉變。1979 年大學畢業後，他放棄了管理一家建築公司的機會，投身阿富汗反抗蘇聯入侵的戰鬥中。1988 年，他建立了蓋達組織，並開始藉家族企業作為掩護。但三個月後，由於支援時任國王法赫德 (Fahd bin Abdulaziz Al Saud, c. 1921–2005) 的持不同政見者，他被沙烏地阿拉伯政府驅逐。不過之後不久，賓拉登集團重新建立了與沙烏地阿拉伯王室的聯繫，並獲得了數億美元的訂單。他們斥資十三億美元在吉達為安全力量修建住宅，十一億美元用在該城修建輕軌鐵路網，另用四十億美元的驚人資金擴建麥加聖地 (Mecca)。

在整個中東地區，從杜拜 (Dubai) 到安曼 (Amman)，賓拉登集團都設有辦事機構。以日內瓦為中心，巴黎和馬德里作為分支，賓拉登集團擁有一個龐大的運行機構。它經營的銀行是 1989 年被法蘭西銀行收回的沙烏地阿拉伯銀行。隨後，該銀行又被部分出售給了因多蘇伊士銀行。美國聯邦調查局認為，這些銀行均資助了奧薩瑪·賓拉登的恐怖組織網。

據信，世界上每售出一瓶不含酒精的飲料，就會使賓拉登的財富增加，因為大多數的飲料都含有阿拉伯樹膠，一種防止飲料顆粒沉澱到底部的物質，而這些樹膠是由賓拉登名下位於沙烏地阿拉伯的公司所生產。賓拉登從阿拉伯樹膠上獲得的收入只是他財富的一部分。據說，他從麥加和麥地那 (Medina) 清真寺院的擴建合約中賺到了一千八百萬英鎊。其他的收入來自外匯交易和形

形色色的商務活動。賓拉登還能從波斯灣地區富裕的酋長和極端
主義者那裡獲得募捐。

第三節　蓋達組織

　　賓拉登直接領導的蓋達組織是伊斯蘭基本教義派恐怖勢力的
國際網路核心。1988 年，賓拉登建立這個組織的目的，原本是為
了訓練和指揮阿富汗義勇軍與入侵阿富汗的蘇聯軍隊進行戰鬥。
1991 年，蘇軍開始撤退後，該組織將作戰目標轉為美國和伊斯蘭
世界的 「腐敗政權」。蓋達組織在阿富汗境內擁有十多處訓練基
地，對五千多名成員專門進行恐怖活動訓練。

　　蓋達組織在「埃米爾」（意為統率者）賓拉登之下，設有諮詢
會議，其下再設有軍事、伊斯蘭法、財政、媒體四個委員會，各
委員會從賓拉登和一小部分最高幹部那裡直接接受指示。賓拉登
就是通過這種權力組織結構，策劃和指揮著散布在各國的恐怖勢
力活動。據美國國防情報局推斷，蓋達組織所領導的勢力分布在
中東和亞洲的五十多個國家，連美國國內也存在著蓋達組織所控
制的勢力。

　　1998 年，賓拉登與國外的基本教義派組織形成了對猶太人和
美國進行聖戰的「世界伊斯蘭戰線」。「伊斯蘭組織」、巴基斯坦的
「聖戰者運動」等都參加了這一戰線。其中，與賓拉登關係最為
密切的是埃及的 「聖戰組織」 (Egyptian Islamic Jihad)。「聖戰組
織」在 1981 年暗殺了埃及總統薩達特 (Anwar Sadat, 1918–1981)，

多數成員或在暗殺現場被擊斃，或被判死刑，「聖戰組織」領袖，賓拉登得力助手艾曼‧查瓦希里 (Ayman al-Zawahiri, 1951–2022) 也服了三年刑。

　　為了擴大「反美主義」陣營和建立在國際上協同作戰的能力和體制，「伊斯蘭戰線」的領導人對攻擊目標進行了協調，開始與菲律賓的阿布沙耶夫組織 (Abu Sayyaf)，以及車臣、科索沃、波士尼亞與赫塞哥維納的基本教義派組織合作。賓拉登的助手常扮成蜂蜜商，在巴基斯坦城市白沙瓦積極活動，招募未來的聖戰戰士。每當西方遭到大規模襲擊的衝擊時，總有新的志願者加入賓拉登的組織。從阿爾及利亞和德國，葉門和法國，阿聯和瑞典前來參加的志願者尤為眾多。

　　恐怖主義基層組織從賓拉登那裡獲得基金，然後學會自己謀生，並用在阿富汗營地中學來的技術進行「聖戰」或恐怖活動。每個基層組織都不知道其他組織的情況，因此很少人知道共有多少這樣的恐怖主義組織。

　　賓拉登的主要訓練基地是絕好的藏身之地，四面環山，布滿地雷，並靠近巴基斯坦邊境，阿富汗的普什圖人 (Pashtuns) 常不受阻礙地穿過邊境，到另一邊巴基斯坦的普什圖人聚居區去。蓋達組織的訓練營地，接待來自世界各地的伊斯蘭分子。自願追隨賓拉登參與聖戰而投奔到這裡的戰士主要是埃及人和阿爾及利亞人，另外還有突尼西亞人、摩洛哥人、土耳其人、沙烏地阿拉伯人和葉門人。在這個武器充足的基地裡，他們接受游擊戰和快速戰的戰術訓練，同時還學習《可蘭經》。戰術訓練內容包括學習使

用輕型武器、發射迫擊炮和火箭筒。訓練營也進行思想灌輸，一般分為兩個學習階段，前一階段為期三個月，後一階段的學習時間更長，可以長達一年甚至更久。除了傳授《可蘭經》教義，老師還要教學員如何攫取政權、如何在全世界建立自己的網路，擴大聖戰規模。他們還在這裡學習如何使用電腦和網際網路。

　　在這個國際化的恐怖組織中，有些伊斯蘭分子往來於亞洲各國和波斯灣國家之間，負責向有錢人籌集資金。四十來歲的訓練營頭目謝赫·汗是阿富汗人，精通游擊戰。蘇聯入侵阿富汗時他是反抗運動的一名指揮官，指揮過大大小小的軍事行動。他是塔利班和賓拉登關係中的一個關鍵人物。他對該地區的地形和通往巴基斯坦邊境的通道十分熟悉。他和手下很容易在巴基斯坦邊防軍和警察的眼皮底下翻越這些高山。巴方警察通常視若不見。這些阿拉伯戰士控制著在霍斯特(Khost) 周圍的多個路口 ，他們的力量甚至超過了塔利班。1998年美國人轟炸阿富汗後不久，白沙瓦的平面媒體記者曾經採訪過謝赫·汗。他當時對美國人的轟炸並不擔心，而且認為聖戰在繼續。

　　賓拉登的訓練營地遍布阿富汗，這些營地都可以為他提供藏身之處，其中有些還是早先在

圖 3：蓋達組織成員

美國幫助下修建的，當時，美國祕密支援塔利班與蘇聯軍隊作戰。這些堡壘中最難以攻克的是一系列遍布阿富汗東部庫納爾省(Kunar)崇山峻嶺的縱橫交織的洞穴網路。賓拉登在這裡布置了先進的通訊網絡。

　　1998年，美國曾向阿富汗東部帕格蒂亞省的兩個賓拉登營地發射了七十枚「戰斧」巡弋飛彈。但打擊這些營地的困難很快就顯現出來。那次打擊並沒有將賓拉登消滅掉，營地也沒有受到太大破壞。許多訓練營地處於高山之中，極其有利的地勢使得即使是裝備輕武器和機動能力極強的精銳部隊也難以攻克這些基地。

第四節　賓拉登與塔利班的關係

　　1994年7月，阿富汗陷入全面內戰之時，歐瑪爾率領坎達哈的八百多名伊斯蘭學校學生發動武裝起義，建立了塔利班武裝。短短的一年之後，塔利班席捲了幾乎整個阿富汗。塔利班執政以來，由於在內外政策上奉行極端的伊斯蘭基本教義，在國際社會十分孤立，僅得到了三個國家的承認。

　　賓拉登於1996年從蘇丹逃到阿富汗。阿富汗對於賓拉登來說並不陌生，1979年蘇聯入侵時他曾在此參加抵抗運動。加之塔利班與賓拉登有許多共同的主張，重返故地的賓拉登在阿富汗落腳後更加揮灑自如。塔利班領袖歐瑪爾與賓拉登都是四十多歲，兩人都身經百戰。共同的經歷和價值取向使這兩個神祕人物最終走到了一起。在塔利班的庇護下，賓拉登終於找到了躲避美國全球

追殺的避風港。

　　塔利班政權在國際社會上一直孤立無援，而賓拉登在很多國家都有大批神通廣大的追隨者，這使塔利班得以借助賓拉登的活動能力打開局面。儘管塔利班一直拒絕承認得到過賓拉登的經濟資助，並稱賓拉登現在已是一個很窮的人，但許多報導透露，近年來塔利班從賓拉登那裡至少獲得了四千萬美元的援助，用以修築內戰時被損壞的道路等基礎設施。

　　各自利益上的需要，使賓拉登與歐瑪爾的關係有增無減，兩人幾乎到了稱兄道弟的地步。賓拉登曾在坎達哈附近修建了兩座類似堡壘的宅院，一座留給自己享用，一座慷慨地送給了歐瑪爾。不僅如此，賓拉登還提供了不少「絕對忠誠」的衛兵保護歐瑪爾。1998 年歐瑪爾娶了賓拉登的大女兒為妻，使得兩人成了一家人。2001 年 4 月，在巴基斯坦北部舉行的一次大會上，賓拉登在對與會者的演講中證實了他已向「信眾的長官」——歐瑪爾宣誓效忠。「信眾的長官」是伊斯蘭教教徒對「哈里發」(Caliphate) 的尊稱。賓拉登還呼籲與會者用一切方式支援塔利班的政權。而歐瑪爾在此之前的幾個月也對採訪他的巴基斯坦記者表示，在他的一生中已看到半數以上的阿富汗人在戰爭中死去，因此即使爆發新的戰爭，他也不會交出賓拉登。

　　而另一方面，賓拉登又以援助武器和賄賂的手段，不斷籠絡塔利班的強硬派人物，使得以國防部長杜拉、副國防部長法扎爾和高級將領比拉德爾為首的強硬派勢力，與賓拉登結成了聯盟。據說，此前轟動世界的毀佛行動，就是賓拉登在塔利班內部的這

批強硬派盟友於權力鬥爭中戰勝溫和派，迫使歐瑪爾做出決定的。賓拉登與塔利班之間的關係既密切又全面。

　　據說賓拉登在阿富汗還有三個營地，在洛加爾 (Logar) 和坎達哈的兩個帳篷營地是他對外的「視窗營地」，西方記者曾訪問過該處。位於穿越阿富汗東部賈拉拉巴德山脈上的一個隱密的洞穴，則是他常駐的藏身之所。山洞被隔成了三個洞室。賓拉登臥室有三張床，洞裡書架上排著伊斯蘭經文典籍。賓拉登每晚是帶著一支蘇製卡拉什尼科夫衝鋒槍入睡的。臥室旁邊是彈藥庫。另一個房間是通訊聯絡室，備有能通過衛星電話連入網際網路的一排電腦，據稱賓拉登是通過網際網路和傳真機下達「聖戰」指示的。山洞防守嚴密，各處由一隊從蘇丹、葉門、科威特和阿富汗來的雇傭軍守衛。1998 年美國發動對賓拉登營地的導彈攻擊前幾個小時，賓拉登碰巧關掉了衛星電話而逃過一劫。

　　而這位大難不死的賓拉登在新舊世紀交替之際，注定要改變阿富汗在二十一世紀的歷史進程。

我為自己的民族自豪自信
無際的雲彩就是我們的利劍閃光
闖來的一切魔鬼都要被趕出家園
歷史證明我們就像那玉柱擎天
啊，我是阿富汗——阿富汗

——克魯亞丁·哈代姆

第 I 篇

阿富汗的地理、民族和語言

地理、地緣與生態環境

　　阿富汗位於中亞的中心地帶，伊朗高原的東北部。阿富汗的國土約面積六十五萬平方公里，與多個國家接壤，今天的邊界均是在十九世紀末被確定下來的，總長達五千五百公里以上。它北鄰現屬獨立國協的土庫曼、烏茲別克和塔吉克，與中亞三國間的邊界總長近二千公里；西南與伊朗接壤，兩國間有九百餘公里的共同邊界；東南面與巴基斯坦毗鄰，邊界長達二千四百公里，另與喀什米爾之間存在三百公里左右的邊界；極東端與中國的新疆維吾爾自治區間有一段不長的邊界（七十餘公里）。從地緣上看，阿富汗被緊緊地夾在西亞和南亞兩大地域板塊之間，遠離印度洋和阿拉伯海，沒有出海口，是一個典型的內陸國家，最近的海岸是距南方大約五百公里以外的阿拉伯海東海岸。喀布爾是阿富汗的首都和人口最多的城市，它坐落在這個國家中部偏東的地區，市區的海拔高度為一千八百公尺，有多條公路從不同的方向將這座城市與阿富汗境內大部分其他省區和周邊鄰國相連。

圖 4：現今的阿富汗地圖

第一節　興都庫什山、高原與平原、大河流域等自然氣候條件

一、興都庫什山的懷抱：山脈、高原與平原

　　從版圖上看，阿富汗的形狀猶如一片樹葉，瓦罕走廊 (Wakhan Corridor) 像是這片樹葉的柄莖。以興都庫什山脈 (Hindu

Kush) 著稱的群山峻嶺是這個國家最突出的地理特徵，它如同一道難以逾越的天然屏障，將相對富饒肥沃的北部省區與國內的其餘地區分隔開來。十四世紀著名的阿拉伯旅行家伊本‧巴圖塔認為這座山脈的名稱與高原嚴寒有關：「從印度帶出來的童男童女奴隸，由於極度寒冷而大量死去，所以，這座山被叫作興都庫什。」

　　阿富汗這個國家從來便與興都庫什山脈有著密切的聯繫。有「阿富汗脊樑」美稱的興都庫什山脈從東北向西南方向延伸，橫貫阿富汗境內的中部地帶，綿延千里，氣勢磅礡，尤以東段的山勢陡峭險峻，巍然壯觀，其中不乏海拔超過七千公尺以上的高峰，在雪線以上是終年不化的積雪和冰川。山體從東向西形成緩緩的下坡，在接近阿富汗的中部地區時轉變成海拔近千公尺左右的丘陵地帶。

　　興都庫什山在伸至喀布爾以北約一百六十公里處，開始向西作大幅度伸延舒展，逶迤綿延。西行的山段有不同的名稱，從東朝西分別稱巴巴山、巴米揚山和沙非庫山，每一段又朝不同的方向支出若干碩大的山鼻，其中之一便是托克斯坦山脈。其他重要的山脈包括哈里河以南的卡沙馬爾山、向北延伸的赫薩爾山、向西南方縱深延展的馬扎爾山和庫爾德山。在與巴基斯坦接壤的東部邊境地區，有幾條山脈完全阻斷了印度洋季風氣流進入阿富汗腹地的路線，從而造成這個國家的氣候在大多數時候都顯得異常乾燥。

　　興都庫什山及它的衍生山脈將阿富汗分成為三個不同系統的地理區域，習慣上稱之為中部高地、北部平原和西南部高原。中

部高地實際上是喜馬拉雅山系的一部分，包括興都庫什山脈的主段，它占地面積約四十萬平方公里，區內多有崇山峻嶺和深塹低谷，若干雪峰高達海拔七千公尺以上。

二、中部高地

在全境約六十五萬平方公里的土地上，山地的面積竟占到五分之四以上。阿富汗人喜歡說，荒原帶來貧苦，而高山卻是產生富饒的溫床。廣袤的山地儘管在冬季的嚴寒經常令人生畏，但那裡一年四季雨量充足，林木茂密，自古以來便養育了一代代雄健的高山民族。在雪線以下，大片分布著自蠻荒時代起就從未開發的莽莽林原和能為數量龐大的游牧民提供棲息之地的草原牧場。在眾多河谷兩旁的低地上，居住著眾多的山地居民，他們很早以前就已懂得利用附近的河水進行灌溉，發展起一種足以維持他們生存的農牧業經濟。

興都庫什山有如一道隔斷交通的天塹，但其間分布著眾多的要隘山口，險要的山口孔道通常在海拔四千到五千公尺左右，戰略上的重要性不言而喻。這些交通孔道已經存在了好幾千年，它們是古往今來不斷演繹歷史畫面的民族走廊的重要組成成分。開伯爾山口地勢險要，名聞遐邇，歷史上曾是連接中亞與南亞的主要孔道，目睹過數不盡的入侵、征服和遷徙，它位於喀布爾東南方阿富汗與巴基斯坦的邊界，往東直指印度次大陸，是阿富汗腹地通向東亞和南亞次大陸的一大要津，歷史上向來是兵家必爭之地。發源於興都庫什山脈中段的喀布爾河蜿蜒延伸，流經阿富汗

的中南部，進入今日的巴基斯坦境內與印度河匯流。從喀布爾河溯流往北，便是同屬興都庫什山的沙拉山口，這裡也是連通南亞和中亞的重要隘口，經此可通向一望無垠的中亞大草原。謝巴爾山口位於阿富汗首都喀布爾的西北，巴巴山與興都庫什山主脈在此處交接。巴達赫尚地區位於中部高地的東北部，是阿富汗境內每年多達數十次大小地震的震央地帶。

三、北部平原

　　北部平原地區在中部高地以北，它從阿富汗—伊朗邊境一直向東延伸，直抵接近塔吉克邊界帕米爾高原的山麓地帶。它包括逾十萬平方公里的平原和肥沃的山麓，形成一道向阿姆河 (Amu Darya) 方向傾斜的緩坡。阿姆河在古代稱烏滸河，周遭歷來是眾多草原游牧民族的征戰棲息之地。這一區域是中亞大草原的邊緣部分，阿姆河將它與大草原分隔開來，它的平均海拔約在六百至七百公尺之間。

　　北部平原為高密集農耕區域，農業相對發達，人口密度較高。除了土質肥沃外，該地區也擁有豐富的礦產資源，特別是天然氣和石油。平原地帶大多集中在興都庫什山西段山脊的兩側和喀布爾河上游地區，面積不到阿富汗國土總面積的五分之一。山脊東側的喀布爾河谷平原在這個國家以土質肥沃著稱，每年夏季從印度洋面吹來的季風都會給它帶來溫暖的氣候和充裕的降雨，這裡便成了阿富汗境內不可多見的濕潤地區，為各種亞熱帶作物的生長提供了適宜的自然條件。河谷平原是阿富汗境內人口相對集中

的地區，也是物產最富饒的地區，從這裡發展起了比較發達的農業經濟，形成阿富汗民族最重要的糧食、蔬菜和瓜果產地。喀布爾城因喀布爾河得名，受東面開伯爾山口的屏護，緊鎖東西交通要道，地理位置十分重要，它既是一座歷史名城，又是現今阿富汗國家的首都。另外，在興都庫什山脈的北麓，有一條延伸得很長的黃土地帶，長年不絕的高山融雪成了這裡取之不竭的水利資源，幾乎是一勞永逸地為農業耕植解決了必需的灌溉難題，為阿富汗造就了又一個極為重要的糧食和棉花產地。

四、西南部高原

西南部高原位於中部高地以南，是一塊典型的高原、沙漠和半沙漠地域，平均海拔高度在一千公尺左右。西南部高原覆蓋了近十三萬平方公里的國土，組成雷吉斯坦大沙漠約四分之一的面積。雷吉斯坦沙漠以西的莫爾哥沙漠面積較小，它實際上只是一大片鹽鹼地和荒蕪的草原。數條大河橫貫穿越過西南部高原，其中有赫爾曼德河及其主要的支流阿爾甘達河。

阿富汗西南部的氣候條件與中部和東部差異較大，這裡地處與伊朗接壤的廣漠瀚海，降雨量很低。赫爾曼德河 (Helmand River) 是阿富汗境內最長的一條內陸河，它穿越過西南部的大戈壁灘向荒涼的伊朗邊界流去，灌入那裡大大小小的沼澤和湖泊。沿河而下可發現遠近不等的綠地，綠洲的邊緣是一些可供放牧的草場，成塊狀分布的綠洲農業與畜牧業共同支撐著當地人們的生計。這些綠洲和河原草場還有一種特殊用途，每當山裡的嚴冬來

臨，牧人們便將畜群從山地趕往沙漠邊緣的綠洲草場找尋水草，
這裡天氣暖和，牧群在這裡度過漫長的冬天。但隨著炎炎暑夏的
到來，低地河床逐漸乾涸，水草枯死，這時牧人們又趕著羊群轉
回山地，重新去享用夏天涼爽濕潤的山地節氣滋養出來的豐茂牧
草。與喀布爾河一樣，西南部的綠洲也因具備生存條件，而成為
古老文明的一個發祥之地。阿富汗的第二大城市坎達哈就建在沙
漠邊緣的一處綠洲之中。該處也是阿富汗南部的交通樞紐，東北
連接喀布爾的主要陸路，西北經古城赫拉特可前往今天的土庫曼、
烏茲別克等中亞地區，南行便可進入巴基斯坦。

　　在阿富汗境內，大部分地區的海拔都在七百到三千公尺之間。
北部的阿姆河沿岸和西南部的赫爾曼德河三角洲的海拔高度約在
七百公尺左右，錫斯坦窪地的海拔在五百到六百公尺之間，那裡
有最適合人類繁衍和文化發育的環境，曾是久盛不衰的古代文明
的故鄉，那些燦爛的文明直到十四世紀才在帖木兒的鐵蹄下化為
烏有。

五、大河流域

　　實際上，阿富汗境內幾乎整個河流系統都由內流河道組成，
只有東部幾條河流在澆灌了八萬多平方公里的土地後匯入了大
海。喀布爾河是東部的主要河流，向東流入今天巴基斯坦境內的
印度河，最後匯入印度洋的阿拉伯海。阿富汗國內幾乎所有主要
的河流均從中部高原地區發源，流入內陸的大小湖泊，或進入沙
漠戈壁逐漸乾化。主要的河流系統有阿姆河、赫爾曼德河、喀布

爾河和哈里河 (Hari River) 流域。

　　阿姆河全長二千五百多公里，發源於帕米爾高原的大冰川，流域面積包括阿富汗東北部和北部近二十五萬平方公里的土地。近千公里長的阿姆河上游形成了阿富汗與它的北部鄰邦塔吉克和烏茲別克之間的邊界。這條河流在阿富汗境內的主要支流科切河 (Kokcha River) 與昆都士河 (Kunduz River) 分別發源於巴達赫尚和昆都士兩省的山林深處。從在距費扎巴德城以西一百公里處的阿姆河與科切河匯流處可直接向下游通航，阿姆河在這裡向北流入今天烏茲別克境內的鹹海。

　　西北部的河流系統主要包括哈里河，該河從巴巴山脈海拔三千公尺的西坡發源。哈里河向西蜿蜒而去，在赫拉特城以南穿過寬闊的赫拉特峽谷。哈里河澆灌出河谷一帶的大片沃土，然後在赫拉特城西邊約一百五十公里處朝北轉向，成為阿富汗與伊朗之間一段長約上百公里的界河，後流入土庫曼的境內，最後消逝在卡拉庫姆大沙漠中。

　　在阿富汗的西南部，主要的河流是長達一千一百公里以上的赫爾曼德河，該河的源頭也在喀布爾以西約八十公里處的巴巴山脈。它的主要支流阿爾甘達河及其他許多支系的流域面積超過二十五萬平方公里。該河最後流入阿富汗境內的內陸湖沙伯里湖。赫爾曼德河則流經阿富汗南部地區，再經雷吉斯坦大沙漠的北部，然後穿越莫爾哥沙漠後匯入錫斯坦窪地一帶的大小季節湖。

　　東南地區最大的河網由喀布爾河及其支脈組成。喀布爾河從馬扎爾山的坡地發源後向東滾滾而去，在阿富汗境內的阿托克城

附近流進印度河。喀布爾河往南去的主要支流是羅加爾河。

　　阿富汗境內很少有大面積的湖泊。兩個最大的湖泊一是西南部的沙伯里湖，另一個是位於東南部加茲尼城以南約一百公里處的伊斯塔葉－莫可爾鹽湖。在巴巴山脈一帶還有五個較小的湖泊，通稱為阿米爾湖。由於湖底基岩的作用，這些湖泊中的湖光水色呈五彩變幻，與眾不同。

六、自然氣候條件

　　總的來說，阿富汗的氣候條件可說是在兩個極端之間變換，冬天冰雪嚴酷，寒氣逼人，夏日裡卻是暑熱難耐，炎炙如焚，帶半乾旱的草原氣候的典型特徵。但也因地區不同而存在多種變化。東北山林地區屬亞極地氣候，冬季乾冽寒冷，而與巴基斯坦接壤的高原地區則受到印度洋季風的影響。季風的到來通常在每年的 7 至 9 月間，它帶來熱帶洋面的暖氣流，為這些地區增加了濕潤度和降雨量。另外，西南地區整個夏季期間幾乎每天都不缺少勁風的拂掃。造成各地氣候差異的另一個因素是所處緯度的不同。冬季與初春的天氣受到來自北方的冷空氣氣團和來自西北方大西洋低氣壓的強烈影響，這兩大氣流團給阿富汗境內的高地帶來冰雪與嚴寒，為低地和平原帶來潮潤與雨露。

　　阿富汗境內的氣溫變化幅度較大。在乾旱肆虐的西南部高原地區，高溫經常可超過攝氏三十五度以上。賈拉拉巴德是全國天氣最熱的地方之一，7 月間的最高氣溫達到攝氏四十九度。在每年的 1 月，高山地區的氣溫降至攝氏零下十五度以下，但在海拔

高度近二千公尺的喀布爾城，最低氣溫可低至零下三十一度。

在山林地區，年平均降雨量由西向東遞增，東南受印度洋季風影響的地帶的平均降雨量大約為四百釐米；興都庫什山的沙朗山口的年平均降雨量最高可達一千三百釐米以上。而在西部法拉地區的乾旱地帶，年平均降雨量僅為七十一八十釐米。阿富汗境內的大部分降雨是在 12 月至 4 月間。高地從 12 月到 3 月普降大雪，而低地從 12 月至 4、5 月間時有陰雨。綿長的夏季裡氣候炎熱乾燥，天空萬里無雲，僅有受季風影響的地區呈現例外。

第二節　人口分布與定居形式、生態環境問題

一、人口分布與定居形式

根據 2010 年的統計，阿富汗的總人口約二千九百多萬人，分布在全國的三十個行政省區。興都庫什山將阿富汗分為南北兩大地區，地形特徵的重要性不言而喻，我們可以根據人口分布、民族構成和城市布局對之作進一步的劃分。

阿富汗北部可劃分為東部的巴達赫尚－瓦罕地區和西部的巴爾赫－梅伊曼地區。主要有塔吉克族住的東部基本上是多山的高原地帶，而西部則大部分是海拔相對較低的平原，在那裡的主要是有突厥血統的烏茲別克族和土庫曼族。

阿富汗南部可分為四個部分，它們分別為喀布爾、坎達哈、赫拉特 (Herat) 和哈扎拉賈特 (Hazarajat) 地區。喀布爾地區包括喀

布爾河流域和阿富汗東部高原，南方以古馬爾河為界。那裡居住著普什圖人、塔吉克人和努里斯坦人 (Nuristanis)。該地區也是連接阿富汗境內其他地區的重要走廊。坎達哈地區在阿富汗的南方，人口密度相對較低，居住在該處的主要是普什圖族的杜蘭尼部落。另外那裡還有少量俾路支族 (Baloch) 和布拉胡族 (Brahui)。坎達哈城位於阿爾甘達河附近的一片肥沃綠洲之中。赫拉特地區在阿富汗的西部，混居著塔吉克族、普什圖族和查哈爾・艾馬克人 (Chahar Aimaq)，這一地區的生活以赫拉特城為中心。哈扎拉族居住的高山地區位於阿富汗的中部，儘管該區在地理上是境內的心臟地帶，但高地地形與交通落後使之成為阿富汗國內最閉塞的地方。

圖 5：赫拉特的市容

二、城市定居

　　大多數城鎮聚居點都分布在從喀布爾沿西南方往坎達哈、再往西北的赫拉特、然後到東北的馬扎里沙里夫，最後再向東南返回喀布爾的大環型交通線的附近。境內人口密度最大的地區在喀布爾與恰里卡爾城之間地帶，其他的人口集中地區包括喀布爾以東的賈拉拉巴德附近區域、赫拉特綠洲地帶、西北部哈里河峽谷和東北部的昆都士河峽谷。中部的高山地帶和南部、西南部的沙漠地帶為人口稀少或無人居住的地區。

　　阿富汗境內的主要城市有喀布爾、坎達哈、赫拉特、巴格蘭、賈拉拉巴德、昆都士、恰里卡爾和馬扎里沙里夫。喀布爾位於興

圖 6：喀布爾市區中的藍色清真寺

都庫什山以南和連接印度次大陸、中亞、西亞和東亞的陸路大通道上的十字路口，橫跨喀布爾河的兩岸，是阿富汗的政治首都和主要經濟、文化中心。坎達哈的人口僅次於喀布爾，坐落在阿富汗中南部的交通線上，連接著喀布爾與赫拉特。該城在十八世紀中期曾是近代阿富汗的第一座首都，也曾是塔利班的根據地。赫拉特是第三大城市和世界著名文化古都，城內有各個時代保留下來的眾多遺跡和勝地；該城也是享有盛譽的藝術中心。賈拉拉巴德靠近開伯爾山口和與巴基斯坦的邊界，也是一處著名的古城，人口比較集中。

三、鄉村居民

　　鄉村地區的農業和游牧人口不平衡地分布在該國的其他地區，大多集中於河流附近。定居的農民一般生活在他們的小村莊裡，他們大多數家庭分散在能得到河流灌溉的農田周圍。村莊通常蓋得像小城堡，每個村堡都由一些家族關係密切的家庭組成，它們實際上形成了一個可進行集體自衛的小社會。半定居的農民以飼養禽畜和種田為生，居住在高山河谷地帶。由於可耕地匱缺，他們只能在相互隔絕、分散的小村子裡生活。每個家庭都養一些牲畜，通常他們被分成兩部分，一部分人到夏季便趕著牧群到高原地區的牧場放牧，另一部分人則留在村裡照看莊稼。純粹的游牧者主要是一些普什圖族牧民，也有些俾路支人和吉爾吉斯人完全從事放牧。他們在夏季牧場和冬季牧場之間輪流遷移，住在帳篷之中，用駱駝、毛驢或牛在游動過程中馱運行囊。游牧人口約

圖 7：居於中部的遊牧民族

占全國總人口的六分之一或五分之一。但從 1977 年以後，不斷有
游牧民到農耕地區定居生活的例子出現。

四、生態環境問題

　　迄今為止，阿富汗從未開展過對具體環境問題的研究，缺乏
有關空氣、水源、植被、土壤品質及其他環境因素的系統資料，
主要原因在於這個國家沒有關心和從事這方面問題的組織或機
構。國外的研究表明，至少在西元前 2000 年之前，今天阿富汗的
土地上已經覆蓋著茂密的森林，出現了各種不同的氣候類型，人
類賴以生存的自然環境優於今天。

　　阿富汗境內生態環境的破壞以過去二十年中最為嚴重，這種
生態環境的惡化主要是由於無限制地濫用能源所造成的。並且，

1980 年代以來幾乎從無休止的戰亂有如雪上加霜，使生態危機更趨嚴重。在阿富汗境內的自然景觀中，近三分之二是植被稀疏或完全光禿禿的山地，可稱典型的乾旱貧瘠之野。因此，植被覆蓋的山林地帶在該國生態保護中的意義至關重要。例如，如能考慮在眾多的植物品類中優先發展、保護一些當地特有的高山針葉林帶和堅果類作物，就不僅能在其生長地區維持氣候與環境的穩定，而且也可為當地人民找到一種天然的收入來源，從而改善許多家庭的生活。

阿富汗其他地區中有大約一半的土地被沙漠覆蓋，這對生態環境的優化帶來極為不利的影響。其餘的地區為田野與牧場。從現狀看，在占阿富汗全境 12% 的農業用地中，僅有 6% 能用作耕作種植。在過去二十年中，農業用地大量減少，由於人為放棄和地力退化等因素的影響，已有 30% 的農田和牧場遭到荒廢。城市區域的無限制擴展也是造成喀布爾等大城市周圍大片農業用地喪失的一個重要原因。由此也使這些地區的原有氣候條件和環境因素發生了巨大的變化。

環境的退化已給經濟的發展帶來嚴重的危害 。 與 1979 年相比，阿富汗的農產量下降了 50%。為了彌補這一損失，農民們不得不開始任意開發利用他們周圍的自然資源，大量林木遭到亂砍濫伐，並被不法商人走私運往巴基斯坦牟利，結果給該國本就不足的森林資源帶來了很大的災難。林業經濟衰退的同時，隨著近年來國內戰亂的持續和加劇，森林資源被握有實權的地方軍事勢力所壟斷，貧苦的農民就只有去從事另一種更廉價、但力所能及

的工作——種植鴉片。鴉片的種植和毒品生產往往得到塔利班政府和地方實力派的鼓勵，從而使這個國家變成國際毒品市場的主要供應國，同時也使阿富汗國內的自然生態環境進一步惡化。據估計，阿富汗境內至今已有上萬個村莊及其周圍的環境遭到嚴重的破壞。目前仍在繼續的這一現象已向這個國家和整個國際社會敲起了警鐘。

儘管阿富汗本身幾乎沒有任何能產生空氣污染的工業，但煙霧已成為大部分城鎮地區的常見現象。跨邊界空氣污染是另一個值得關注的問題，阿富汗不斷受到來自鹹海煤田與伊朗、土庫曼和烏茲別克等國工業區的污染源的嚴重影響。由於這些國家大量使用化學殺蟲劑，它通過氣流和雨水也對阿富汗境內的土質造成了損害，這也被認為是加劇其環境危機的一個原因。另由於蘇聯入侵阿富汗期間及後來內戰中各方曾使用過化學武器，對這個國家的生態環境帶來的短期破壞性影響也不容小覷，長期的影響還無法肯定。可以說，就目前看來，阿富汗的環境形勢已十分嚴峻，國際社會有責任和義務幫助阿富汗，拯救、恢復並改善它的生態環境。

民族與語言集團

　　阿富汗也稱阿富汗斯坦,「斯坦」一詞在波斯語裡意為國家,因此阿富汗斯坦就是指「阿富汗人的國家」。阿富汗人則是對今天居住在阿富汗境內眾多民族和語言集團的統稱。阿富汗人的民族和語言成分眾多,目前可以辨析的民族就有三十餘個,仍在使用的語言和方言也有數十種之多。在漫長的歷史演化過程中,今天阿富汗的土地上逐漸形成了一個由不同的民族和語言集團組成的聚合體。

　　普什圖語和達利語是這個國家的官方語言,都屬印歐語系語言。在阿富汗二千九百多萬人口中,有 65% 以上的阿富汗人講普什圖語,他們之中絕大部分是普什圖族人。其餘人口多講達利語,他們當中包括塔吉克人、哈扎拉人、查哈爾‧艾馬克人和克孜巴西人 (Qizibash)。另有一些較小的民族也講其他的印歐語系語言,如西達迪語(努里斯坦人,或稱卡非里人)和俾路支語。東北地區閉塞的河谷地帶的居民主要講一些與印地語或帕米爾語有關聯的方言。

　　突厥語是阿爾泰語系的一個支系，講該語種的居民是遷入阿富汗不久的烏茲別克人和土庫曼人，他們與中亞大草原上的游牧人種存在著密切的血緣關係。突厥語支系各語種之間非常接近，關聯明顯，它們在阿富汗境內包括烏茲別克語、土庫曼語及只有極東北端很少人講的吉爾吉斯語。

　　今天阿富汗人口中包含了許多不同的民族成分。由於歷史上大規模遷徙與征服的結果，外來民族相繼為這塊土地上的居民加入新鮮的成分。翻開歷史，達羅毗荼人、印度－雅利安人、希臘人、塞迦人、波斯人（安息人）、阿拉伯人、突厥人（土耳其人）和蒙古人於不同的時期生活在這裡，影響了它的文化發展和民族構成。兩種主要語言系統的相互融合明顯地表現在哈扎拉人和查哈爾‧艾馬克人這些民族的身上，他們說印歐語系語言，但卻帶有顯著的蒙古人的體質特徵，以及與中亞相關的文化氣質。

第一節　普什圖人、塔吉克人

一、普什圖人

　　普什圖人也被稱為帕坦人，是阿富汗最大的民族和語言集團，目前占阿富汗總人口的 38%。他們按部落的方式存在，主要集中在東部和南部地區。但隨著在十九世紀中他們對其他地區的擴張和控制，也相繼遷往其他區域定居。絕大多數普什圖人講普什圖語，但也有一些住在喀布爾的普什圖人講達利語。

　　普什圖人基本上都是遜尼派穆斯林，他們劃分為不同的部落和更小的部落集團。他們對自己所屬的社會組織有一種特殊的忠誠，但這些不同的部落劃分也形成普族在過去不斷紛爭衝突的根源。普什圖人在政治上有兩個最重要的部落集團，一個是住在坎達哈城周圍地區的杜蘭尼家族，另一個是齊爾柴部落，聚居在喀布爾與坎達哈之間的地區。前者形成了近代阿富汗的社會與政治菁英階層的核心。即使到了今天，普什圖人也根據自己的部落身分劃分派別界線。

　　在經濟上，普什圖人大多數以畜牧業、農業為生，也從事一些商業活動。在阿富汗，普什圖人傳統上居住在一個廣闊的半環型區域，大致沿著阿富汗的邊界線向南，直到北緯三十五度以北。 在國內其他大部分地區，普什圖人分散居住在其他民族區域之內，占有很大的人口比例，以北部地區和西部內地尤其典型。1880～1901 年統治阿富汗的阿布杜爾‧拉赫曼‧汗國王的重遷計劃對此分布起到了重要的作用。

圖 8：普什圖人的部落領袖聚會

　　從十八世紀中期近代阿

富汗建國起，阿富汗就一直由普什圖人支配。普什圖人在 1978 年以前組成該國人口的 47%，雖未超過總人口的半數，但稱得上是絕對的主體民族。隨著 1979 年蘇聯對阿富汗的入侵和占領，阿富汗的人口分布發生了變化。由於蘇軍的入侵和隨之而來的長期戰爭，國內有六百三十萬難民逃往伊朗、巴基斯坦及世界其他地區，其中約有 85% 是普什圖人。這種情形在當時顯然符合蘇聯的需要，因為普什圖人一直是反抗蘇軍占領的穆斯林「聖戰」的真正動力。難民遷徙使普什圖人在阿富汗總人口中所占比例下降，而使該國其他的民族集團所占的比例上升，造成普什圖人喪失了作為阿富汗主體民族的有利地位。到 1990 年代中期，當年逃往國外的難民紛紛返回故土，普什圖人作為阿富汗最大民族的地位得以恢復，所占人口的比例迅速達到 38% 以上。

蘇聯入侵阿富汗成了一個重要的決定性因素，阿富汗境內的民族關係從此發生了重大改變。從這時起一直到 1991 年，阿富汗國內的重要政黨基本上全由普什圖人主宰，他們控制了國家機器，其他黨派有的成為反對黨，有些成了普什圖政黨的盟友或附庸，從此拉開了掌權者與反對派無休無止的喋血爭鬥。蘇聯 1989 年從阿富汗撤軍，只影響了該國不同派別之間的權力關係，但並未改變它們相互間激烈爭奪的事實。這種情形直到今天仍舊沒有發生什麼變化，甚至反有越演越烈之勢。然而 1980 年代人口流動的結果削弱了普什圖人，使得境內其他民族集團越來越多地介入政治事務。

二、塔吉克人

　　塔吉克人是阿富汗的第二大民族，大約占人口總數的 25%。他們大多居住在興都庫什山南北土質肥沃的河谷地帶。阿富汗境內絕大多數塔吉克人是信奉伊斯蘭教遜尼派的穆斯林，他們所講的達利語是一種源自波斯語的方言。他們生活在這個國家的東北部和西部，也有部分生活在首都喀布爾。塔吉克人往往受過良好的教育，從而也是阿富汗國內菁英階層的重要組成部分，並掌握著數量可觀的財富，在國家的政治生活中歷來擁有重要的影響，事實上他們對不少政府部門和重要的商貿機構都有較強的控制能力。生活在鄉村的塔吉克人則主要從事農業和畜牧業。塔吉克人內部不存在特定的社會結構，善於與他們的鄰族友好相處。

　　塔吉克人一般來講是農業定居民族，人口大約有三百五十萬，散居在阿富汗境內各地。塔吉克人也是與阿富汗北方相望的塔吉克共和國主體民族。塔吉克人常常也被稱為法希瓦人，含義是「講波斯語的民族」，他們看上去普遍身材細長，膚色白淨，鼻如鷹鉤，頭髮捲黑，儘管偶爾也可見到紅色和亞麻色的頭髮。他們的歷史源流到今天已不易考證清楚，很可能早在古代時期的雅利安人入侵以前就生活在這片土地上。

　　阿富汗境內有一些重要的塔吉克人集居區。住在平原地區的塔族人主要集中在西部靠近伊朗邊界的赫拉特省、帕爾瓦省和首都喀布爾周圍地區。他們是城鎮裡的商人、技術工匠和鄉村的農夫，其中許多人生活富足，堪稱這個國家的中產階級。由於他們

圖9：居住在巴米揚的塔吉克人，繪於十九世紀

一直在城裡定居，古老的部落組織逐漸讓位給現代的社會關係和他們對自己所屬社團的忠誠。富有的地主階層則是鄉村社會的領導者。

　　另外一部分塔吉克人生活在阿富汗東北部巴達赫尚省的山區，他們是以鄉村為根基但生活貧苦的農民，過著半定居、半游牧的生活。他們之中出現了一位當代傑出的軍事領導人馬蘇德，他在東北部的深山峽谷中建立起堅固的根據地，成功地領導了阿富汗山區反抗蘇聯軍隊的游擊戰，成為今天阿富汗家喻戶曉的民族英雄。但這位傳奇人物後來卻遭到塔利班政權的謀殺。

　　塔吉克族在阿富汗是僅次於普什圖族的第二大民族集團，他們也是與普什圖族在權力和聲望方面最接近的對手。然而他們在歷史上很少成為自己土地上的統治者，僅在十四世紀和 1929 年有

過兩次短暫的例外。塔吉克人從蘇聯長達十年的軍事占領下頑強生存下來，與普什圖人相比顯得保存了更多的整體性，這使他們在向一直居支配地位的普什圖人發出挑戰時更為有利。

第二節　突厥語系民族

　　阿富汗境內講突厥語的民族（人種）約有一百六十萬，占人口總數的 11% 左右，他們生活在興都庫什山以北的平原地帶，從事農業和游牧業。他們被認為是中亞突厥人的後裔，其祖先在歷史上不斷從北方湧入，占據了中亞地區最富庶的草原和山林地帶。

　　人數最多的突厥語民族是烏茲別克人，他們面頰寬平，皮膚比普什圖人白皙，多是從事農耕的農民和經營畜牧業的牧場主，飼養著大群的卡拉庫爾綿羊和品種優良的土庫曼馬。他們之中很多家庭都有親戚在相鄰的烏茲別克共和國。在 1920 年代，曾有許多烏茲別克人為躲避蘇聯政府對當地民族主義和伊斯蘭宗教派別的迫害而逃往阿富汗的北部，並在那裡定居至今。

　　土庫曼人和吉爾吉斯人也是阿富汗境內講突厥語系語言的少數民族，他們在數量上比烏茲別克人更少。土庫曼人長期生活在阿姆河以南流域，過著半游牧半定居的生活；吉爾吉斯人則將瓦罕走廊地帶當作自己的家園。吉爾吉斯人也喜歡游牧，他們大多數長年在深山裡放牧，綿羊和犛牛是他們生活中最重要的財產。蘇聯占領阿富汗時期，為了切斷瓦罕走廊與外界的聯繫，官方將他們趕出被視為生命之源的牧場。

突厥諸部落講一種古代的突厥語方言，通常他們也講波斯語。這些強悍的游牧民身穿做工粗糙的長氅並繫上腰帶，腳蹬寬鬆柔軟的皮製馬靴，頭上包纏素色布巾。他們在寒冷的冬天也穿袖長可遮住雙手的羔羊皮袍，長袖可用來藏放一些內裝什物的小包裹。婦女們則穿有光亮色彩圖案的長裙衫，遮蓋住她們的腿部以下。阿富汗境內的突厥游牧部落今天仍住在氈廬之中。這種用可折疊的木製支架支撐的穹窿狀帳篷在中亞一帶地區極為常見。

第三節　哈扎拉人與其他少數民族

一、哈扎拉人

阿富汗的哈扎拉人講達利語，但他們的方言中包括了許多突厥語言和蒙古語言的詞彙，他們大多數信仰伊斯蘭教的什葉派，但也有部分屬於遜尼派。哈扎拉人在阿富汗定居下來的歷史至少可回溯到十三世紀。哈扎拉人長期以來一直謀求經濟上的生存。在十八、十九世紀，由於遜尼派對什葉派的迫害，引發了普什圖人的勢力擴張，哈扎拉人被驅趕進阿富汗中部荒瘠偏僻的山地。他們今天仍然生活在此地，按地區分成九個不同的領地。

哈扎拉人主要以農業耕作為生，輔以畜牧業。由於耕地不足，許多族人後來也移居到大城市定居。在喀布爾，他們多從事城市經濟中的下層行業。由於在經濟生活中長期處於受剝奪的處境，他們與其他什葉派穆斯林從 1960、1970 年代起便建立起自己的政

治組織，並在蘇聯占領時期全力爭取自身的政治自治。蘇聯占領期間喀布爾政府完全放棄了對該地區的控制，於是在此時期，哈扎拉人投身於內戰。

從 1747 年阿富汗建立民族國家起，普什圖人就在國家占據著主導地位。如前所述，蘇聯對阿富汗的軍事占領改變了不同民族所占的比例，以普什圖人為主體的難民的大量外流致使少數民族的比例上升，而難民重返又大致恢復了原有的平衡。哈扎拉人的變化便是最明顯的例子。哈扎拉人在 1978 年占阿富汗總人口的 8%，1987 年增加到 14%，目前他們占總人口的比例大約為 9%。

哈扎拉人是反抗運動的主要參加者之一，在後來的內戰中他們最先從親蘇的阿富汗政權手中解放了自己的大部分家園。1980 年代，他們與喀布爾政府達成一項協定，相互交換條件：哈扎拉人不進攻政府軍，政府則允許他們過相對獨立的生活。阿富汗內戰給他們帶來了雙重的後果，他們和國內其他人口一樣面對生存問題上的嚴重威脅，同時又使他們成為國家政權的盟友。一旦內戰結束，哈扎拉人有可能會被再次剝奪權利，受到宗教歧視和迫害，失去他們在內戰期間贏得的獨立。

二、其他少數民族

阿富汗境內還分散著一些較小的少數民族集團。例如努里斯坦人，他們操西達迪語，居住在喀布爾東北與巴基斯坦接壤的邊境一帶。在早期進入該地區的歐洲人眼中，他們是「樣子粗野、筋骨健壯的雅利安容貌和攙有可疑的雜質的人，有突出的鼻子、

直眼、寬大但富有表情的嘴巴」。當他們在十九世紀末受暴力脅迫而皈依伊斯蘭教以前，努里斯坦人用木頭雕出了不少精美的神靈和祖先的偶像，這些工藝品今天仍保存在喀布爾的阿富汗國家博物館內。其中有些雕像幾乎與真人一樣大小，可能是用來祭拜死去的先祖或舉行迎神儀禮的。

　　境內還有大約五十萬查哈爾・艾馬克人，他們的族源已難以辨析，由於帶有明顯的蒙古人外型和體質特徵，並住在蒙古風格的氈篷中，因此他們很可能有突厥人或突厥－蒙古人的血緣。他們今天大部分生活在西部和中西部地區，特別集中在哈扎爾賈特城的周圍。俾路支族游牧民也驅趕著他們的牧群，從他們在巴基斯坦的家鄉穿過邊界來到阿富汗一側作季節性的放牧。在某些城鎮也可看到不多的印度教商人的小規模定居點。

　　阿富汗境內也有若干人數極少的民族，他們講達羅毗荼語（印度半島南部的一種古老語言）和閃米特語（源於西亞的一種古代語言）。講達羅毗荼語的布拉胡族住在極南端。阿富汗國內另有為數不多的猶太人，他們在日常生活中講達利語，但從事宗教活動時用希伯來語。總之，阿富汗是許多民族集團的生息之地，這就部分解釋了境內以伊斯蘭教遜尼派文化為主體，而多種文化類型並存的原因。

Afghanistan

第 II 篇

阿富汗的文化和宗教

阿富汗的文化

第一節　文化形成的社會歷史環境

　　阿富汗的宗教和文化與這個國家悠久、豐富的歷史之間存在著密切的聯繫。阿富汗位居中亞腹地，在歷史上扼守著東西方陸路交通線的咽喉要道，歷來是不同文明體系相互碰撞和交融的中心區域。由於地理位置重要，阿富汗在漫長的歷史中經常成為外族入侵和征服的地方。在眾多的早期外來征服者當中，有波斯國王大流士一世、馬其頓的亞歷山大大帝、塞迦人、安息人（又稱帕尼人，Parni）、貴霜人和白匈奴（嚈噠人，Hephthalites）。

　　阿拉伯人在七世紀傳入了伊斯蘭教，突厥人（土耳其人）十一世紀時在加茲尼的穆罕默德 (Muhammad of Ghazni, 998–1041) 的領導下迅速將阿富汗變成了伊斯蘭教教權與文明的中心，成吉思汗率領的蒙古大軍在十三世紀初攻陷阿富汗，後來他的後裔帖木兒在十四世紀又將這一地區納入他的帝國版圖。十六世紀初，

帖木兒的後代巴卑爾從他在喀布爾的根據地出發，在印度北部平原建立起後來一統次大陸的蒙兀兒帝國。

對於這一地區古代文明的性質，一位西方歷史學家寫道：「從某種觀點來說，阿富汗是一個把幼發拉底河文明與印度河文明、阿姆河文明互相分開的山區地帶。還有，我們可以把它看成是一個連接中亞細亞與印度平原的許多商路的必經之地，那裡有著喀布爾、赫拉特和坎達哈這些通常被稱為『印度鎖鑰』的城市。驍勇的阿富汗人不僅屢次侵掠過富庶的印度平原，而且還在印度河流域和恆河流域建立過王國。他們還曾在一個短暫的時期內支配過波斯。」

在阿富汗，普什圖人經過長期的暴力抗爭，終於在 1747 年砸斷了波斯帝國套在自身脖子上的沉重枷鎖，在杜蘭尼家族 (Durrānī) 的領導下建立起自己的王朝。該王朝的第一位君主阿赫馬德‧沙‧杜蘭尼 (Ahmad Shāh Durrānī, c. 1720–1772) 原是一位部落聯盟的首領，在率領普族人爭取獨立的過程中贏得了威望和權力。普族人的力量在多斯特‧穆罕默德‧汗（Dost Mohammad Khan Barakzai, 1792–1863，1826–1863 年在位）時期迅速增強，他在十九世紀初建立了第二個朝代。

然而，對整個國家的有效控制則是由他的孫子阿布杜爾‧拉赫曼‧汗 （Abdur Rahman Khan, c. 1840–1901 ，1880–1901 年在位）來完成的。他以高超的外交手腕著稱，阻止了當時野心勃勃的大英帝國和沙皇俄國控制阿富汗國內事務的企圖。由於英國在 1839～1842 年和 1878～1880 年的兩次對阿富汗戰爭中未能徹底

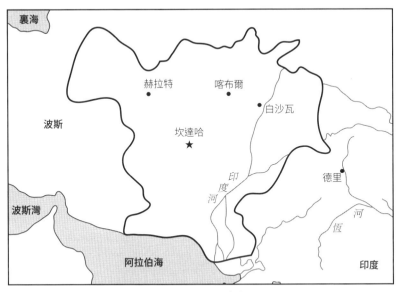

圖 10：阿赫馬德沙時期的地圖

征服這個國家，只得同意扶持一位強有力的阿富汗統治者掌權，
以便使阿富汗成為俄國與大英帝國之間一道不易逾越的緩衝屏
障。十九世紀末劃定的「杜蘭線」將阿富汗與英屬印度的邊界固
定下來。拉赫曼的孫子阿曼努拉·沙（Amanullah Khan, 1892–
1960，1919–1929 年在位）曾在 1929 年成功地結束了英國在阿富
汗國內事務中的影響，同時他也在社會和政治方面開始進行一連
串大刀闊斧的現代化嘗試，但他很快遭到部落社會的頑固反抗，
迫使他逃離自己的國家。

　　在西方人的遙遠記憶和模糊印象中，阿富汗是一個既充滿神
祕又令人恐懼的國度。參加過十九世紀後期對阿富汗戰爭的英國
人向我們描繪的是這樣一幅畫面：「這個國家的疆界：北部和東部

有高大的山脈，南部和西部則有遼闊的沙漠，構成一種使外來的敵人望而生畏的天然防禦。這個國家的總貌是荒涼可怕的；在人們的想像中，它是妖魔鬼怪經常出沒之所。但這種印象並不是沒有變化的，因為在山谷中和平原上也還有著比較優美的景色。在那裡，栽種著農作物的田野笑臉迎人，農夫們忙碌地勞作。」

　　曾在阿富汗和印度有過奇特冒險經歷的英國作家吉卜林 (Joseph Rudyard Kipling, 1865–1936) 則寫道：「當你正受了重傷躺在阿富汗荒原上的一刻，婦女們走出來，她們拿走你身邊剩下的東西，隨意玩弄著你的步槍，然後轟掉你的腦袋。」

　　查希爾‧沙國王 (Mohammad Zahir Shah, 1914–2007) 從 1933 到 1971 年是阿富汗的合法統治者，他在 1964 年作了另一項大膽的嘗試，發起制定了一部帶有自由主義色彩的伊斯蘭教憲法，內容包括自由選舉和部分議會民主。但當這項試驗遇到挫折後，國王的外甥穆罕默德‧達烏德 (Mohammed Daoud Khan, 1909–1978) 通過一次幾乎是不流血的政變取得政權，宣布阿富汗成立共和國，達烏德本人成為該共和國的總統直至 1978 年蘇聯入侵阿富汗的前夕。國王查希爾在政變後亡命歐洲，寓居義大利，直到 2002 年才在美國支持下重返阿富汗。

　　1979 年蘇聯軍隊大批開入阿富汗境內，占領這個國家達十年之久，直到 1989 年才從阿富汗撤走最後一批軍隊。自此時起，阿富汗全國便深陷內戰的泥沼之中。蘇聯軍事入侵和內戰致使阿富汗有上百萬的人口喪生。

　　阿富汗是富有獨立傳統的國家，歷史上儘管屢遭外族的入侵

和欺凌，近代也長期處於英、俄兩大帝國的爭奪與挾持，但從未淪為任何一方的殖民地。但近些年來，由於阿富汗國內的政治混亂、經濟惡化、內戰不斷等因素，造成了伊斯蘭基本教義派的組織日益泛濫，阿富汗開始變成為國際恐怖主義活動和國際販毒的發源地。

近年來，阿富汗由政治、宗教理念激進的塔利班組織掌握政權，帶有伊斯蘭政教合一國家的典型特徵，國家的最高領導人也就是最高宗教領袖為海巴圖拉・阿洪扎達 (Hibatullah Akhundzada)。該政權現今控制著阿富汗全境大部分的國土，而反對塔利班的民族抵抗陣線，是由阿富汗伊斯蘭共和國前副總統阿姆魯拉・沙雷 (Amrullah Saleh) 所領導，在北部山區進行游擊戰。塔利班政權帶有很強的伊斯蘭基本教義派特徵，與當今世界上日益猖獗的國際恐怖主義活動之間存在著較為密切的關聯，因此受到了國際社會的普遍抵制。塔利班的政治、軍事活動與阿富汗境內尚未平息的內戰是整個國際社會日漸關注的焦點。

第二節　古代的文化淵源：絲綢之路、佛教與古典藝術

阿富汗地處中亞的心臟地帶，東接東亞和印度次大陸，西連西亞與更遙遠的地中海地區，它所占據的位置自古以來就是東西方陸路交通的鎖鑰之地，多種古代文明曾在這裡相會，然後再朝不同的方向傳入其他地區。波斯諸王朝和馬其頓的亞歷山大大帝曾在此建立功勳，並將它劃入其龐大帝國的疆域之內。

中國至少在西元前二世紀就與該地區發生了直接聯繫，漢武帝派遣張騫西行中亞，聯絡諸國共同對付匈奴，張騫本人當時就到過大夏（希臘稱巴克特里亞或吐火羅）等中亞地區。據後世考證，漢時的大夏腹地在今天帕米爾高原以西、阿姆河以南的阿富汗境內，大夏都城藍市城的故址就在今阿富汗北部城市馬扎里沙里夫西面的巴爾赫 (Balkh)。張騫在當地的市場上見著了從印度運去的中國西南部的土特產品。

在阿拉伯帝國將伊斯蘭教引入中亞之前，這一地區的民族、語言、信仰和社會生活方式表現出某種多樣化的特點。巴爾赫、巴米揚 (Bamyan) 與撒馬爾罕 (Samarkand) 等中亞重鎮孕育出燦爛的文明奇觀。

從文化方面看，伊斯蘭教傳入前在該地影響最大的當數佛教。佛教的最早傳入是在西元前三世紀，印度孔雀王朝 (Maurya Empire) 的阿育王 (Ashoka, c. 304–232 BC) 派出宗教使者前往王國以外的中亞傳播教義，並將這看作是他本人皈依佛法、鑄劍為犁的一大壯舉。

西元一、二世紀前後，占據中亞的貴霜國王迦膩色伽為他信奉的佛法在犍陀羅 (Gandhāra，今阿富汗與巴基斯坦相鄰地帶) 找到了適宜的土壤。在那個時期，今天阿富汗所在地區正好位於古絲綢之路上的要衝，巴米揚、坎達哈、赫拉特、巴爾赫都是東西客商的雲集地和往來必經之途，中國的絲綢、埃及的精美玻璃器皿、羅馬帝國的銅鑄像、印度的象牙珠寶經這些地點運銷他方。迄今阿富汗境內的考古發現中不乏這類文物。伴隨著運載珍貴貨

物的商旅遠涉奔波，佛教僧侶們也在這條道上來來往往，沿途傳播他們虔誠崇奉的教義。從中亞地區，佛教經過長達數世紀的不懈努力，才傳入並扎根於中國和其他東亞地區。

考古發掘足以證明，早在西元前後時期，今阿富汗東部一帶就已有不少的佛教寺廟和窣堵波（靈塔），隨處可見佛門僧人。於是在這樣富庶、祥和的人文氛圍中，一種新穎的藝術形式誕生了，它就是犍陀羅藝術。這一藝術流派的風格獨特、鮮明，它的起源至今仍存在著爭議，但它帶有希臘藝術風格的顯著影響卻是不爭的事實。在當時由貴霜、塞迦諸王控制的這些地區，歷史上首次出現了佛陀的人體造像。今天某些學者認為佛教信仰從符號向偶像的轉變，來自希臘人體藝術的推動，但也有學者認為它主要是受大眾化的大乘佛教興起的影響。

佛教教義啟發了人們的創作靈感，阿富汗境內巴米揚的兩尊大佛像成為佛教藝術史的傑作。兩尊大佛分別高達五十三公尺和三十八公尺，周圍另鑿有許多石窟，窟內多有佛教題材的雕像和壁畫。石窟群大致開鑿於西元三至七世紀，坐落在景色壯麗的巴米揚峽谷內，距離喀布爾西北約二百三十公里，海拔高度達二千公尺。古代往來於絲路的商旅總是將巴米揚峽谷當作他們漫長旅途中的歇腳處。從西元二世紀起直到九世紀伊斯蘭教傳入，該處一直是中亞佛教的主要中心之一。

巴米揚大佛直接從岩石上開鑿而成，然後在像上覆壓攪混的草泥，劃刻出大佛的面部表情、手姿和服飾上的皺折，最後再壓接成型並塗上色彩。兩尊佛像分別用紅、黃兩色塗繪，佛的手與

面部飾以金粉。可以想像，當經過長途艱難跋涉的傳法僧人在此
見到大佛時，必定會感到難以言表的精神慰藉。中國唐代高僧玄
奘 (602–664) 往天竺（印度）求法途中曾經過「在雪山之中」的
巴米揚（梵衍那國），據他記載，該地有「伽藍數十所，僧徒數千
人」；又見「王城東北山阿，有立佛石像，高四百五十尺，金色晃
曜，寶飾煥爛。東有伽藍，此國先王之所建也。伽藍東有鍮石釋
迦佛立像，高百餘尺，分身別鑄，總合成立。」

遺憾的是，巴米揚大佛的這些特徵今天已不復存在，隨著歲
月的流逝，它們受到嚴重的破壞，並且主要是出於人為的因素。

除了佛教外，西元前後直到後來伊斯蘭教入侵之前，流行於
中亞一帶的還有其他一些主要教派，包括波斯祆教（也稱瑣羅亞
斯德教或拜火教）、摩尼教、景教和印度教，它們也在阿富汗等中

圖 11：巴米揚大佛被炸毀的前後對照圖

亞地區的文化演化中留下了些可辨的痕跡。

第三節　伊斯蘭教文化的崛起

西元七世紀中後期起，阿拉伯的奧米亞王朝 (Umayyad Empire) 開始向中亞擴張。阿拉伯人多次以呼羅珊（Khorasan，今伊朗東北部與阿富汗相鄰地區）為基地遠征錫斯坦（Sistān，今阿富汗南部和伊朗東部）等地，然後繼續向喀布爾推進，很快攻占了這座城市。境內的赫拉特、巴爾赫以及中亞腹心地區不久也相繼遭到攻克。阿拉伯穆斯林無情地處死了戰俘，摧毀所到之處的異教神廟，同時也以暴力帶來了伊斯蘭教。到八世紀中葉，中亞基本上已被納入了阿拉伯帝國的版圖，大批阿拉伯人、波斯人隨著軍事與宗教征服也逐漸遷入中亞地區定居。

在被征服的地方，征服者強迫當地居民改信伊斯蘭教，放棄原來的信仰；大量的清真寺常常修建在異教寺廟的廢墟上。根據阿拉伯征服者訂的法律，異教徒只要改宗伊斯蘭教就能免交人丁稅，因此居民也願意為豁免人丁稅而成為穆斯林，取得與征服者同等的社會地位。居民也被迫參加伊斯蘭教禮拜，清真寺開始成為中亞地區新型文化生活的重要場所。巴爾赫、赫拉特、喀布爾以及撒馬爾罕、布哈拉 (Bukhara) 等中亞重鎮在八世紀中葉已建有規模宏大、裝飾華美的大清真寺，成為聞名遐邇的伊斯蘭文化勝地。

怛羅斯戰役 (751) 後，唐代中國對中亞的影響大減，阿拉伯

人的勢力在這一整個地區得到進一步的深入和鞏固。甚至有學者認為，中國文化和伊斯蘭文化這兩種文明究竟哪一種在中亞居支配地位的問題，其實在這時便被決定了。

伊斯蘭教為新征服地區帶來的文化影響也表現在其他方面。首先是語言文字傳播普及。從阿拉伯人征服中亞到九世紀中葉中亞各本土穆斯林政權的建立，阿拉伯語一直作為官方語文和文獻語言，波斯語和其他中亞語言也開始用阿拉伯字母拼寫。這種情況產生了深遠的意義，今天阿富汗通用的普什圖語和達利語均是在阿拉伯字母書寫體基礎上發展起來的。

奧米亞王朝之後的阿拔斯王朝 (Abbasid) 由於繼承了波斯文化的傳統，也注意吸取古代歐洲和印度的文化、科學成就，因此後來在中亞地區得到更大程度的認同。但這時中亞的伊斯蘭文化已是在多種文化成分基礎上發展起來的新型宗教文化，原有的阿拉伯因素已退居次要。

第四節　現代阿富汗的文化復興

悠久的歷史在阿富汗國土上沉積了豐富的文化遺產，但當近代世界開始步入發展和文化碰撞加劇的進程之時，由於阿富汗與外界幾乎完全隔絕，十六世紀以後，這個地區在藝術、文學或建築等方面取得的成就不大。

大多數阿富汗人生活在城市以外的山林和鄉野，從他們的生活方式來看，基本上是一種農業部落社會。族親關係是人們社會

生活中的根基，以家長制為其特徵，宗教在其中扮演極為重要的角色，文化、藝術與禮俗都和特定的伊斯蘭教有緊密的關聯。宗教與文化的結盟雖積極地喚起人們的虔誠信念和勇氣，但同時也抑制了文化的多元發展，使文化觀和藝術表現形式逐漸形式化和僵化。

　　透過二十世紀早期以來的考古發掘和研究，發現了許多精美的古代藝術品，它們分屬伊斯蘭教之前的古代時期和中古伊斯蘭教時期。在二十世紀中期，傳統藝術的復興和對新藝術表現形式的興趣，曾為阿富汗的藝術創作注入新動力。例如新一派畫家直接從十五世紀帖木兒時期的赫拉特畫派中汲取靈感，也有不少畫家明顯地受到西方現代藝術風格的影響。阿富汗在 1930 年代建立了喀布爾藝術學院 (School of Fine Arts)，對國家的文化藝術生活產生了積極的影響。依靠政府和某些民間團體的努力，一些有價值的古老建築遺跡得到復原和維修。帖木兒時代傳統伊斯蘭風格的建築工藝得以完好保存，特別是清真寺或陵墓的室內牆面設計。廣受歡迎的手工藝品包括享譽國外的阿富汗地毯和銅器。

　　源於西方的戲劇直到 1960 年代才在阿富汗亮相，起初是引進歐洲的古典戲劇，但後來創作的戲劇多以道德說教的方式處理這個國家的日常生活題材。除了在喀布爾、赫拉特、坎達哈等城市有大劇院外，還有許多流動的劇團到各城鄉巡迴演出。

　　音樂和舞蹈也在出現變化，傳統民間歌舞漸漸與西方現代音樂和印度音樂融合。阿富汗音樂在許多方面與西方音樂不同，特別是它的音階、音程、音域和節奏，但它與西方音樂傳統的聯繫

更近於與亞洲音樂的聯繫。阿富汗人喜歡以歡快的露天歌舞來慶祝宗教和民族節日,婚禮更因這些歌舞而顯得熱鬧非凡。露天表演「阿塔舞」(Attan) 自古便是阿富汗民間文化生活的一大特徵,它是普什圖人的民族舞蹈,現在也成了流行於阿富汗全國的民族舞蹈。

與其他領域相比,普什圖語言文學在十七世紀獲得了更快的發展,在文化生活中呈現出勃勃生機,這主要歸功於今天仍享有盛譽的阿富汗民族詩人庫沙爾・汗・卡塔克 (Khošāl Khān Khatak, 1613–1689)。歷史上其他著名的普族詩人還有拉赫曼・巴巴 (Rahmān Bābā, c. 1632–c. 1706) 和阿赫馬德・沙・杜蘭尼,後者同時也是近代阿富汗國家的奠基人。達利語也產生了影響深遠的文學,阿富汗民族一些最主要的詩篇就是用達利語寫成的。賈拉努丁・盧米的達利語詩歌已被翻譯成世界上多種其他語言,甚至在西方也受到廣泛的歡迎。二十世紀初成立的普什圖語學會以促進普什圖語言文學和擴大對非普什圖語民族的文化影響為己任,它出版月刊《喀布爾》,並發行古代普什圖文手稿以及普什圖語的語言文學著作。

阿富汗國家歷史學會成立於 1950 年代,致力於傳播有關阿富汗民族的歷史知識,每月分別用普什圖語和達利語出版刊物《雅利安人》,該學會也負責出版發行有關阿富汗歷史、古代手稿和境內歷史文化勝地的研究成果。位於喀布爾的阿富汗國家博物館更收藏能充分反映該國及整個中亞地區悠久、豐富歷史與文化傳統的文物。

阿富汗的宗教

第一節　作為信仰的伊斯蘭教

今天的阿富汗是一個典型的穆斯林國家，伊斯蘭教為該國的國教。阿富汗全國約 99% 的人口為穆斯林，其中四分之三以上是遜尼派信徒，遜尼派中又以勢力最大的哈納菲派 (Hanafi) 教徒為主；遜尼派之外的穆斯林大部分是什葉派 (Shia) 教徒，包括哈扎拉人、克里巴希人和一些伊斯瑪儀派 (Isma'ilism) 教徒。努里斯坦人是中古時期中亞地區被穆斯林稱為「異教徒」(Kafir，卡非爾人) 的後裔，他們直到十九世紀末才被迫皈依了伊斯蘭教。此外，阿富汗境內亦有為數不多的印度教徒和錫克教徒。

一、《可蘭經》

與世界其他地區的穆斯林一樣，阿富汗境內的伊斯蘭教各派均奉《可蘭經》為最高經典，將它放在宗教與世俗生活中極為重

要的位置。「可蘭」在阿拉伯文裡的意思是「誦讀」，它是伊斯蘭教先知穆罕默德在傳教過程中以阿拉真主「啟示」的名義陸續頒布的。經典的主要內容包括基本的信仰與修持功課，強調阿拉獨一、順從、忍耐、行善、施捨和宿命，並為政教合一的社會訂立了宗教、政治、經濟、社會、軍事與法律制度。此外，《可蘭經》中還包括與各種異教辯論的記述和古代阿拉伯地區流傳下來的故事、傳說和寓言。

由於《可蘭經》屢經各代抄錄、訂正和編纂，加之其中不少內容為後世留有闡釋的餘地，因此根據伊斯蘭教內部派別的不同也存在著一些解釋上的差異。此外，經文中還有訓令規定為「阿拉之道」而戰是每個穆斯林應盡的宗教義務，從中可發現信徒在伊斯蘭教旗幟下為宗教而進行「聖戰」的特徵。

二、遜尼派

阿富汗境內的穆斯林有遜尼派與什葉派之分。遜尼派和什葉派是伊斯蘭教內部對立的兩大派系。派系紛爭起源於對穆罕默德「聖訓」、「聖行」和其後教主傳承形式的不同理解。穆罕默德在創教過程中的種種言行被認為是穆斯林生活、行為的準則和楷模，它是信仰的正途，堅持這一觀念純粹性的遜尼派自稱為「正統派」。遜尼派將記錄穆罕默德言行的六大《聖訓集》奉為僅次於《可蘭經》的「聖書」，據此為本派立法。在後來的發展中，遜尼派得到奉行該法的歷代哈里發（政教合一領袖）的支持，流傳甚廣，成為伊斯蘭教中教徒人數最多的教派。

　　在神學理論上，遜尼派早期分為「經典」與「意見」兩支，前者重《可蘭經》與《聖訓集》的權威性，對經訓中無明文的問題不妄下斷語，趨於保守；後者卻主張以自己的意見解釋無明文可據的律法，使它與《可蘭經》和《聖訓集》相輔而行。後來雖然兩派分支出現折衷傾向，形成哈納菲派等遜尼四大學派，但哈納菲派主要承襲了「意見派」的宗教思想。阿富汗國內遜尼派穆斯林教徒絕大部分便屬於哈納菲一派。

三、什葉派

　　什葉派是遜尼派的對立面，它在穆罕默德去世後的繼承權的爭奪中逐漸形成、壯大，該派無限制地神化先知的養子阿里及其後裔，頂禮膜拜其政教合一的領袖「伊瑪目」(Imam)，稱其為真主保佑下的最後救世主。它也強調《可蘭經》中的「隱意」和本派的聖訓《四聖書》，並受到波斯薩珊時期思想觀念的影響。該教派在宗教禮俗方面，對信徒實踐信仰的規範相對寬鬆、靈活，如它允許信徒遇到迫害時可以隱瞞信仰；也允許青年男女建立短至幾小時、長至九十九年的「臨時性」男女關係，即「臨時婚姻」(sigheh)。而此種關係是建立在伊斯蘭教和政府所認可的婚姻有效契約上，它使什葉派教徒可以在傳統婚姻之外，合法建立另外的性關係。但什葉派內部因教主繼承世系及教主數目等問題分成不同派別。該教派曾先後在葉門、埃及、伊朗等國被定為國教，但它在阿富汗國內一直處於少數派別的劣勢。

第二節　塔利班政權下的宗教、文化與社會

　　塔利班第一次掌權時期,定名國家名稱為「阿富汗伊斯蘭大公國」,反對塔利班的「北方聯盟」對外稱「阿富汗伊斯蘭國」。這些名稱反映出兩派都將伊斯蘭教提升到國教的地位。塔利班領導人歐瑪爾擁有教主的頭銜。在 2021 年塔利班再度掌權後,宣布國名回歸「阿富汗伊斯蘭大公國」。

　　在阿富汗境內的任何地方,宗教組織並不需要向政府部門註冊登記。儘管目前缺少可信的人口統計資料,但估計阿富汗有 90% 的人口為遜尼派穆斯林,其餘 10% 人口中大多數為什葉派穆斯林,後者的信徒以哈扎拉人為主。在阿富汗的中部和北部地區也居住著數量不多的伊斯瑪儀派教徒,他們在歷史上是什葉派的一支,但因帶有一些獨立特徵而被不少什葉派視為異己,奉阿迦汗(Aga Khan,現任為第四任阿迦汗 Shāh Karīm al-Ḥussaynī)為其精神領袖。

一、教派對立與利益衝突

　　由於阿富汗缺乏一部開明的憲法,且內戰衝突不斷,宗教自由方面的情況主要取決於衝突各方實行的一些非正式、未成文和未定型的政策。在國內大部分地區,對伊斯蘭教法的解釋權都操持在塔利班領導的伊斯蘭運動手中。塔利班首次執政時期,控制了阿富汗 85% 以上的國土,它曾在 1999 年宣布正根據伊斯蘭教

法典，為這個國家起草一部新憲法。塔利班的發言人聲明，新憲法將保障所有穆斯林與各少數教派的權利。但習俗與法令通常需要從屬於某一特

圖 12：塔利班執政時的阿富汗國旗

定的教派，無神論者將被視為叛教，會受到極刑的處置。國內數量不多的非穆斯林居民可從事他們的信仰活動，但不被允許傳播他們的教義。

　　儘管塔利班政權許下了訂立憲法的諾言，但阿富汗仍沒有一部行之有效的憲法，也沒有一些可禁止或保護不受宗教方面歧視的基本法律條文。在伊斯蘭教不同教派之間的關係仍存在著不少問題。

　　從歷史上看，居少數的什葉派一直遭居多數的遜尼派歧視。大多數什葉派穆斯林都來自哈扎拉族，他們在過去總是受到社會其他群體的排擠，是經濟處境最不利的宗教派別之一，該派教徒堅持要求政府給予他們作為公民的平等權利。過去曾有過不少哈扎拉人與其他阿富汗人發生暴力衝突的事例。這些衝突往往有經濟和政治方面的根源，但通常也隱含教派間的衝突。不過，許多什葉派教徒，包括眾多住在喀布爾的什葉派居民，也能享受有限的宗教自由。

　　在不同的政治集團內，如果它的成員信奉主流教派（遜尼派）或隸屬主體民族（普什圖族），該成員在其集團內就可享受經濟、政治及軍事行動方面的好處；相反，其他教派或少數民族的成員

要想在某一政治集團內有大作為就可能遇到諸多不便。塔利班吸收了若干優秀的什葉派軍事首領進入組織，以便給外界一種阿富汗國內教派團結的印象，因為外界一直認為塔利班僅是一個完全由遜尼派普什圖人參加和控制的運動。

在阿富汗，遜尼派伊斯蘭教中的哈納菲派一直是占支配地位的一派，塔利班就是哈納菲遜尼派的狂熱信奉者，該派在塔利班運動的推動下，已成為現今阿富汗占絕對優勢的教派。在過去二百年中，遜尼派教徒始終效法印度迪奧班迪 (Deobandi) 宗教學校的榜樣，在伊斯蘭世界廣泛進行伊斯蘭宗教教育。這類教育往往持續二至六年不等，目的在於向穆斯林兒童和青少年傳授《可蘭經》、伊斯蘭法律和其他相關知識，同時也傳播一些有關語言學和近代科技方面的知識，從而為伊斯蘭教的事業培養大批可用的特殊人才。塔利班領導階層的多數成員也都曾在巴基斯坦境內的這類宗教學校或講習班中受過培訓。迪奧班迪宗教教育的主旨，主要在於淨化伊斯蘭教，方式是清除伊斯蘭教內部的非伊斯蘭教影響，重新強調《可蘭經》中的訓誡和先知穆罕默德的事跡。此外，這種教育也頑固反對他們認為是來自西方的影響。

在阿富汗，大多數人口信奉的哈納菲遜尼派一直受到迪奧班迪宗教教育的深刻影響。但也有不少人信仰遜尼派中更具神祕性色彩的蘇菲派 (Sufism)。蘇菲派更注重在有超凡魅力的宗教領袖領導下的秩序和親密團結。

在歷史上，曾有不少印度教徒、錫克教徒、猶太教徒和基督徒在阿富汗生活，但今天這些宗教的多數信徒已離開了這個國家。

即使在他們活動的巔峰時期，非穆斯林的少數派教徒也只占總人口的 1%。該國的印度教和錫克教人口曾達到五萬人左右，但他們後來不斷遷移或逃亡國外。在阿富汗伊斯蘭共和國執政時期，有不少逃出來的難民返回了阿富汗，他們多居住在靠近巴基斯坦邊界的賈拉拉巴德地區。儘管如此，印度教徒、錫克教徒等非穆斯林在阿富汗境內的數量仍相當稀少。

阿富汗國內的非穆斯林基本上都是外國人，他們經商為主。只要他們不去傳播自己所屬宗教的教義，通常情況下不會受到打擾。阿富汗境內的基督徒和猶太教徒極少，大多是受國外非政府組織派遣，暫時待在那從事救濟工作的外國人。

阿富汗某些地區是同教派的定居地。信仰遜尼派的普什圖族穆斯林集中於坎達哈城附近，控制著這個國家的南部、西部和東部地區。什葉派穆斯林的根基在哈扎拉人聚居區和巴米揚周圍多山的中部高地。東北部的巴達赫尚省歷來是伊斯瑪儀教徒定居的區域。包括首都喀布爾在內的其他地區則帶有更明顯的多教派混居特徵。例如在北部的馬扎里沙里夫城內及附近地區，就共同居住著遜尼派教徒（包括普什圖人、土庫曼人、烏茲別克人和塔吉克人）和什葉派教徒（包括哈扎拉人、克里巴希人和伊斯瑪儀派教徒）。

二、宗教活動

有關阿富汗國內清真寺宗教活動的資料很難獲得。在塔利班控制的地區，當權者下令所有的穆斯林每天必須禮告五次，週五

午時的禱告在清真寺舉行，據說教徒們必須參加。婦女無論已婚未婚均不能進入清真寺，她們的禱禮須在家裡進行。

外界也很少知道阿富汗境內穆斯林的信教活動，但非穆斯林宗教的傳播肯定受到了嚴格的禁止。目前仍有一些西方國家的基督教機構在那裡活動，但除社會救濟這類慈善工作外，傳教等其他活動被嚴加禁止。穆斯林皈依其他宗教的現象極少，如有則被視為叛教，要受到死刑的懲罰。阿富汗國內的教育機制在經歷了二十餘年的戰亂後艱難地保存下來，但宗教教育受到越來越多的重視，尤其是初等教育更是如此，成為該國國民宗教生活的一個重要部分。

帶有基本教義派傾向的宗教教育，也影響到社會生活的其他方面。根據塔利班政權的規定，男子蓄留鬍鬚的長度必須超出從下巴起一個拳頭以下，並必須戴上頭罩，不能蓄長髮。男子若剃去鬍鬚則可能受到十天的監禁，還要強制接受伊斯蘭法的教育。在塔利班初次執政時便有政府公務員因剃鬚而被開除公職的先例。喀布爾大學不收女生，全體學生都必須蓄上鬍鬚才能進教室上課。

三、婦女的地位

婦女的處境反映了阿富汗的宗教生活，是觀察伊斯蘭基本教義派的另一個面向。婦女在公眾場合須穿上從頭到腳遮得嚴嚴實實的「波卡」(Burqa) 裙袍，只能從蓋面處開一道小孔看到外邊。這種服飾在鄉村地區歷來是女性的標準化穿著，但如今城市婦女

也被迫穿著波卡。

　　根據阿富汗最高宗教當局在 1999 年下的教令，婦女未穿得體服飾出外者，將同其家中的長者受到嚴厲的責罰。在喀布爾和其他地方，如果女性出外不穿「波卡」或所穿的「波卡」未蓋過雙膝，會遭到塔利班民兵的鞭打。一些貧窮的婦女買不起「波卡」，便只能成天待在家裡，或冒挨鞭打的風險外出。

　　在阿富汗，人們希望婦女出門時要有男性親屬伴陪，即使穿著被認可的服裝也要儘量少在公眾前拋頭露面。女性若在沒男性親屬陪同的情況下出現在公共場所，可能會受到嚴厲的指責甚至鞭打。在塔利班控制的地區，人們在大街上很少能見著女人。

圖 13：身穿「波卡」的女子

　　婦女外出時亦不能搭乘計程車，計程車司機如載送無人陪伴的婦女，將會受到罰款或拘留的懲處。婦女通常只能乘坐供女性專用的公車，這種公車在不少城鎮供不應求，而等待乘車的人卻是排著長長的隊伍。公車的司機還被要求用布簾遮住車窗，並用簾子隔開司機與乘客之間的視線。司機們還被告知，他們必須雇十五歲以下的男孩從女乘客手中收取車費。司機與售票員都不許與乘客們混擠在一起。

四、文化的限制與不寬容

　　宗教影響也越來越滲入人們的文化生活。這種現象在塔利班政權下開始走到了極端。當局的有關政策並不鼓勵自由討論宗教問題或公開發表與正統遜尼派思想相左的觀點。塔利班也一直基於宗教理由，在控制區禁止音樂、電影和電視的播發，在 1998 年曾規定電視機、錄影機、錄影帶和衛星信號接收器為違禁物品。此外，廣播和報刊等傳媒受到嚴格的控制，播出和登載的內容須經過苛刻的審查，特別是涉及宗教方面的內容。網際網路的使用在阿富汗境內也受到十分嚴厲的限制，曾有一項法令禁止教徒們接觸網路。

　　塔利班也在不同時期禁止過某些傳統的娛樂活動，如放風箏和下棋；布偶娃娃、填充動物玩具和照片等也都在違禁之列，塔利班官員解釋宗教訓喻不許表現生靈。因禁止人體畫像，用於大眾衛生教育的畫遭到撕毀，妨礙了在一個文盲眾多的社會中宣傳散播必要的衛生知識，從而給老百姓的醫療護理帶來極大的負面

影響。

　　宗教禱告是每個人的基本義務，如被發現未在規定時間裡作禱告或遲到就會受到包括鞭打在內的懲罰。也曾有政府官員在大街上攔住行人，考查其是否能背誦出《可蘭經》文中的不同段落。1998 年夏季，當塔利班首次攻占巴米揚地區時，峽谷內異常珍貴的古代文物巴米揚大佛遭到無情的毀壞。塔利班後來宣稱，破壞古代文物是部分士兵所為，塔利班將保護佛像不再遭到進一步的破壞。儘管國際社會施加了強大的壓力，更嚴重的毀佛事件又在巴米揚發生，作為古代文化遺產的巴米揚大佛像被徹底損毀。

第 III 篇

上古時代

第七章 | *Chapter 7*

波斯帝國統治下的阿富汗

　　現代意義上的阿富汗國家最早形成於十八世紀阿赫馬德沙所創建的杜蘭尼王朝時期。但早在遠古時代，歷史舞臺的帷幕就已經悄悄地在這塊神奇土地之上升啟。阿富汗特殊的地理位置，使它注定成為世界上各大文明碰撞交會之處。從西元前六世紀起，這塊面積並不廣大、土地並不富饒的多山之地先後為波斯人、希臘人、印度人、大月氏人、嚈噠人、突厥人、阿拉伯人和蒙古人所垂青，希臘文明、印度文明、伊斯蘭文明也相繼在這塊土地上光耀一時，或深或淺地埋下了自己文明的種子。或許是歷史女神格外鍾情於這塊土地吧，她在這裡毫不吝嗇地留下了許多神來之筆，為我們展現了一幅離奇曲折、異彩繽紛的阿富汗歷史畫卷。

第一節　波斯帝國的統治

　　阿富汗地區歷史的初曙要追溯到西元前六世紀的波斯帝國統治時期。波斯帝國興起於阿富汗西部的伊朗高原，西元前 550

年，阿契美尼德王朝 (Achaemenid Empire) 的居魯士大帝滅掉其勁敵米底王國 (Medes)，使波斯人的國家迅速崛起。隨後，居魯士發動了一連串對外擴張戰爭。西元前 546 年，居魯士滅小亞細亞的呂底亞王國 (Lydia)，並征服小亞細亞希臘諸邦；西元前 539 年，又滅兩河流域的新巴比倫王國 (Neo-Babylonian Empire)。為了鞏固帝國東北邊境，居魯士又開始東征，先後征服了包涵阿富汗地區在內的中、西亞廣大地區。西元前 529 年，居魯士在遠征中亞錫爾河流域的馬薩格泰人 (Massagetae) 時陣亡。此時，世界古代歷史上第一個真正的大帝國——波斯帝國已基本形成。

正是在居魯士大帝統治期間，阿富汗第一次被異邦征服，但也是從這個時候起，阿富汗開始接觸來自於世界各地的文化——波斯文化、希臘文化和印度文化，這些都為阿富汗後期歷史的發展打上了獨特的烙印。作為波斯帝國東部的重要地區，阿富汗是聯繫希臘、波斯與中亞、印度的重要孔道，向來受到波斯帝國諸王重視。從現存的波斯楔形文字銘文和希羅多德 (Herodotus, c. 484–c. 425 BC) 的《歷史》(*Histories*) 中可知，波斯帝國管轄的二十省中，有六個省都在今天阿富汗的錫斯坦、赫拉特、巴爾赫、喀布爾河流域、哈扎拉斯坦和坎達哈等地。

然而波斯人在阿富汗的統治並不穩固。作為一個迅速擴張的大帝國，波斯帝國境內匯集了不同文化、不同語言的許多民族與部落，它很難說得上是一個統一國家，充其量也只是一個各民族與部落的聯合體。這些被波斯帝國征服的國家和地區並不甘心於波斯人的殘暴統治，依然嚮往民族獨立與自由。因此，包括阿富

汗在內的波斯帝國廣大地區人民，從被征服的那一天起就開始了
英勇的反抗。巴克特里亞是阿富汗地區面積最大、經濟最發達的
一個省，然而卻受到波斯帝國殘酷的經濟剝奪，該地每年要向波
斯朝廷繳納三百六十塔蘭特銀幣，約合一萬零八百公斤白銀。所
以巴克特里亞的獨立意識最強，它也成為阿富汗地區獨立運動的
領導者。波斯王阿爾塔薛西斯在位時（Artaxerxes I, r. 464–425 BC
在位），巴克特里亞總督發起了暴動，試圖推翻王位，奪取政權。
此後，波斯國王與巴克特里亞總督之間便展開了曠日持久的王位
之爭。

第二節　阿富汗的短暫獨立

　　大流士三世執政時期 (Darius III, r. 336–330 BC)，波斯帝國已
到了大廈將傾之際。此時，在波斯以西，在蔚藍的愛琴海北岸，
一個倍受希臘文明薰陶的蕞爾小邦馬其頓 (Macedonia) 強大起
來，它迅速使希臘世界臣服，並在年輕英武的亞歷山大大帝
(Alexander the Great, 356–323 BC) 的率領下開始了舉世聞名的東
征。亞歷山大一路攻城掠地、所向披靡，先後征服埃及、小亞細
亞，直逼波斯腹地。亞歷山大的東征對波斯帝國起到了摧枯拉朽
的作用，也給阿富汗地區的獨立帶來了一線曙光。

　　西元前 331 年，亞歷山大大軍奇蹟般地渡過河流湍急的底格
里斯河，在高加米拉平原地帶與前來迎敵的大流士軍隊展開了一
場惡戰。這是一場對雙方至關重要的戰爭，如果亞歷山大獲勝，

他就會實現建立世界帝國的夢想，如果大流士三世贏了的話，他也許會重振帝國雄風。這也是繼西元前五世紀的波希戰爭後，東方與西方、亞洲與歐洲的又一次對峙。儘管雙方兵力相等，但波斯軍隊的內心已被亞歷山大遠征軍的威名所震懾，戰爭剛開始沒多久，怯懦的大流士三世便扭轉戰車，倉皇往回逃去。波斯軍隊失去了核心，如鳥獸散。亞歷山大乘勝追擊，直搗波斯波利斯，攻下了這座帝國的都城。

　　戰敗的大流士逃到了偏遠的巴克特里亞，想在這裡喘息片刻，然後集結軍隊，東山再起。但巴克特里亞總督比蘇斯卻認為這是奪取王位、爭取阿富汗獨立的最佳時機，他聯合阿富汗地區的另外兩個總督巴撒恩梯斯和薩梯巴爾桑尼斯密謀殺死了大流士，宣布自己為國王，巴克特里亞獨立。至此，波斯帝國滅亡，波斯人在阿富汗二百多年的統治也宣告結束。

第八章 | *Chapter 8*

希臘化時代的阿富汗

第一節 亞歷山大征服阿富汗

比蘇斯統治下的阿富汗的獨立注定是短暫的，因為亞歷山大的東征大軍正在逼近阿富汗。比蘇斯沒有預料到這位年輕敵人平靜的面龐下蘊藏著多麼巨大的能量，這些能量來自於一個建立世界帝國的夢想。

馬其頓亞歷山大大帝初登王位時，年方二十。這位國王可謂少年老成，很早便顯示出驚人的智慧和非凡的軍事才能。亞歷山大年輕時師事希臘大哲人亞里斯多德，他深諳希臘文化之奧妙，深深為這種文化傾倒。他的夢想是建立一個世界帝國，把他熱愛的希臘文化傳播到這個世界的每個角落，讓所有的臣民都沐浴在希臘文化融融的陽光之中。亞歷山大大帝所開啟的這個希臘文化在亞洲、非洲的擴張時期，史學家稱之為「希臘化時代」(Hellenistic period)。

　　年輕的亞歷山大正是懷著這個夢想開始了征服世界的歷程。亞歷山大不像以前的征服者，對被征服地區燒殺劫掠，肆意破壞。他尊重當地人民，敬重他們的文化與風俗。他的任務不是毀滅，而是建設。他征服埃及後，按照當地宗教習俗，親自去神廟拜謁太陽神阿蒙。他的行為使埃及人民高興地把他視作阿蒙之子，歡呼他為埃及的新法老。征服波斯後，亞歷山大馬上「入鄉隨俗」，他頭戴波斯皇冠，身披波斯紫袍，接受波斯貴族對他行跪拜禮。他甚至娶了一位波斯女子為妻，並命令他手下的將領效法。亞歷山大的這些舉措，使被征服地區能心悅誠服地歸降，當地人民則尊稱他為拯救他們於苦難之中的解放者。

　　亞歷山大攻陷波斯波利斯後，舉行了一場盛大的慶功宴。隨後，亞歷山大決定出征巴克特里亞，再度進擊大流士三世。在征途上，亞歷山大聽說巴克特里亞總督比蘇斯已經叛變，囚禁了大流士三世。但亞歷山大要親自抓獲大流士三世，他命令軍隊繼續前進，搜索大流士三世的蹤跡。終於，亞歷山大在今天伊朗的達姆甘 (Damghan) 附近，發現大流士三世已被謀殺，其屍體倒臥在一輛推車上。接著，亞歷山大從達姆甘北上，攻下了裏海南岸的沃土之地希爾加尼亞 (Hyrcania)。從希爾加尼亞揮兵向東，穿越帕提亞，亞歷山大的大軍又直抵阿富汗境內的阿里亞（今阿富汗的赫拉特省）。在這裡，阿里亞總督薩梯巴爾桑尼斯表示願意歸順，亞歷山大就任命其再任阿里亞總督，然後急急忙忙進軍巴克特里亞。

　　因為這個時候，亞歷山大聽說殺死大流士三世的巴克特里亞

總督比蘇斯竟然自立為王，企圖恢復波斯帝國的統治，亞歷山大決定征服這個敢於向自己挑戰的敵人。阿富汗又面臨被征服的境地。就在逼近巴克特里亞首府巴克特拉城（今阿富汗巴爾赫城）時，亞歷山大忽然聽說，薩梯巴爾桑尼斯串通比蘇斯叛變了，並殺死了留守在阿里亞的馬其頓代表。亞歷山大擔心腹背受敵，立即決定回師，他命令軍隊急行，僅用兩天時間就從巴克特里亞殺回阿里亞。薩梯巴爾桑尼斯做夢也沒有料到亞歷山大如此神速，倉促迎戰。亞歷山大這次不再手軟，乾淨俐落地殺死了薩梯巴爾桑尼斯及其叛軍。平定了叛亂後，亞歷山大沒有急著揮師巴克特里亞，而是南下直奔德蘭癸亞那（今阿富汗尼姆省）。因為該地的總督巴撒恩梯斯曾夥同比蘇斯殺死了大流士三世，是比蘇斯的心腹。亞歷山大決定先除掉這個隱患，然後再對付勢力最大的比蘇斯。亞歷山大不費吹灰之力地攻克了德蘭癸亞那首府普洛弗撒西亞（Prophthasia，今阿富汗法臘）。他接著溯赫爾曼德河而上，進入東北部的阿拉科西亞（Arachosia，今阿富汗坎達哈省）。在今天的吉里什克附近，亞歷山大渡過赫爾曼德河，然後折向北方，直抵波斯帝國東北部重鎮尼西亞（今阿富汗首都喀布爾）。

此時的比蘇斯並沒有急著派兵迎敵，因為他知道，阿富汗四周多為崇山峻嶺，境內地形崎嶇艱險，是抵禦敵軍的最佳屏障，憑此天險應該可以高枕無憂。這時候的亞歷山大也的確面臨著東征以來的最大困難，因為他面前橫亙著一座他有生以來所見過的最高山脈——巍峨的興都庫什山。興都庫什山是世界上最大的山脈之一，它從東北向西南貫穿阿富汗全境，長達一千二百公里。

興都庫什山平均海拔三千多公尺,最高峰則高達六千六百多公尺,
山頂終年積雪,異常嚴寒。亞歷山大的士兵都驚歎於興都庫什山
的高大,稱之為「印度的高加索山」。但是這座巨大的山脈也沒能
擋住亞歷山大行進的步伐,在克服了寒冷和供應匱乏等難題後,
亞歷山大的大軍成功地翻越了它。

　　正當比蘇斯在宮廷中飲酒作樂之際,忽然有人來報,說亞歷
山大已經越過興都庫什山,直奔而來。比蘇斯大驚失色,急忙出
兵迎敵。西元前 329 年,雙方在巴克特拉城外開戰,比蘇斯幾乎
沒有做任何抵抗就退卻了。他從巴克特拉城倉皇逃出,渡過阿姆
河,跑到阿富汗北部粟特人的索格地安那 (Sogdiana) 尋求避難。
逃跑之時,比蘇斯燒掉了所有的渡船。但聰明的亞歷山大用填滿
乾草的皮筏子代替渡船,五天內帶領全部人馬安全渡過寬闊的阿
姆河。這時,索格地安那的騎兵司令斯皮塔門尼斯預感到災難將

圖 14:興都庫什山

至，他捉拿了比蘇斯並將之獻給亞歷山大。亞歷山大以弒君罪為名，把自己最大的頑敵釘死在十字架上。征服了巴克特里亞，亞歷山大才實現了自己最大的目標——徹底征服波斯帝國。而對包括巴克特里亞在內的阿富汗地區的征戰，可謂亞歷山大東征以來最艱鉅的任務。

　　亞歷山大東征期間有一個特點，那就是在所征服的地區修建以他名字命名的城市——亞歷山大城，這一方面是便於在重要關口屯兵駐紮，一方面也是宣揚自己的赫赫武功。在所有亞歷山大城中，最為著名的當屬位於埃及北部尼羅河河口的亞歷山大。這座城市不僅在古代是地中海世界的文化象徵，今天仍然作為一個著名城市和港口矗立在埃及的北大門。亞歷山大在阿富汗地區也修建了三座亞歷山大城。一座在阿里亞境內，一座在阿拉科西亞境內，一座在喀布爾以北的興都庫什山山麓。它們對於傳播希臘文化、促進東西方貿易起了重要作用。

　　亞歷山大對阿富汗的征服，使希臘文明第一次來到這塊崎嶇之地，也讓阿富汗第一次與西方建立了聯繫。面對希臘文明，當地人勇於接受它，樂於效仿它。而永遠好奇的希臘人也不遠萬里紛至沓來，以一種施予者的驕傲心態傳播他們的文化。巴克特里亞是阿富汗地區最能體現「希臘化」思想的地方，當時希臘的坐商行賈遍及各大城市，希臘語也從不同服飾的人口中娓娓道出。無論是尼西亞、巴克特拉還是波斯波利斯和雅典，各個民族的人民似乎都沉醉在亞歷山大所營造之世界帝國的和諧氛圍中。

圖 15：於阿富汗阿伊哈努姆城發現的石灰石雕刻，上有忍冬草形狀的科林斯式柱頂（約西元前二世紀），1960 年代發掘出土亞歷山大大帝率希臘軍東征在此地修建了一座希臘城市。這座城市存在了二百年，距雅典五千公里，城市周圍有發達的灌溉水渠網。

第二節　阿富汗歸屬塞琉古王朝

　　阿富汗地區和平安定的局勢沒有持續幾年，就被亞歷山大大帝的英年早逝打破。亞歷山大在一次出征中不幸染上了瘧疾，回來不久後便長病不起，西元前 323 年，這位古代世界最偉大的征服者死在床榻之上，年僅三十二歲。亞歷山大死後，他所建立的帝國立刻亂了分寸，被征服的國家紛紛叛亂，他的部下也開始了爭奪權力的內訌。亞歷山大的死訊傳到巴克特里亞後，駐守在此的馬其頓士兵發動了政變，他們不願留守遙遠的邊疆，決定回到馬其頓老家去。趁著帝國混亂之際，巴克特里亞又恢復了獨立。因巴克特里亞地處帝國遙遠的東北邊境，再加上帝國內部各大勢力都在為奪取王位展開混戰，無心顧及此地，此後近二十年，阿富汗地區暫時獲得了獨立發展的機會。

　　在角逐亞歷山大帝國王位的長期鬥爭中，亞歷山大大帝手下

的三位將領擊敗了各自的對手，逐漸登上了權力的頂峰。西元前311 年，亞歷山大部將卡山德 (Cassander, 355–297 BC) 殺死了亞歷山大的妻子和兒子，自立為希臘馬其頓國王，建立了安提柯王國 (Antigonid Kingdom)。西元前 312 年，擁兵西亞的大將塞琉古 (Seleucus I Nicator, c. 358–281 BC) 接管了亞歷山大帝國的亞洲部分，建立塞琉古王國 (Seleucid Kingdom)。西元前 311 年，托勒密 (Ptolemy I Soter, c. 367–282 BC) 宣布埃及獨立，建立埃及托勒密王國 (Ptolemaic Kingdom)。名噪一時的亞歷山大帝國土崩瓦解了。

塞琉古名為帝國亞洲部分的君主，卻不能行一國君主之實，此時的塞琉古王國境內依然是小國林立，四分五裂。塞琉古在確立了對敘利亞、巴比倫的統治以後，像亞歷山大大帝一樣，遠征巴克特里亞。西元前 306 年左右，巴克特里亞被塞琉古征服，阿富汗地區又併入塞琉古王國版圖。

塞琉古統治時期，十分重視對巴克特里亞這一東北邊境重鎮的控制與治理。他將大批希臘人、馬其頓人移居該地，積極推行希臘化政策，使巴克特里亞進一步受到希臘文化的強烈衝擊。直到西元八世紀，巴克特拉城的阿富汗人仍然沿用塞琉古制定的紀年法，即將塞琉古王國建立的西元前 312 年作為紀元元年，希臘文化影響之深由此可見。

巴克特里亞的特殊位置，使它很快又成為塞琉古王國境內最大的貿易中轉站。東西方各族商人都聚集於此，從事著一本萬利的大宗交易。巴克特拉城經常是商人雲集、市聲鼎沸。更為重要的是，以阿富汗為焦點，中國、印度、波斯、埃及和希臘被緊密

地聯繫在一起。阿富汗在古代世界，無疑起到了促進世界文化相
互交融的重要作用。

第三節　希臘巴克特里亞王國

一、希臘巴克特里亞王國的建立

塞琉古征服巴克特里亞後，任命總督管理此地。總督雖然表
面上承認塞琉古王國的宗主權，但卻掌握著巴克特里亞的實際大
權。西元前 246 年左右，巴克特里亞總督希臘人狄奧多德
(Diodotus I Soter, c. 300–235 BC) 趁塞琉古王國內亂之際，宣布巴
克特里亞脫離塞琉古王國獨立，建立希臘巴克特里亞王國
(Greco-Bactrian Kingdom)。希臘巴克特里亞創建初期，政權極不
穩定，國內各種軍人勢力都在覬覦王位。約西元前 227 年，索格
地安那的軍事將領歐西德莫斯 (Euthydemus I, c. 260–c. 190 BC)
擁兵自立，殺死了狄奧多德之子狄奧多西斯二世，建立了歐西德
莫斯王朝 (Euthydemid dynasty)。

歐西德莫斯是個才能卓越的統治者，在他的治理下，阿富汗
地區恢復繁榮，經濟發展迅速，人民安居樂業。然而此時，塞琉
古王國安條克三世不願看見鄰國壯大，欲將巴克特里亞扼殺在襁
褓之中。西元前 208 年，安條克三世以清除叛逆為名發兵巴克特
里亞。安條克三世先派人去招降歐西德莫斯，想在氣勢上壓倒後
者。但歐西德莫斯的回答十分巧妙，他說：「我並不是一個背叛

者，我自立為王的目的正是為了殺死您的背叛者狄奧多西斯二世。」言談中毫無退讓的口氣。

雙方在阿里亞河兩岸排下陣形。歐西德莫斯想以河為界，拒安條克大軍於都城巴克特拉之外。但安條克悄悄招募了一支驍勇善戰、熟悉地形的巴克特里亞騎兵。一天夜裡，趁對方休息之時，在濃重的夜色掩護下，這支騎兵突然渡過阿里亞河，以迅雷不及掩耳之勢殺向巴克特里亞軍營。巴克特里亞士兵毫無防備，被這次偷襲打得丟盔卸甲，狼狽地逃回巴克特拉城。

安條克三世乘勝追擊，包圍了巴克特拉城。歐西德莫斯則下令死守都城，拒絕開門迎戰。由於巴克特拉城異常堅固，城內的儲存物質又十分豐富，安條克三世久攻兩年未果，雙方一時都處於僵持狀態。此時歐西德莫斯想出一條妙計，他派人在敵軍之間散播謠言，說東北部西徐亞之地驃悍的薩克族人馬上要來幫助自己殺退安條克三世。安條克三世得知後也十分慌張，然而他更擔心的是匱乏的物質供應和低落的士氣。於是雙方進行和談，結為聯盟。根據和約，塞琉古王國承認希臘巴克特里亞的獨立，巴克特里亞則向塞琉古進貢象群和糧食。有意思的是，安條克三世對談判代表歐西德莫斯之子德米特里 (Demetrius, c. 222–c. 167 BC) 十分感興趣，把女兒許配給了他。

安條克三世退卻後，歐西德莫斯開始擴張自己的領土，他兼併了北方的拔汗那國（中亞古國，即中國古史所稱之大宛），又吞併今日的新疆地區，最後又征服西南部的帕提亞王國（中國古史稱之為安息）。歐西德莫斯在位三十六年 (227–189 BC)，他的文

治武功為希臘巴克特里亞的發展打下了堅實的基礎，他被認為是希臘巴克特里亞真正的締造者。

二、希臘巴克特里亞的擴張與衰亡

歐西德莫斯之子德米特里繼位後，不滿足局限在阿富汗這塊邊遠之地，他打算西征，向塞琉古王國索要領土。從西元前 187 年到 184 年，德米特里相繼征服了塞琉古王國的阿里亞（今阿富汗之赫拉特省）、阿拉科西亞（今阿爾岡達布河流域）和錫斯坦（今錫斯坦省）等地，囊括了整個阿富汗。除了西征外，德米特里又揮兵南下，進軍印度。德米特里麾下大將米南德 (Menander, c. 180–130 BC) 與印度孔雀王朝 (Maurya Empire) 鏖戰於恆河流域。最終，米南德在決戰中徹底擊敗孔雀王朝末代國王巨車王 (Brihadratha Maurya, r. 187–185 BC) 的軍隊，占領其首都華氏城（Pāṭaliputra，今印度巴特那）。巨車王兵敗後不久為部將巽伽所殺，後者在印度建立了巽伽王朝。

德米特里統治著東起恆河中游流域，西到波斯沙漠，北自錫爾河，南達孟買灣的廣大領土，在中亞建立起一個龐大的帝國，勢力達到鼎盛。然而就像任何依靠征服建立起來的帝國一樣，德米特里已沒有能力保持住它了。

此時，已退縮到兩河流域的塞琉古王國在新任國王塞琉古二世統治下，國力有所恢復。塞琉古二世眼見時機成熟，就在西元前 167 年命令手下大將歐克拉提德斯 (Eucratides, 204–145 BC) 收復王國所失去的東部領土。歐克拉提德斯擊敗了德米特里的兒

子阿伽多克勒，收復了巴克特里亞南部的錫斯坦。遠在印度旁遮普的德米特里聞訊後，連忙回師巴克特里亞，並命令米南德撤出華氏城，派軍隊支援他。但米南德的援軍並沒有趕到，德米特里也不再那麼幸運，他不僅輸掉了戰爭，也丟掉了性命，巴克特里亞遂被歐克拉提德斯占領。西元前 163 年，塞琉古二世去世，歐克拉提德斯乘機自立為希臘巴克特里亞國王建立歐克拉提德王朝 (Eucratid dynasty)。至此，以興都庫什山為界，希臘巴克特里亞分裂為南北兩朝，南部依然由德米特里之子德米特里二世統治。

　　西元前 159 年，德米特里二世聯合帕提亞國王米特里達梯一世，擊殺了歐克拉提德斯，暫時奪回了巴克特里亞。但歐克拉提德斯之子赫利奧克勒斯得以逃脫，並於西元前 150 年左右重新奪回巴克特里亞。巴克特里亞南北兩朝的長期混戰嚴重破壞了國內發展，一些兵強勢壯的軍事將領乘機割據一方，發展自己的勢力。米南德就曾在德米特里二世死後，在印度北部建立了自己的政權。

　　這個時候，一支被匈奴人殺得節節敗退的游牧部落大月氏人來到了巴克特里亞北部，被這個地方深深吸引住了。這裡有肥沃的土地、甘美的水草，卻沒有匈奴人的威脅，他們決定在這裡永久定居。西元前 145 年，趁巴克特里亞式微之際，大月氏人攻向巴克特里亞，就像當初匈奴人殺向他們一樣。赫利奧克勒斯已無力抵擋兇猛的大月氏人，被迫退往興都庫什山以南。或許這是世界歷史發展的一個規律，那就是城市文明總要暫時讓位於游牧文化。希臘巴克特里亞人也不例外，他們懷著屈辱失落的心情離開了自己的家園，回頭遙望巍峨的興都庫什山，昔日抗拒敵人的堅

固屏障現在卻將他們無情地拒於門外，他們感歎再也無法收回他們的阿富汗之地了。

三、希臘人統治的意義

儘管阿富汗地區戰事頻仍、紛亂不斷，但希臘人始終是這裡唯一的主人。自亞歷山大起，中經塞琉古王國，直到希臘巴克特里亞人的退卻，歷代希臘諸王重視在這裡的統治，不遺餘力地推行「希臘化」政策。經過近二百年的統治，希臘文化已在這裡深深地扎下了根。

希臘人是巴克特里亞人口的多數，希臘語也成為這裡的官方語言，希臘字母則用來標寫或改寫當地方言。希臘的宗教、建築風格、雕塑藝術也在阿富汗地區廣泛流行。阿富汗東部與巴基斯坦接壤的犍陀羅地區 (Gandhara) ，因其獨特的佛教藝術而被後人稱為「犍陀羅」藝術。說其獨特，主要是這裡的佛教藝術深受希臘藝術的影響。這在雕塑藝術中最為明顯，其主要特點為：人物多身著希臘式披袍，衣褶厚重，富有質感；人物高鼻薄唇，寬額捲髮，表情沉靜，具有明顯的西方特徵；雕塑的裝飾則樸素大方、莊嚴穩健。

圖 16：在犍陀羅地區發現的菩薩頭像

　　希臘人來到這裡後，大規模屯田開荒，興修水利，促進了農業的進一步發展。巴克特里亞北部的索格地安那和撒馬爾罕地區農業十分發達，這裡沃野千里，溝渠如織，可謂中亞的穀倉。擅長經商的希臘人也為這裡帶來了商業的繁榮，當地出土的大量希臘風格錢幣即說明了這一點。不僅如此，在希臘人統治下，巴克特里亞進一步發揮了聯繫東西方經濟和文化的作用。

　　希臘人還將城市文明帶到了阿富汗。城市文明的特點在於它以商業繁榮為基礎。繼亞歷山大城之後，一座座新的城市在阿富汗拔地而起，著名的有安條克城、歐西德莫斯城、德米特里城、巴克特拉城、馬爾康達城、巴米揚城、貝格蘭姆城等。巴克特里亞因此被人譽為「千城之國」。

　　巴克特里亞王國雖然深受希臘文明的影響，但也繼承了古老的中亞文明，同時亦受到波斯文明和印度文明的影響與滲透。這樣，一種獨特的「混合」文化在阿富汗地區形成。這種文化，不僅對中亞古代文明的發展影響甚鉅，也深深左右阿富汗國家歷史的進程。

圖 17：細雕透空的裝飾件（象牙製品），高度
三十四公分，製造於西元二至四世紀的印度。
亦發現於喀布爾北方的貝格拉姆希臘城遺址，
可見當時的阿富汗與各地交流之頻繁。

圖 18：1938 年，比利時探險家在喀布爾以北八十公里的貝格拉姆希臘城遺址兩間磚砌的庫房中發現了堆放著大量中國的漆器、印度的象牙雕塑、裝飾品和來自地中海世界的青銅塑像、玻璃和石器製品，以及天平秤用的砝碼等物品。這些物品約存放於西元一到四世紀，可能屬於王室庫房或海關庫房。貝格拉姆是中國、印度和地中海世界的三條貿易線路的樞紐。從中國雲南經南亞到歐洲的絲路也經卡比薩。此圖為貝格拉姆寶庫中的精品：融合海克力斯形像的塞拉比斯（Serapis，希臘化時代的埃及冥界之神），青銅，二十四・五公分高，約製造於西元一至四世紀的埃及亞歷山大城。

第九章 | *Chapter 9*

貴霜帝國統治下的阿富汗

第一節　從定居到建國

一、大月氏人定居阿富汗

西元前 128 年的某日,一個男子趁著漆黑的夜色,擺脫守衛的監視,悄悄地逃出了匈奴人的營帳。一路上,他馬不停蹄,逕直向西奔去。從外表上看,人們會以為他是匈奴人。因為他身著匈奴人的長袍,遇到匈奴人的崗哨時,還能用流暢的匈奴語順利通過盤問,其實這個男子來自於遙遠東方的西漢帝國,他肩負著中國皇帝漢武帝的一項祕密使命——聯合大月氏人夾擊匈奴。他就是張騫,十年前奉漢武帝之命去聯絡大月氏人,但剛出中國邊境玉門關就被匈奴人擒獲,拘禁達十年之久。十年間,張騫一刻都沒有忘記自己的使命,隨時等待機會逃跑。如今,張騫如願以償。

張騫一路向西,不斷打聽大月氏人的消息,卻尋覓不到一絲

絲蹤跡。後來他才知道,大月氏人又再次被匈奴人從定居地趕走,遷向了更西的地方。張騫沒有放棄,繼續西行。他來到中亞大宛國,受到了良好的款待。在這裡,他聽說大月氏人就在南方的巴克特里亞。張騫大喜過望,日夜兼程,火速趕到巴克特里亞。張騫向大月氏人提出了漢武帝的建議,卻被大月氏人拒絕了,因為他們在土地肥沃、物產富饒的巴克特里亞生活得很好,他們已厭倦了飄泊無定的游牧生活,更不想再接觸兇狠的匈奴人。無奈之餘,張騫只得返回中國。他雖然沒有完成外交使命,但卻創下了一件比這更有意義的偉業——開通了舉世聞名的絲綢之路。

　　大月氏人遷居巴克特里亞後,被當地先進的農耕文化和城市文明所吸引,由游牧走向定居,建立了大月氏巴克特里亞王國,中國古書上稱之為「大夏」。經過一百多年的發展,到西元初年,大夏已發展為中亞一大強國,擁有人口一百多萬,兵力二十多萬。

二、貴霜帝國的建立

　　大月氏統治巴克特里亞後,將國家分為五個部分,分別由五個「翕侯」(即首領之意)來管理。西元 40 年代,貴霜翕侯丘就卻 (Kujula Kadphises, ?–80) 滅掉了其他四個翕侯,統一了巴克特里亞,創建貴霜王國 (Kushan Empire),定都喀布爾。之後,丘就卻又向南擴張,吞併了印度西北部。丘就卻之後,由維瑪‧塔克圖(Vima Takto,因其錢幣上未刻印其名故被稱為「無名王」)把持王位,他向西征服了今阿富汗的赫拉特省,並使中亞康居、大宛兩國臣服。西元 88 年,塔克圖協助中國東漢王朝平定了車師國

的叛亂，遂提出與漢朝通婚的要求。東漢大將班超拒絕了塔克圖的要求，並扣留了貴霜使臣。塔克圖大怒，發兵七萬攻打東漢，為班超所敗。塔克圖之後，丘就卻之子閻膏珍 (Vima Kadphises) 繼位。他將國家北部領土擴至花剌子模，向南又吞併阿富汗錫斯坦，國勢大增。

　　貴霜帝國最偉大的君主是迦膩色伽 (Kanishka I, r. c. 127–150)，繼續鞏固並擴大了國家版圖。向東他占有了中國新疆大部，與東漢邊界接壤，向西保有赫拉特，與安息帝國毗鄰，北自鹹海起，南達印度旁遮普，建立起一個龐大的帝國。當時的貴霜帝國，與漢朝、安息、羅馬並稱古代世界四大帝國。迦膩色伽不僅忙於對外擴張，還十分重視國內統治。為了使帝國境內各民族和平相處，他採取宗教寬容政策，尊重各民族信仰，佛教、祆教、耆那教、婆羅門教，甚至包括希臘宗教都得到保護。因為迦膩色伽本人是個佛教徒，所以佛教在阿富汗地區廣為流行，並開始向外傳播。

圖 19：迦膩色迦像

也就是這個時候，佛教向東傳入了中國。受佛教及印度文化影響，迦膩色伽還將都城從阿富汗喀布爾遷至巴基斯坦白沙瓦。在這個時期，希臘語文逐漸退出阿富汗，由大月氏人的語言吐火羅語(Tocharian) 取而代之，以婆羅米文字 (Brāhmī Script) 書寫。巴克特里亞地區也被稱為吐火羅斯坦。

貴霜時期，阿富汗地區的經濟有了進一步發展。索格地安那、巴克特里亞、喀布爾谷地的灌溉系統非常完善，農業十分發達。當地的中轉貿易也十分興盛，經營中國的絲綢、漆器，印度的香料，羅馬的玻璃製品、麻織品等物。貴霜本國也向外輸出胡椒、棉織品和寶石等物。地處商路要衝而獲得的豐厚利潤為貴霜的強大提供了經濟保障。

第二節　大月氏人統治時期中國與阿富汗的關係

張騫勸說大月氏人失敗後，沒有馬上回國，而是在阿富汗北部大月氏人建立的大夏王國居住了一年多時間，並順帶考察了大夏的地理環境、經濟發展與風土人情。張騫的經歷以及他對古代阿富汗的考察，都被司馬遷寫在了《史記・大宛列傳》裡。司馬遷如此寫道張騫眼中的大夏：「大夏在大宛西南二千餘里媯水（即阿姆河）南，其俗土著，有城屋，與大宛同俗。……大夏民多，可百萬餘。其都曰藍市城（今阿富汗巴爾赫），有市販賣物。」這段簡約的文字反映了大月氏人打敗希臘人後，建國初期的基本情況。其中的「民可百萬餘」、「市販賣物」說明大夏當時已是個大

國，商業活動發達。

　　西元前 126 年，張騫結束了他的第一次西域之旅，平安返回長安。他向漢武帝詳細報告了出使的經過和見聞。他提及曾在大夏市場上見了四川生產的蜀布和邛竹，他問大夏商人這些貨物從何而來，得到的回答是從大夏東南的印度買來的。張騫由此知道大夏距印度很近，而印度離四川也不遠，建議漢武帝通使大夏，但沒得以成行。張騫還向武帝提出了請中亞烏孫族東歸，以「斷匈奴右臂」的戰略，並提議武帝應加強與西域各國的友好往來。武帝深以為然，採納了這些建議。西元前 119 年，武帝拜張騫為中郎將，再次派他出使西域。張騫率領三百餘人組成的使團，帶著貴重的禮物，首先來到烏孫。但烏孫因國內紛亂劇烈，無暇顧及東遷之事，張騫聯合中亞夾擊匈奴的願望再次失敗。但是張騫還是分遣副使前往大宛、康居、大夏、安息、身毒（印度）等國，烏孫王也派遣使者數十人、贈馬數十匹，於西元前 115 年隨張騫回漢朝表達謝意。一年後，大夏等國都派使者來長安報聘。

　　張騫的西域之行，開通了古代阿富汗與中國的直接交往，是中西文化交流史上的重大事件。此後，舉世文明的絲綢之路也開通了，阿富汗與中國這兩顆絲綢之路上的璀璨明珠，繼續扮演著聯繫中西文化與貿易交流的重要角色。

薩珊波斯、嚈噠人對阿富汗的統治

第一節　從薩珊波斯到嚈噠

　　迦膩色伽死後的三十餘年，計有四位國王在位，基本保持了貴霜的繁榮局面。但隨著政治權力中心的南移，貴霜對巴克特里亞等舊地的控制減弱。中亞諸國如康居、大宛、呼羅珊、花剌子模等紛紛獨立。

　　這個時候，巴克特里亞西部安息帝國發生了巨變，原先一直臣服於安息帝國的波斯薩珊家族 (Sasan) 崛起了。三世紀初，薩珊家族的帕佩克 (Pabag, ?–c. 210) 占據法爾斯（Fars，今伊朗南部）自立為王。224 年，其子阿爾達希爾一世 (Ardashir I, ?–242) 推翻安息帝國，建立薩珊波斯王朝。233 年，阿爾達希爾一世進攻貴霜，奪取巴克特里亞；237 年，再攻貴霜，占領喀布爾河上游一帶，阿富汗歸薩珊王朝。此後，薩珊歷代統治者均封其子弟為貴霜國王，統治貴霜帝國阿富汗之地。

圖 20：波斯波利斯附近的岩山浮雕，羅馬瓦勒良皇帝兵敗向統治阿富汗的薩珊波斯君主求降。

　　大月氏人被趕出巴克特里亞等地之後，仍保有印度河以東地區。三世紀下半葉，該地的印度王公與貴族紛紛獨立，建立許多小國。四世紀初期，摩揭陀 (Magadha) 國王旃陀羅‧笈多 (Chandragupta I, ?–335) 統一了印度北部，建立強大的笈多王朝 (Gupta Empire)。貴霜則蜷縮於犍陀羅和斯瓦特谷地的狹小區域。昔日的中亞強國已到了氣數將盡之時。

　　嚈噠人 (Hephthalites) 起源於蒙古草原，係大月氏人之一支，中國古書上稱之為「挹怛」，而嚈噠人自稱為匈奴人。因其膚色較白，西方人亦稱之為「白匈奴」。嚈噠人原先臣屬於柔然，四世紀後期逐漸強大。370 年代左右，嚈噠跨過阿爾泰山向西南遷移，一路上征服許多小族，占有了錫爾河與阿姆河之間的廣大地區。

420 年代，嚈噠人渡過阿姆河，占領了巴克特里亞，遂與薩珊波斯發生衝突。

薩珊波斯巴赫拉姆五世 (Bahram V, 400–438) 得知巴克特里亞失陷後，並沒有發兵迎敵，反而帶著一些人向西打獵去了。巴赫拉姆五世西行不久，便迅速調轉方向，向東部巴克特里亞急進。一路上他消聲匿跡，每到一處便徵集士兵，決定把嚈噠人打個措手不及。巴赫拉姆五世將襲擊時間定在夜晚，進攻時他想出了一條妙計，將裝滿石子的皮袋繫在馬脖子上，如此一來騎兵奔跑時便發出千軍萬馬般的聲音。由於是在夜裡，嚈噠人不辨虛實，但聽得四周排山倒海似的聲音，早被嚇得驚恐萬分，掉頭便跑。巴赫拉姆五世率軍緊追不捨，將嚈噠人一直趕到阿姆河以北，並迫使其求和。

然而巴赫拉姆五世死後，嚈噠人又開始南下入侵巴克特里亞，一度又占有該地。453 年，嚈噠人奪取波斯呼羅珊地區。459 年，更幫助巴赫拉姆五世之孫菲魯茲登上王位，按事先談好的條件，事成之後菲魯茲要將女兒嫁給嚈噠王。菲魯茲卻違背了誓言，將一個女奴假扮成公主嫁給了嚈噠王。事情敗露後，嚈噠王極為憤怒，當即宣布對薩珊波斯開戰。484 年，在一次激戰中，戰敗的菲魯茲被誘入用樹枝虛掩的深溝裡，為嚈噠人所殺。此時，嚈噠人已奪取了薩珊波斯西部廣大領土，阿富汗各省區均包括在內。

嚈噠在與薩珊波斯爭霸期間，又於 470 年之後發兵南下，滅掉了在犍陀羅地區殘喘多年的寄多羅貴霜。貴霜帝國最後的殘餘勢力被掃除殆盡。

第二節　嚈噠人對阿富汗的文化衝擊

嚈噠人奪取阿富汗後，再一次將游牧文化帶到了這裡，代之而起的是嚈噠貴族興建的城堡。城堡意味著封閉自守、退回到簡單的自然經濟之中。城堡的主人僅僅滿足於高牆之內簡單的商品交換，而不再醉心於地方貿易與地區貿易，阿富汗地區的商業發展在一定程度上受到了阻礙，農業又成為主要的經濟形式。

嚈噠人給阿富汗帶來的另一大衝擊發生在宗教方面。嚈噠人信仰祆教，崇拜火神，他們來到這裡後，積極推廣祆教，嚴重打擊佛教文化。玄奘《大唐西域記》中記載，嚈噠王五世紀初曾在

圖 21：巴克特里亞地區出土的銀碗，雕刻著嚈噠人的宴會場景

犍陀羅地區大肆屠殺僧人、搗毀佛塔，破壞寺廟達一千六百餘所。佛教文化雖然在阿富汗衰落了，但卻為其他宗教與文化進入阿富汗提供了契機。隨著阿拉伯人的到來，一種新的文化——伊斯蘭文化占據了阿富汗。

第 IV 篇

中古時代

第十一章 | *Chapter 11*

中古初期的混亂局勢

　　中古時代的阿富汗歷史可謂風雲變幻，戰事連連。各大強國或是為了控制這個中亞咽喉，或是貪婪於中轉貿易的豐厚利潤，紛紛將利爪伸向這塊寶地，意欲先得之而後快。阿富汗成為各強國角逐的競技場，波斯人、希臘人、大月氏人、嚈噠人粉墨登場，兵戎相見，演出了一幕幕驚心動魄的歷史劇。政局的動盪並沒有使阿富汗止步不前，相反卻一次次賦予它繁榮發展的機會，吸引著更多人貪戀與好奇的目光。因為，伴隨著政權的更迭，一種新的文化總會替代另一種舊的文化，正是在這種文化的碰撞與變遷的過程中，阿富汗才不斷獲得新的挑戰和機遇，使它能結出人類文明史上的瑰麗奇葩。

　　中古時期的阿富汗歷史也承繼了上古時期的這種特點，但所不同的是，這個時期的阿富汗逐漸形成了初步的民族認同感——來自於伊斯蘭文化長期穩定的統治。它將阿富汗境內的各民族緊密地團結在同一的文化與信仰之中，使他們能夠同仇敵愾、榮辱與共，有利於「阿富汗人的國家」（阿富汗全稱為阿富汗斯坦，意

即阿富汗人的國家）的最終形成。

第一節　政局不穩,戰事更迭

一、嚈噠人在阿富汗的統治危機

　　嚈噠人在中亞與北印度建立的國家存在了近百年。其間,嚈噠人並不注意發展國內生產,穩固統治秩序,而是一味地擴張領土,爭戰殺戮。在國內,由於嚈噠人游牧部落的特性,它並不注意加強君主勢力,建立中央集權。有勢力的嚈噠貴族往往以其城堡為中心,控制周圍一片領地,形成自治。當時,僅巴克特里亞地區就擁有二十七個小國。阿富汗其他地區也有很多莊園式的獨立小國,這些小國擁兵自立,不受嚈噠王之命,使國內統治秩序極為混亂。

　　對外,除了繼續入侵印度北部外,502 年,嚈噠人聯合薩珊波斯進攻東羅馬帝國,結果大敗而還。503～513 年,嚈噠與薩珊波斯間又進行了長達十年的戰爭,對雙方消耗都很大。

　　嚈噠王壓制佛教的政策,激起當地佛教信徒的強烈反抗,在印度北部尤甚。532 年,由於不堪忍受嚈噠王對佛教徒的殘暴統治,耶輸陀曼（Yaśodharman,r. 515–545,摩臘婆國王）領導北印度人民進行起義,將嚈噠王趕出了印度北部,一舉推翻了嚈噠人在印度的統治。

二、薩珊波斯與突厥滅掉嚈噠

　　然而，嚈噠人最大的外部敵人還是薩珊波斯，後者對被嚈噠奪去的中亞廣大領地一直耿耿於懷。菲魯茲之後的薩珊波斯諸王在與嚈噠保持交往的同時，始終沒忘收復故土。531 年，薩珊波斯王霍斯勞一世 (Khosrow I, r. 531–579) 繼位，他被認為是薩珊波斯短暫中興時期的偉大君主。霍斯勞一世向西積極發展與東羅馬帝國的關係，雙方曾簽訂互不侵犯的和約，保障了波斯東部邊境的暫時安全。隨後，霍斯勞一世轉向東方，尋找機會收復被嚈噠占領的中亞。

　　這時，在巴克特里亞北部，一支新的游牧部落突厥迅速強大起來，對南部嚈噠人的領土蠢蠢欲動。突厥人原居中國北部，433 年，被北魏太武帝拓跋燾打敗，遷至西部柔然境內。六世紀中期，他們擊敗柔然，壯大了自己的勢力，建立一個從蒙古延伸至黑海的國家。

　　霍斯勞一世決定聯合強大的突厥共同對付嚈噠人。他親自迎娶了突厥可汗的一個女兒，與突厥人結為同盟。558～567 年間，薩珊波斯與突厥聯合對嚈噠發動多次戰爭，最終將其消滅，並瓜分其領土。霍斯勞一世收回包括巴克特里亞在內的阿富汗大部分地區，將波斯領土再度擴展至阿姆河岸，而突厥人則得到阿富汗北部及犍陀羅地區。

第二節　一位來自中國的訪客

　　西元 620 年，中國唐朝僧人玄奘開始了他著名的西天取經之旅，玄奘在往返印度的路上經過了阿富汗地區。他首先到達的是阿富汗北部的巴爾赫省（玄奘稱之為貨邏故地），他記載道：「（貨邏故地）酋豪力競，各擅君長，依川據險，分為二十七國。」這些反映了中古初期巴克特里亞的混亂局勢。玄奘還注意到，當地居民的語言與其他地方不同，它們由二十五個字母組成，「轉而相生」，這說明了當時阿富汗北部的人民仍在使用希臘語。在貨邏故地相繼穿過八個小國後，玄奘來到了巴克特里亞都城巴爾赫城（玄奘稱之小王舍城），這座城市儘管受到嚈噠入侵者的破壞，但仍然「伽藍（寺廟）百餘所，僧徒三千人」，玄奘於是拜訪了其中最著名的納縛僧伽藍，並參拜了佛牙。

　　離開巴爾赫，玄奘穿過阿富汗昆都士省來到興都庫什山（大雪山）腳下。儘管「峰崖危險，風雪相繼」，並且山中還常有強盜出沒，玄奘還是懷揣求法的誠心，克服種種困難，翻越了興都庫什山。翻過雪山，又走了六百多里，玄奘到達巴米揚城（梵衍那國）。巴米揚是當時阿富汗的佛教聖地，尤以佛教塑像聞名於世，玄奘參觀了城東北山崖上所雕刻的巨大佛陀像。其中「立佛石像，高百四五十尺，金色晃曜，寶飾煥爛」，讓人歎為觀止（這座著名的佛像已被塔利班組織炸毀）。

　　從巴米揚出發，玄奘東行不久到達阿富汗的貝格蘭城（迦畢

試國）。迦畢試國國王是嚈噠人，但他篤信佛教，因此這裡有「僧徒六千餘人」。迦畢試國除了有佛教徒外，還有「或露形，或塗灰」的其他宗教信徒千餘人。赤身裸體的那些人就是耆那教的天衣派信徒，而在臉上塗抹灰爐的則是婆羅門教的大自在天派教徒。迦畢試國王安排玄奘在質子伽藍中休息，這座寺廟就是貴霜帝國強盛時期迦膩色伽拘留各國人質的場所。玄奘在迦畢試國待了一

圖 22：玄奘背負經卷返回中國（宋朝繪圖），佛教源於印度，向外傳播有分成兩條傳播路線，北路經阿富汗、新疆傳入中國、朝鮮和日本；南路由今孟加拉傳入東南亞。

段時間，參觀了這裡很多寺院和名勝。最後，他向東出發翻過一片群山，終於到達印度境內。

　　儘管玄奘是在前往印度的途中經過阿富汗，但他關於阿富汗歷史地理、風俗民情、宗教信仰等方面的記載，為中國認識這一中亞古國提供了寶貴的資料。這是繼張騫出使西域以來，中國與阿富汗及中、南亞諸國的又一次重要交往。唯如此，玄奘的宗教之旅才更有意義。

阿拉伯人對阿富汗的統治

第一節　阿拉伯的興起與統治阿富汗

一、阿拉伯的興起

　　在亞洲西部，一塊斧頭狀的陸地筆直地伸向海洋，形成了阿拉伯半島。阿拉伯半島三面臨海，它西接埃及，北臨波斯，東方又與印度隔海相望，戰略位置十分重要。阿拉伯半島上很早便有人居住，這些人以游牧為生，逐水草而居，遷徙無定。六、七世紀之交，半島上的阿拉伯人形成了許多大小不一的部落。除了進行基本的游牧活動和農業生產外，各部落之間還常常展開貿易，互通有無。但混亂無序的政治局勢阻礙了商業的進一步發展，於是商人們開始有了建立統一國家的念頭。

　　政治上要求統一，在意識形態領域裡則表現為一神教的出現。當時阿拉伯半島出現了許多宣傳一神教的「先知」，穆罕默德

(Muḥammad bn ʿAbdullāh bn ʿAbd al-Muṭṭalib, 570–632) 即是其中之一。他出身貴族，曾在巴勒斯坦、敘利亞等地經商，對基督教和猶太教有過接觸和瞭解。在當時的社會現實下，穆罕默德綜合過去宗教的一些教義，創建了新的宗教──伊斯蘭教。伊斯蘭教的一神論思想在阿拉伯的統一事業中發揮了積極作用。

　　隨著各部落對伊斯蘭教的皈依，穆罕默德所創建的政教合一的國家也越來越強大。632 年，穆罕默德去世時，阿拉伯半島已大體統一。其繼承者除了鞏固這種統一狀態外，更開啟了向阿拉伯半島之外的擴張戰爭。

　　穆罕默德死後，第二任哈里發歐麥爾 (ʿUmar bn al-Khaṭṭāb, r. 634–644) 利用東羅馬帝國（拜占廷）與波斯長期爭戰後兩敗俱傷的有利時機，打著「聖戰」的旗號，發動了一連串對外戰爭。636 年，阿拉伯軍隊擊敗東羅馬大軍，占領大馬士革。637 年，大敗薩珊波斯軍，攻下泰西封。638 年，進入耶路撒冷，到 640 年，已攻占了敘利亞、巴勒斯坦等地。642 年，又征服埃及，占領亞歷山大城。歐麥爾時期，奠定了阿拉伯帝國的基礎。

二、征服阿富汗

　　第三任哈里發奧斯曼 (ʿUthmān bn ʿAffān, r. 644–656) 在位期間，繼續向外征伐。651 年，滅薩珊波斯，將其國王趕至阿富汗境內。652 年，阿拉伯大軍攻入阿富汗，先後奪得錫斯坦和赫拉特兩地，進而向喀布爾推進。攻下喀布爾後，阿拉伯人繼續向巴克特里亞進軍。在巴克特拉城外，阿拉伯軍隊遭到阿富汗人的殊

死抵抗，被迫退至木鹿（在今伊朗境內）。在這裡稍作休整後，阿拉伯人再攻巴克特拉城，最終將之占領。然而，一方面出於阿富汗人的激烈反抗，一方面由於阿拉伯人只是為了掠奪財富和奴隸而不打算永久征服，阿拉伯人撤出阿富汗不久，被征服的地區紛紛獨立。

661 年，阿拉伯的敘利亞總督穆阿威雅 (Mu'āwiyah bn AbīSufyān, 602–680) 繼任哈里發，建立奧米亞王朝。剛剛獲得獨立的阿富汗各地，又一次要抵抗阿拉伯人的侵犯。667 年，穆阿威雅有步驟地發動戰爭，以便長期征服和占有阿富汗。阿拉伯人從西部渡過阿姆河，急攻巴克特里亞。巴克特拉城經過頑強抵抗後，再一次被攻陷。進城後，阿拉伯人肆意破壞，並摧毀了城內著名的祆教神廟。阿拉伯人對阿富汗的再征服並沒有使當地人屈服，他們一再反抗，捍衛自己的國土，喀布爾的反抗最為強烈。698 年，新任哈里發馬立克 ('Abd al-Malik bn Marwān, 644–705) 派兵入侵喀布爾，但遭到慘敗，馬立克被迫用重金贖回了遠征軍將士的自由。700 年，馬立克派伊拉克總督哈賈吉‧本‧優素福 (al-Ḥajjāj bn Yūsuf ath-Thaqafī, 600–714) 從錫斯坦發兵一支遠征喀布爾，但由於遠征軍將領不堪忍受優素福的侮辱，竟然投到喀布爾人那裡去，這次遠征又無疾而終。這之後，哈里發不斷發兵喀布爾，前後進攻不下六次，但每次都以失敗告終。阿拉伯人對阿富汗的征服可謂舉步維艱。

706 年，哈里發瓦立德 (al-Walīd ibn 'Abd al-Malik ibn Marwān, r. 705–715) 第三次出兵進攻阿富汗，他派出著名大將屈

底波・伊本・穆斯林 (Abū Ḥafṣ Qutayba ibn Abī Ṣāliḥ Muslim, 669–715) 來完成這一使命。屈底波為人足智多謀，心狠手辣。在攻下派干德城後，為了防止居民再度反抗，他下令屠城，殺死所有男子，並將婦女和兒童賣為奴隸。屈底波還通過買通上層統治者，達到其征服目的。在攻占巴克特里亞時，屈底波就買通了巴克特拉城的統治者，使之歸降哈里發。這樣，通過鐵血與懷柔的政策，採取恩威並施的手段，屈底波征服了阿富汗大部分地區。然而，阿富汗局部地區的反抗仍在進行。西部蘇萊曼山區就保持獨立多年，南部坎達哈地區也直到九世紀才臣服於阿拉伯政權。

三、伊斯蘭教在阿富汗扎根

阿拉伯征服初期，阿富汗地區的宗教信仰十分多元。北部大多數居民受波斯文化影響，信仰祆教，東部則受印度文化影響，信奉佛教和婆羅門教，有的地方甚至信仰原始宗教。隨著阿拉伯人統一穆斯林世界的進展，阿富汗地區的宗教統一也指日可待。與阿拉伯人的武力征服相比，伊斯蘭教在阿富汗地區的傳播就順利很多。

首先是因為伊斯蘭教義對阿富汗下層人民有著深深的吸引力。伊斯蘭教反對高利貸，號召賑貧濟弱，提倡天下一家，對深受壓迫的阿富汗人民極具親和力。伊斯蘭教還號召為了信仰、為了自由進行聖戰，這種積極行事的態度，較之消極的佛教，無疑更適合頗具反抗傳統的阿富汗人民。伊斯蘭教信奉唯一的真神阿拉，也為阿富汗人民的團結一致、對抗外敵提供了極強的凝聚力。

　　阿拉伯統治者不遺餘力地傳教，也起到了很大的作用。阿拉伯人每征服一地，總派出一些穆斯林，進行虔誠而認真的傳教活動，這對於異教徒的皈依起到了重要作用。阿拉伯統治者也十分注重阿富汗上層社會的改宗問題。歐麥爾二世 ('Umar ibn 'Abd al-'Azīz ibn Marwān, r. 717–720) 就曾寫信給阿富汗的王公貴族，希望他們在與阿拉伯穆斯林享有同等權利的條件下，信仰伊斯蘭教。737 年，巴克特拉城的祆教神廟祭司和當地貴族就當眾皈依了伊斯蘭教。

　　隨著伊斯蘭教的深入人心，它對阿富汗人的影響也與日俱增。這不僅表現在生活習俗、節日慶典之中，即使在日常生活的瑣碎小事上也無處不在。伴隨穆斯林虔誠的誦經聲，阿拉伯語也來到了阿富汗，人們開始用阿拉伯字母拼寫自己的語言並進行文學創作。在伊斯蘭教的強烈影響下，原來在阿富汗人生活中有著重要影響的宗教與文化很快消失不見了。

四、阿富汗的伊斯蘭教派

　　伊斯蘭的教派之爭，源於對哈里發的選舉。穆罕默德死後，其密友和岳父阿布‧巴克爾 (Abū Bakr 'Abd Allāh ibn'Abī Quḥāfa, r. 632–634) 被推舉為第一任哈里發，他死後，歐麥爾為第二任哈里發。這兩個人都是極有權勢和受人尊敬的，他們的權威得到了廣大穆斯林的認可。但在選舉第三任哈里發時，出現了一些矛盾。一些人認為被推舉的奧斯曼‧伊本‧阿凡是真正的哈里發，另一些人則認為穆罕默德的女婿阿里 ('Alī bn Abī aṭ-Ṭālib, r.

656–661) 才是唯一的繼承人。後來，阿里殺死了奧斯曼，成為第四任哈里發。但奧斯曼所屬的奧米亞家族卻不甘喪失政權，推舉穆阿威雅為哈里發。穆阿威雅後來刺殺了阿里，當上了哈里發，並宣布從此以後哈里發不再選舉，改為世襲，從此建立了奧米亞王朝。

這種紛爭使伊斯蘭教首先分裂為遜尼和什葉兩大派別。遜尼派是正統派，支援奧米亞家族，承認現任哈里發的領導。什葉派則認為阿里及其後代才是穆罕默德的繼承人，反對哈里發的領導。就阿富汗而言，其居民大多信奉遜尼派。從什葉派中又分裂出一部分不滿阿里的人，被稱作哈瓦利吉派。這一派主張民主平等、土地公有，反映了下層群眾的要求，並認為如果哈里發沒有履行其責任的話，人民可以推翻他。哈瓦利吉派在有著光榮革命傳統的阿富汗錫斯坦地區十分流行，因為該地人民曾在哈姆扎‧伊本‧阿特拉克領導下起義，一度擺脫奧米亞王朝統治而獨立。

第二節　阿拔斯王朝時阿富汗對獨立的追求

一、阿拔斯王朝的興衰

奧米亞王朝末期，由於其嚴酷的統治和沉重的賦稅，激起了人民的普遍不滿。一些貴族也不甘忍受壓抑，試圖推翻其統治。八世紀中葉，伊拉克貴族阿拔斯出面反對奧米亞王朝，他自稱是穆罕默德叔父阿拔斯的後裔，指責奧米亞哈里發是非法的，並號

召所有反對奧米亞的各種力量聯合起來，共同推翻它。750 年，阿拔斯在底格里斯河右岸擊潰奧米亞軍隊的主力，建立起阿拔斯王朝 (750–1258)。

　　阿拔斯王朝在最初的一百年內，達到了阿拉伯帝國歷史上的全盛時代。751 年，阿拉伯人大敗唐朝軍隊於怛羅斯，控制了廣大中亞地區，將其版圖擴至最大。這一時期，帝國仿效波斯舊制，建立起完整的行政體制，進一步強化了中央集權。阿拔斯王朝十分重視經濟的發展，他們興修水利，鼓勵農業，使兩河流域、阿姆河、錫爾河流域、尼羅河流域等地的農業生產有了很大的恢復和提高。帝國境內豐富的礦產資源和邊境貿易，為商業的發展創造了有利的條件。巴格達、大馬士革、巴士拉、埃及等都是帝國著名的工商業城市，阿拉伯商人的足跡也遍及亞、非、歐三大洲。經濟的發展促進了文化的繁榮，帝國境內有著眾多圖書館和學校，這裡薈萃了一大批飽學之士，從事學術研究，並將在西歐日趨湮沒的古典文化通過翻譯保存下來。阿拔斯王朝時期，阿拉伯的文化像其版圖一樣，發展到了頂峰。

圖 23：阿拔斯王朝學者所翻譯的古羅馬《藥物論》

　　九世紀的時候，阿拔斯王朝開始走向衰落，人民不滿統治者殘酷的經濟剝削和民族歧視政策，紛紛起來反抗，給阿拔斯王朝沉重打擊。一些貴族也趁機起來，招兵買馬、割據一方。突尼西亞、摩洛哥、埃及、敘利亞，以及東部的伊朗、阿富汗、中亞各地，都出現了許多小王朝，脫離了阿拔斯王朝的統治。

二、阿富汗地區的獨立：822～999 年

　　從九世紀前期到十三世紀初期，在這四百餘年的時間裡，先後有五個國家或王朝脫離阿拔斯王朝獨立，在阿富汗本地或包括阿富汗在內的地區建立政權，它們分別是塔希爾王朝 (Tahirid Dynasty, 822–873)、薩法爾王朝 (Saffarid Dynasty, 860–900)、薩曼王朝 (Samanid Dynasty, 890–1005)、加茲尼王朝 (Ghaznavid Dynasty, 962–1186) 和廓爾王朝 (Ghurid Dynasty, 1150–1215)。

　　塔希爾王朝的建立者是生於阿富汗赫拉特地區的波斯貴族塔希爾·伊本·候賽因 (Ṭāhir ibn Ḥusayn, 775–822)。哈里發阿明與其兄麥蒙爭位時，他曾幫助麥蒙登上哈里發位，因而被封為呼羅珊總督，管理波斯東方各省。822 年，剛剛上任一年的塔希爾突然宣布不再為哈里發誦讀祈禱詞「呼圖巴」，並從其鑄幣上除去哈里發的名字，從而建立塔希爾王朝。塔希爾及其以後的統治都較為開明，他們加強了伊斯蘭教在此地的傳播，並注重發展農業，獎勵文化，度過了一段穩定時期。塔希爾王朝統治著阿富汗大部分地區，包括赫拉特、巴爾赫和錫斯坦等地。

　　塔希爾王朝末期，錫斯坦地區發起了叛亂。在這些叛軍首領

中，一個名叫耶古卜‧伊本‧萊伊斯 (Ya'qūb ibn al-Layth al-Saffār, 840–879) 的人崛起了，因為他出身銅匠，人們稱之為「薩法爾」（即銅匠之意）。薩法爾出身平民，待人寬厚，深得人們敬重。861 年，他成為叛軍首領，自立為錫斯坦的「埃米爾」，建立薩法爾王朝，隨後開始其征服事業。867 年以後，薩法爾已占有了塔希爾王朝的赫拉特、克爾曼和設拉子等地。871 年，薩法爾致信哈里發，表示願意臣服，哈里發迫於其勢力，承認了他的王朝，並任命其為巴爾赫（巴克特拉）、吐火羅斯坦（巴克特里亞）和喀布爾地區的統治者。薩法爾很快征服了這些地區，並在向來信奉佛教的喀布爾建立伊斯蘭教的清真寺。此後，薩法爾還吞併了阿富汗東部的加茲尼。873 年，又滅塔希爾王朝。薩法爾曾進攻過巴格達，想推翻哈里發的統治，但未能成功。其弟阿姆爾 (Amr ibn al-Layth, r. 879–900) 在位期間，薩法爾王朝有過一段鼎盛時期，他對哈里發表示恭順，屢向巴格達進貢，在哈里發宮廷享有很高聲望。900 年，薩法爾王朝被在巴爾赫興起的薩曼王朝所滅。

較之前兩個王朝，薩曼王朝存在時間較長，有一百一十年之久。其創建者薩曼 (Saman Khuda) 是巴爾赫的波斯貴族，八世紀中期，薩曼棄祆教而改信伊斯蘭教，開始效忠哈里發。他的四個孫子因為協助哈里發平定叛亂有功，分別得到冊封，其中一個被賜予阿富汗赫拉特地區。865 年，薩曼家族的納斯爾‧伊本‧艾哈邁德 (Nasr ibn Ahmad, r. 865–892) 被哈里發封王，正式建立薩曼王朝。900 年，其弟伊斯梅爾 (Abū Ibrāhīm Ismā'īl ibn-i

Aḥmad-i Sāmāni, r. 892–907) 滅掉薩法爾王朝，得到阿富汗大部。
伊斯梅爾還征服了中亞廣大地區，在國力與威望上僅次於巴格達
哈里發。薩曼王朝後期，因多數國王都是年幼繼位，形同傀儡，
大權旁落於軍事將領手中。十世紀末，薩曼王朝的領土被北方興
起的喀拉汗國和南方興起的加茲尼王朝瓜分。1005 年，末王被喀
拉汗人擊敗後逃往木鹿，被當地的阿拉伯人所殺，薩曼王朝結束。

三、第一個阿富汗人的國家——加茲尼王朝

　　薩曼王朝時期，突厥人開始大量湧入其境內，因薩曼君主多
招募突厥士兵和起用突厥人出身的將領，致使突厥人掌握了軍隊
大權。加茲尼王朝創建者突厥人阿勒波的斤 (Alp-Tegin, c. 910–
963) 出身奴隸，後進入薩曼軍中，因其英勇善戰，戰功顯赫，不
斷受到賞識和提拔，最終被擢升為薩曼禁衛軍首領。961 年，阿
勒波的斤被封為呼羅珊總督，962 年他征服阿富汗東南加茲尼地
區而自立，創建了加茲尼王朝。與前面三個王朝相比，因其都城
定在阿富汗境內的加茲尼城，且王朝的中心部分在阿富汗境內，
故稱之為第一個阿富汗人所建的本土國家。

　　加茲尼王朝建立初期，就很注重向外擴張。馬赫穆德 (Abu
al-Qāsim Maḥmūd ibn Sabuktigīn, r. 998–1030) 在位時，加茲尼王
朝達到極盛，它不僅占有了阿富汗全境，還統治著中亞、波斯西
部、印度北部等廣大地區。

　　在擴張領土的戰爭中，馬赫穆德將伊斯蘭教強行引進至被征
服地區，這在對印度北部地區的征服中最為明顯。1024 年，滿懷

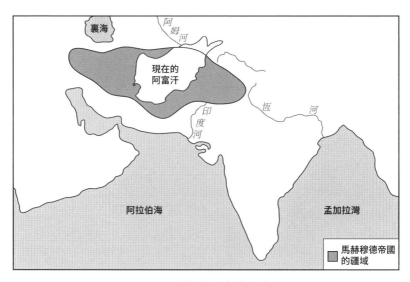

圖 24：馬赫穆德時的疆域圖

著伊斯蘭教徒的熱情，馬赫穆德征服印度北部的索姆那特城。他
對該城濕婆神廟的財富早有耳聞，據說這裡的財富比他以往劫掠
過的任何神廟的財富都多。索姆那特城的婆羅門教徒對馬赫穆德
的大軍不屑一顧，用輕蔑的嘲笑去接迎這些兵臨城下的敵人。馬
赫穆德惱羞成怒，下令大軍猛攻該城。經過一年的激戰，與其說
出於宗教的狂熱，不如說是對神廟財富的貪婪，伊斯蘭教徒攻破
了婆羅門教徒的城池。馬赫穆德進城後，肆意屠殺婆羅門教徒以
示報復，屠城之後，馬赫穆德來到濕婆神廟，不顧婆羅門教徒的
苦苦哀求，他搗毀了濕婆神像，並從中挑出兩塊最大的石頭運往
加茲尼，作為大清真寺入口處的階石。

　　馬赫穆德儘管一生征戰，但他積極扶植科學與文化的發展。

圖 25：《列王記》書影

他在首都修建了許多圖書館和科研機構，邀請學者前來學習和從事研究。他的宮廷中更是聚集了許多學者和文人，受到他的庇護和優遇。其中最著名的學者要數艾卜‧賴哈尼‧穆罕默德‧比魯尼 (Abu Rayhan Muhammad ibn Ahmad al-Biruni, 973–1050)，比魯尼學識豐厚，涉獵多種學科，堪稱伊斯蘭世界最偉大的學者。他的代表作是《印度研究》(*Taḥqīq māli-l-hind min maqūla maqbūla fī l-ʿaql aw mardhūla*)，從一個伊斯蘭教徒的角度向人們展示了印度悠久的歷史、瑰麗的文化、虔誠的宗教和獨特的風俗，但也同時表現了一個歷史學家的公正和嚴肅。這部著作在阿拉伯文學上有著非常重要的價值，對歐洲學術界亦有重大的貢獻。馬赫穆德的宮廷中還有著詩人菲爾多西 (Abul-Qâsem Ferdowsi Tusi, 940–1025)，他奉馬赫穆德之命創作著名詩《列王記》(*Šāhnāme*)，寫詩的報酬據說相當豐厚，每寫兩行就可以得到一個金第納爾。菲爾多西用二十五年完成了這首長達六萬餘行的巨作。西方學者稱這部史詩堪與「荷馬史詩」媲美。

　　馬赫穆德統治時期，是阿富汗歷史的黃金時代，他不僅使阿富汗國力強盛，也為阿富汗帶來了文化上的繁榮。他的豐功偉業

永遠被後人緬懷。英國歷史學家吉本曾激動地寫道：「加茲尼的馬赫穆德，是最偉大的突厥王公之一。這位穆斯林英雄從來沒被嚴寒的季節、峻峭的高山、寬闊的河流、荒涼的沙漠和可怕的敵人嚇退過，他的功業已遠超過亞歷山大。」

四、廓爾王朝

廓爾地區位於阿富汗中部偏西北處，這裡崇山峻嶺，交通不便，長期與外界隔絕。阿拉伯帝國以及之後阿富汗地區建立的幾個王朝都沒有征服這塊荒遠之地。當地居民性情強悍，分屬幾個世襲酋長家族來統治。廓爾王朝的建立者為部賽布家族，該家族的酋長曾長期聽命於加茲尼王朝，但後來遭到加茲尼王朝的鎮壓。

廓爾與加茲尼王朝之間大規模衝突的開始，起因於一樁偶發事件。廓爾的一位王子曾娶加茲尼國王巴赫拉姆 (Bahram-Shah, r. 1117–1152) 的妹妹為妻，但巴赫拉姆一直懷疑他的這個妹夫要暗算他。消息傳到廓爾當政王子賽福－烏德－丁·蘇里 (Sayf al-Din Suri, r. 1146–1149) 耳中後，他就以此為藉口，發兵攻打巴赫拉姆，後者被打敗後跑到了印度。賽福－烏德－丁就將加茲尼與廓爾合併，自立為王。1148 年，巴赫拉姆捲土重來，擊敗了賽福－烏德－丁。在對後者進行了百般凌辱並施以酷刑後，巴赫拉姆將其殺害。1150 年，賽福的兄弟阿拉－烏德－丁 (Ala al-Din Husayn, r. 1149–1161) 決心報復這種殘暴行為，他率軍進攻巴赫拉姆。經過三天激戰，阿拉進入了加茲尼城，在城中焚燒和屠殺

圖 26：廓爾王朝時期的遺跡

了七天七夜，將美麗的加茲尼城化為一片廢墟。阿拉還嫌報復不
夠，他在撤軍時，用鐵鏈拴著大批學者，將之押回首都菲羅茲庫
赫。回到那裡後，阿拉下令割開這些手無寸鐵的飽學之士的喉嚨，
用他們的血和著泥土來塗抹城牆。阿拉的這種殘忍行為使他獲得
了「賈汗・蘇茲」(Jahānsūz) 的稱號，意思就是「世界毀滅者」。

　　遭此沉重打擊後，加茲尼王朝大衰。1186 年，廓爾王木亦
速－烏德－丁 (Mu'izz ad-Din Muhammad ibn Sam, r. 1173–1206)
滅掉加茲尼王朝。之後，木亦速和其兄吉亞斯一起征服中亞、印
度北部等地，建立起一個強國。但木亦速死後，國內立刻發生爭
奪王位的內戰，使國家分裂成幾個割據勢力。北方的花剌子模乘
機攻入廓爾，採用各個擊破的辦法，漸次滅掉廓爾境內的割據勢
力。1215 年，花剌子模徹底征服廓爾，占有了阿富汗。

五、阿富汗獨立時期民族文化的發展

　　阿拉伯人的征服，給阿富汗帶來了穩固的伊斯蘭教統治，但並不意味著這裡的一切都已阿拉伯化，阿富汗人民在伊斯蘭教濃厚的氛圍中，繼承並發展了自己的民族文化。

　　由於和波斯相鄰，阿富汗受波斯文化影響很大，阿富汗語係波斯語之一種。儘管阿拉伯語曾一度盛行於阿富汗，但在阿拔斯王朝統治下的獨立時期，波斯語又開始占了上風。塔希爾王朝、薩法爾王朝和薩曼王朝均為波斯貴族所建，他們都有意識地提高波斯語的重要地位。薩曼王朝的歷代君主都鼓勵文人學者用波斯語進行創作。之後的加茲尼王朝，雖為突厥人所建，但也是波斯化了的突厥人。加茲尼王馬赫穆德就十分推崇波斯語，有意使之與阿拉伯語抗衡。他喜愛阿拉伯文學，但他更喜愛用波斯語創作的作品。在歷代君主的積極提倡下，波斯語得以在阿富汗地區存在下去。這種語言經過發展，逐漸形成了阿富汗人現在的語言——普什圖語。

　　隨著波斯語的盛行，波斯文學在這一時期達到鼎盛。波斯文學的誕生，一般認為始於薩法爾王朝。薩曼王朝時期，波斯文學有了重要發展。魯達基 (Rudaki, c. 858–941) 是一位著名的波斯詩人，他在音律上借鑑阿拉伯詩歌，創作出大量優美的詩歌，反映了對生活和自由的熱愛。夏卡爾‧巴爾赫 (Abu-Shakur Balkhi) 也是十分受歡迎的詩人，他創造了雙韻詩，是第一位波斯四行詩詩人。加茲尼王朝時，波斯文學更為繁榮，湧現出大量詩人和作家。

圖 27：莪默‧迦亞謨之墓，位於今伊朗內沙布爾

著名的有菲爾多西和莪默‧迦亞謨 (Omar Khayyám, 1048–1131)
等人。菲爾多西創造了著名的長篇史詩《列王記》，而迦亞謨則創
作了大量優美短小的四行詩，表達了對生活的讚美和對愛情的歌
頌。他在一首詩中飽含激情地寫道：「但是，啊，奈陽春要和薔薇
消亡！甘芳的青年時代的簡篇要掩閉！花枝裡唱著歌的黃鶯啊，
誰知牠飛自何來，又將飛向何去！」（見郭沫若先生譯文）他的
代表作抒情詩集《魯拜集》(*Rubáiyát*)，至今仍是波斯文學中的
經典。

　　絢麗多姿的波斯文學也成為阿富汗人民寶貴的精神財富，是
他們進行文學創作取之不盡的靈感之源。這些都為帖木兒帝國時
期阿富汗文化的復興打奠下堅實的基礎。

第十三章 | *Chapter 13*

蒙古人的統治

第一節　從成吉思汗到合贊汗

一、成吉思汗對阿富汗的征伐

　　成吉思汗的西征大軍在征服中亞一些小國後，其疆土達到了花剌子模的邊界。花剌子模當時已是中亞的一個大國，它占據著從阿富汗到波斯的廣大土地。成吉思汗仗著西征以來取得的勝利，並沒有把花剌子模放在眼中，他派出使節，以一個征服者的姿態告訴其國王阿拉丁·摩訶末，說他很願意把他認作自己最喜愛的兒子。雖然摩訶末十分反感這種暗示承認蒙古宗主權的行為，還是婉言辭退了使者。一次，摩訶末得知境內的一些蒙古商人正在從事間諜活動，便下令殺害這些蒙古人，沒收了他們的財產。但是，摩訶末的這一失策行為卻給了成吉思汗一個進攻花剌子模的絕佳藉口。

　　1218 年，成吉思汗派長子朮赤進攻花剌子模。在倭赤（今新疆境內）附近，蒙古軍隊大敗號稱有四十萬的花剌子模大軍。戰敗後，摩訶末沒有繼續抵抗，而是退到撒馬爾罕靜觀事態的進展。他原以為蒙古人奪取戰利品後，會主動退去。但蒙古軍隊卻繼續挺進，攻下了布哈拉和撒馬爾罕，摩訶末又從這裡逃到了更遠的裏海。1220 年，蒙古人攻占了花剌子模首都玉龍傑赤（今烏爾根奇），將城內除工匠以外的男子全部殺死，並掘開阿姆河，用洪水淹沒了這座城市。同年，成吉思汗又占領了阿富汗著名城市巴爾赫，當他聽說摩訶末之子札蘭丁在阿富汗南部加茲尼招兵買馬時，就將這裡的居民全部殺掉，並摧毀了它。阿拉伯著名旅行家伊本・巴圖塔在其遊記中記載了這件事。他寫道：「那個該死的成吉思汗毀了這座城市。他聽說有一宗財寶藏在一根廊柱底下，就下令將城裡三分之一的清真寺拆毀了。」1221 年，成吉思汗發兵三萬進軍加茲尼，去攻打札蘭丁。

　　雙方在加茲尼北部巴米揚城附近展開大戰，戰爭持續到夜晚，也沒能分出勝負。早晨天剛濛濛亮時，蒙古人又發起進攻，他們在每匹戰馬上紮上一個假人，冒充援軍。但札蘭丁識破了詭計，命令軍隊猛攻，將蒙古人殺得大敗，成吉思汗的一個孫子也死在這次戰鬥中。但是戰爭結束後，花剌子模軍隊在瓜分戰利品時發生爭執，於是各個酋長帶著自己的軍隊離開了札蘭丁，這場來之不易的勝利就這樣化為烏有。蒙古人則掉轉頭來，乘機攻占了巴米揚。成吉思汗為了給孫子報仇，殺掉了城內所有生靈，甚至包括動物和植物。接著，成吉思汗親自率軍攻打札蘭丁。在經過一

番奮勇抵抗後，札蘭丁看到大勢已去，為了不被俘虜，他連人帶馬跳進大河之中，奮力游向對岸。成吉思汗也被這種英勇行為震驚了，他命令士兵不要用箭射殺這位英雄，放走了他。

1226 年，阿富汗赫拉特城也被蒙古人攻克，統帥拖雷將札蘭丁的同黨一萬二千餘人全部殺死。但是當赫拉特得知札蘭丁在某地打敗蒙古人的消息後，馬上發起了反抗。次年，拖雷又攻占了這座城市，將城內一百五十萬居民全部殺害。數日後，蒙古人還奉命搜尋倖存者，並把所有糧食付之一炬。在這場大屠殺中，赫拉特僅存四十人。以後許多年，這座著名城市的居民人口一直沒能超過蒙古入侵前的數量。

在蒙古人的猛攻和血腥鎮壓下，阿富汗暫時向蒙古人屈服了，但人民的反抗行動仍持續進行著。

二、伊兒汗的統治

1251 年蒙哥即蒙古大汗位，他任命其弟旭烈兀為波斯統治者，並派其繼續西征。旭烈兀於 1256 年渡過阿姆河，先後征服了包括阿富汗在內的中、西亞諸地；1258 年，他攻陷巴格達，滅阿拔斯王朝，建立了伊兒汗國 (1258–1353)。

伊兒汗國統治期間，將大量蒙古人遷至阿富汗，加強對當地人民的同化與管理。現在阿富汗國內哈扎拉族人，據考證就是當時遷來的蒙古人，因為哈扎拉在蒙古語裡就是「千戶」之意。伊兒汗國統治初期，還保留著蒙古人游牧生活的特性，不重視興修水利和發展農業，使阿富汗地區的經濟發展近於停滯。這種情況

直到十三世紀末合贊汗 (Ghazan Khan, r. 1295–1304) 在位期間才有了顯著變化。

　　合贊汗上臺後，實行了一系列改革措施。他放棄了蒙古人原先信仰的薩滿教，改信伊斯蘭教，並廢「伊兒汗」（藩王之意）稱號，改稱「蘇丹」，不再臣屬於元朝。這一項政策加速了國家與伊斯蘭教的結合，從而穩定其統治。合贊汗還鼓勵墾殖農業，發展手工業和商業；制定新的徵稅方法，禁止高利貸；獎掖學術和文化的發展。這些措施都有利於阿富汗地區經濟的發展和文化的復興，使之逐漸脫離征服初期的荒夷狀態，開始走向繁榮。

三、阿富汗人的庫爾特王朝

　　庫爾特王朝 (Kart Dynasty, 1245–1389) 是繼加茲尼、廓爾王朝之後，阿富汗人建立的第三個王朝。庫爾特王朝的創始人是廓爾王朝貴族的後裔。他們一直擁有廓爾地區，後來又取得了赫爾特地區。庫爾特蘇丹因協助蒙古人遠征印度有功，被蒙哥汗封為阿富汗西北部赫拉特、廓爾等地的總督，同時兼任阿富汗東南部法臘、錫斯坦、喀布爾等地的總督，權力幾乎涵蓋了整個阿富汗。

　　庫爾特王朝一方面鎮壓阿富汗地區的反抗者，維持王朝統一；另一方面也不斷反抗伊兒汗的統治，表現出強烈的獨立傾向。但伊兒汗國不允許庫爾特的獨立，曾多次進行征伐。從 1270～1338 年間，幾乎每個繼任的伊兒汗蘇丹都要對庫爾特王朝發動戰爭，但始終沒能使之屈服。

　　庫爾特王朝時期，對蒙古人所破壞的城市尤其是赫拉特進行

了重建。人們給城市重新修築了堅固的城牆，建造了雄偉的宮殿，也恢復了集市和商業區，還把破舊的清真寺裝修一番。庫爾特的蘇丹還邀請學者文人再次來到這座城市，宣講科學文化知識，進行學術研究。經過多年的苦心經營，赫拉特逐漸恢復了伊斯蘭世界文化名城的風貌。

1353 年，伊兒汗國衰亡，庫爾特王朝藉此機會完全獨立，但這種短暫的獨立狀態不久便被新興的帖木兒帝國打破。

第二節　帖木兒王朝

一、帖木兒的興起

帖木兒 1336 年生於撒馬爾罕以南的渴石 （今烏茲別克的沙赫里夏布茲），其父為突厥化的蒙古巴魯剌思部首領，為了給自己加上一個高貴的出身，帖木兒自稱是成吉思汗的後代。帖木兒早年效勞於察合臺汗國，後受可汗猜忌，逃往撒馬爾罕。1363 年，帖木兒來到阿富汗南部錫斯坦，應庫爾特王朝統治者要求，協助鎮壓當地人民的反抗。帖木兒很快攻下了叛亂者占據的七個城堡中的三個，這時，叛亂者對庫爾特王說如果帖木兒攻下了其他幾個城堡的話，錫斯坦就會成為他的天下了。他們建議聯合起來共同對付帖木兒。庫爾特王接受了這一要求，向帖木兒發動進攻。在激戰中，帖木兒取得了勝利，但他的腿被箭射傷致殘，此後便得到了「跛子帖木兒」的綽號。

　　此後，帖木兒又回到渴石，在這裡攻擊了察合臺汗的大軍，重新控制了渴石地區，當地成千上萬的居民都投奔到他旗下，帖木兒的勢力大增。1370 年，帖木兒滅掉西察合臺汗國，占有了錫爾河、阿姆河之前的地區，作為他對外擴張的基地。1375–1379 年間，帖木兒滅察合臺汗國。1388 年，帖木兒剷除了早先被蒙古人擊潰的花剌子模殘餘勢力。1389 年，帖木兒進入阿富汗地區，占領了赫拉特，將庫爾特王朝的國王及王子囚禁在撒馬爾罕。同年，帖木兒處死了兩人，滅庫爾特王朝。1393 年，帖木兒滅伊兒汗國。1398 年，他又南征印度，翌年又西征小亞細亞。1402 年，帖木兒大敗鄂曼圖帝國，俘其蘇丹。經過這一連串的征戰和不停的殺戮，帖木兒終於建立起一個僅次於蒙古的大帝國。

　　在長期的征戰中，帖木兒都將被征服地區的文物奇珍、金銀

圖 28：帖木兒軟禁鄂圖曼帝國的蘇丹

珠寶、能工巧匠甚至學者文人運到首都撒馬爾罕，把這座城市逐漸建設成為一個富麗堂皇、人才薈萃的著名城市。帖木兒在他七十多歲的時候，決定去征服明帝國，他徵集了二十萬大軍，準備了七年的糧草，於 1404 年 11 月 27 日從撒馬爾罕出發東進。但是一年後，當軍隊行至訛答刺（在今錫爾河右岸）時，病死於軍中。

二、沙哈魯的統治

帖木兒去世後，他的後代立即展開爭奪王位的鬥爭。帖木兒曾指定長孫皮兒‧馬黑麻 (Pir Muhammad Mirza, 1376–1407) 為其唯一繼承人，但帖木兒病逝時，他卻遠在阿富汗南部的坎達哈沒能及時趕到。帖木兒的另一孫子哈利勒 (Khali Sultan, 1384–1411) 就利用這一機會，奪取了撒馬爾罕的政權。皮兒‧馬黑麻得知後率軍攻打哈里勒，卻兵敗而歸，在阿富汗被部下所殺。帖木兒第四子沙哈魯 (Shahrukh Mirza, 1377–1447) 以為皮兒‧馬黑麻報仇為名，進軍撒馬爾罕，奪取了王位，將其都城遷到阿富汗赫拉特。

沙哈魯繼位後，放棄了帖木兒遠征中國的計劃，與明朝結為友好，同時致力於國內建設。他重修了赫拉特城，在城內修建了許多宏偉的清真寺和華麗的建築，努力使之成為阿富汗最美麗的城市。沙哈魯熱愛文化、藝術，是學者和藝術家的保護者。像其父帖木兒一樣，他為自己的宮廷招來了許多的文化名流，將赫拉特又建成一座知識的殿堂。值得一提的是他的兩個兒子拜宋豁兒 (Gīāṯal-dīn Bāysonḡor, 1397–1433) 和兀魯伯 (Uluġ Beg, 1394–

1449)。他們兩人繼承了父親對文化和藝術的熱愛，並且在各自的領域裡取得了傑出的成就。拜宋豁兒是一位書法家也是一位詩人，他的作品深受人們喜愛。兀魯伯則是一位著名的天文學家，他制訂出當時最正確和最完備的天文曆法表，二百年後還被歐洲譯成拉丁文出版。沙哈魯時期的文化繁榮局面，揭開了阿富汗文化復興的序幕。

三、沙哈魯遣使中國

鑑於沙哈魯對明朝的友好態度，1412 年（明永樂十年），明成祖派遣以白阿兒臺為首的使團出訪帖木兒帝國（明朝稱之為哈烈國）。抵達其首都赫拉特後，使團受到了沙哈魯和當地居民的隆重歡迎和接待。使團向沙哈魯遞交了明成祖的詔書，沙哈魯也有答書回覆。之後，兩國的交往更為頻繁。1413 年，明成祖又遣吏部員外郎陳誠等三百人以護送哈烈國使臣還朝為名出使哈烈國。陳誠回國後，將自己一路上的所見所聞寫成了《奉使西域行程記》和《西域番國志》兩書。

1419 年，沙哈魯作為回報，派遣五百一十人的龐大使團出使中國。使團中的畫師火者・蓋耶速丁 (Ghiyāth al-dīn Naqqāsh) 奉命用日記的形式寫成《沙哈魯遣使中國記》一書，記載了明朝的城市建築、警報制度、宮廷典儀，乃至音樂、舞蹈、雜技、飲食、外賓的待遇等等諸多方面。

剛到中國，蓋耶速丁記下了中國北部用於警報的烽火和急遞鋪，並對中國驛站馬夫的速度讚歎不已：「這些馬夫（拉著大車）那

樣快地跑到下一個驛站，在我們國內哪怕急差都難以做到。」有趣的是，陳誠在《奉使西域行程記》中也稱讚哈烈急差奔走之速：「有善兵者，日可行三二百里，蓋自幼習步，有急務令持箭走報。」

蓋耶速丁還記下了他們參拜永樂皇帝的情形：「（一個官員）站在伊斯蘭教徒邊，說『首先下拜，再以你們的頭三次觸地。』」因此使臣們下拜，但沒有以他們的前額接觸地面。接著使團向永樂皇帝呈交國書，並把禮物三千衣袍獻上，包括蓋速耶丁在內的七個人得到皇帝的親自接見。接見結束後，使團被帶到館舍休息。

館舍中，每間房都設有一張放著錦緞寢具和枕頭的精美床架，還有縫製極精的緞子拖鞋、蚊帳、椅子、火盆、一把左右有錦坐墊和被單的長椅、地毯和長寬兩頭都能捲起而不會弄破的精美席子。每人都被分配到一間這樣擺設的房間，以及烹調器皿、杯子、匙子、茶几。十人一組每天得到一隻羊、一隻鵝、兩隻雞，而每人供給兩標準馬恩（約合三公斤）的麵粉、一大碗米飯、兩大張糖餅、一罐蜂蜜，還有蒜、蔥、醋、鹽和各種菜蔬，以及兩壺酒、一盤點心。

沙哈魯的使團在中國居住了五個月。「每一天，他們都充足地獲得頭一天規定的食物供應。此外，他們幾次被款以公宴，受到很大尊敬。每次設宴時，演員都表演和前幾次宴席上很不相同的藝術，禮節比以前更為隆重。」在度過這樣一段美好而難忘的日子後，他們順利地返回了撒馬爾罕。

四、帖木兒王朝時期阿富汗的文化復興

　　阿富汗在經過中古時期漫長而頻繁的戰亂後，終於等到了文化復興的偉大時刻。從沙哈魯開始，在帖木兒王朝的歷代統治者推崇文化的政策下，以都城赫拉特為中心，阿富汗歷史上出現了前所未有的文化繁榮時期。文化的復興集中體現在繪畫藝術、文學和建築藝術中。

　　帖木兒王朝的繪畫藝術起源於西元前三世紀摩尼教的裝飾畫，後來受到波斯繪畫藝術的影響，繼承了其色彩豔麗、熱情奔放的特點，到十五世紀達到了頂峰。帖木兒王朝最偉大的畫家是白扎德 (Kamāl ud-Dīn Behzād, 1455–1535)，他 1440 年生於赫拉特。白扎德作品多為肖像畫和敘事畫。他為帖木兒蘇丹候賽因‧貝卡拉 (Husayn Bāyqarā, 1469–1506) 畫的肖像畫以及反映帖木兒大帝猛攻要塞、修建清真寺等場景的繪畫作品都十分出色。白扎德還為許多書籍繪製插圖，最著名的要是波斯著名詩人薩迪的名著詩集《薔薇園》所繪製的插圖。

　　文學藝術中以詩歌的繁榮為甚。著名詩人賈米 (Jami, 1414–1492) 的詩作風格清麗、意境幽遠，在當時享有盛譽。他的詩多以歌頌愛情為主，表達了詩人對美好生活的熱愛與嚮往。他在著名詩篇《薩拉曼和阿布莎爾》中吟道：「他們在海中航行了一個月／身心疲憊、面容憔悴／忽然海中出現了一座仙島／上面棲息著美麗的飛鳥／那頭戴花冠的雉雞在一旁迎候／陪伴它們的是林中的歌手／微風從交錯的樹枝中拂過／帶下片片美味的鮮果／淙淙

的溪流在陽光下清唱／花園裡的薔薇含苞待放／去享受生活的樂
趣吧／心中不要再存一絲悲傷。」

建築藝術的繁榮主要表現在清真寺的建造。最著名的清真寺
首推位於馬什哈德，以沙哈魯王妃高赫兒‧莎德 (Gawhar Shād,
?–1457) 的名字命名的清真寺。這座富麗堂皇的清真寺呈四方形，
每面牆上都有一個裝飾得十分漂亮的拱門。頂部巧妙地蓋有一個
藍色穹頂，中間矗立著兩座高高的花磚尖塔。穹頂之下是一個刻
滿花飾的深藍色講壇，上面刻有白色大字銘文，色調的搭配讓人
賞心悅目。銘文由沙哈魯的兒子書法家拜宋豁兒所撰，講的是這
座清真寺建造的緣起和經過，並說明這座清真寺是王妃莎德用自

圖 29：高赫兒‧莎德清真寺

　　己的私房錢捐建的。高赫兒‧莎德清真寺以完美的比例和精美的
裝飾代表了阿富汗建築的最高水準。

Afghanistan

第 V 篇

十六至十九世紀

蒙兀兒和薩法維王朝
統治下的阿富汗

第一節　蒙兀兒王朝的統治

　　十六到十八世紀，阿富汗大部分地區處於蒙兀兒王朝統治之下，伊朗的薩法維王朝則控制了坎達哈地區，阿富汗人不斷掀起反抗運動，可以說這一時期阿富汗處於動盪、混亂之中。

　　巴布爾 (Zahir-ud-din Muhammad Babur, 1483–1530) 是蒙兀兒王朝的創始人，他是人類歷史上最引人注目的征服者之一。巴布爾的父親是帖木兒的曾孫，母親是成吉思汗的後裔。他向來以英雄的後代自居，夢想繼承祖業，建立一個龐大的帝國。巴布爾在西元 1497 年和 1500 年曾兩次占領撒馬爾罕，但未能站穩腳跟，於是改變了計劃，在 1504 年的時候攻占了喀布爾，這裡是通往印度的咽喉要地，為他入主印度打下了基礎。

　　當時統治印度的是德里蘇丹王朝，國勢衰落，給巴布爾提供了可乘之機。他於 1505 年、1519 年和 1520～1524 年多次入侵印

度，但成效不大。1525 年 11 月，巴布爾率領一萬多名軍隊進入印度，他的心中充滿了勝利的渴望，自己寫道：「我把我的腳踏進決心的馬鐙裡，手中拿著信任神靈的繮繩。」1526 年 4 月，德里蘇丹易卜拉辛 (Ibrahim Khan Lodi, r. 1517–1526) 率領十萬大軍同巴布爾展開會戰，決戰地點就是著名的帕尼帕特。巴布爾用猛烈的炮火轟擊敵人的中央部隊，雙方激戰半日，到中午時巴布爾贏得了勝利，而德里蘇丹易卜拉辛則橫屍沙場。巴布爾自豪的寫道：「神……讓我擊敗了可怕的敵人，使我成為印度斯坦這個高貴國家的征服者。」這次戰役宣告了德里蘇丹王朝的結束，同時揭開了蒙兀兒王朝的新篇章。

巴布爾在德里登上王位，隨後開始出征。1527 年，他率軍於坎瓦哈戰敗了拉其普坦王公的八萬聯軍，1529 年，在哥格拉河戰役中打敗了想為易卜拉辛報仇的阿富汗人聯軍。這樣，到 1530 年冬天巴布爾去世時，蒙兀兒王朝已經比較牢固地建立了起來，它的疆域包括西到喀布爾、東到孟加拉的廣大地區。

巴布爾去世後，其長子胡馬雍 (Naṣīr al-Dīn Muḥammad Humāyūn, 1508–1556) 即位，這時國內出現分裂。阿富汗人的領袖舍爾汗 (Sher Shah Suri, 1472–1545) 發動叛亂，胡馬雍於 1539 年與其展開了決戰，由於未能得到兄弟們強有力的支援，胡馬雍在 6 月份進行的喬沙戰役中全軍覆滅，本人僥倖逃脫。舍爾汗攻占了德里，建立起了蘇爾王朝 (Shur Empire)。

舍爾汗被證明是一位頗有作為的君主，他建立起了比較有效的中央集權體制，實行開明的政治，執行宗教寬容政策，同時他

改革了稅制，注意修築道路，可以說功績卓著。

1545 年，舍爾汗在戰爭中陣亡，蘇爾王朝陷入混亂。1555 年 8 月，胡馬雍在經歷了十五年顛沛流離的悲慘生活後回到了德里，在伊朗的幫助下恢復了王位。但不久之後，胡馬雍在圖書館頂上不慎失足，摔傷了頭骨，兩天以後死去。

1556 年 2 月，年幼的阿克拜 (Abu'l-Fath Jalal-ud-din Muhammad Akbar, r. 1556–1605) 繼位，拜拉木輔政。蘇爾王朝的舊臣希穆趁勢進兵，拜拉木率二萬軍隊迎戰，雙方在帕尼帕特展開激戰。希穆兵力達十萬左右，在戰場上占據了優勢，正當要取得勝利的時候，一支飛箭射穿了他的一隻眼睛，他的軍隊驚慌失措，倉皇落敗。這次戰役結束了阿富汗人與蒙兀兒人在印度爭霸的歷史。

阿克拜是一位頗有作為的君主，從 1500 年 3 月起他開始治理國政，為了統一印度，他進行了一連串戰爭，經過幾十年的征戰，他征服了阿富汗和包括德干高原在內的印度絕大部分地區，建立起了龐大的帝國。

阿克拜在開疆拓土的同時，對內也實行了一連串新政策。他把國家的行政、司法、軍事等大權集中在自己手中，對於異教徒採取寬容的政策，他廣開門路，不拘一格地任用人才，為了和拉古普特人結成政治聯盟，他還娶拉古普特公主為妃。阿克拜採取的政策使蒙兀兒王朝發展興盛，到 1605 年他離開人世的時候，蒙兀兒王朝已經成為一個強大統一的帝國。

阿克拜去世後，賈漢吉 (Nur-ud-Din Muhammad Salim

Jahangir, r. 1605–1627) 與 沙 加 汗 (Mirza Shahab-ud-Din Muhammad Khurram Shah Jahan, r. 1628–1658) 先後執政，基本上繼續執行多民族國家、宗教寬容和印度統一這三條主要政策。1658 年，沙加汗的兒子奧朗則布 (Muhi al-Din Muhammad Aurangzeb, r. 1658–1707) 稱帝，號稱「阿拉穆吉爾」(Alamgir)，意思為「世界征服者」。奧朗則布屢次進軍印度南部，同時改變了宗教寬容政策，對印度教徒進行迫害。長期的征戰導致國力衰竭，內部的宗教迫害導致了社會動盪。1707 年 3 月奧朗則布去世，這時候蒙兀兒帝國內外交困，陷入了風雨飄搖之中。

他死後不久，有勢力的地方總督紛紛宣告獨立，拉古普特也恢復了獨立地位。1738～1739 年，伊朗軍隊侵入旁遮普，進而攻陷德里，蒙兀兒皇帝被迫割讓了印度河以西地區。1748 年起，阿富汗王公阿赫馬德沙率軍進攻印度，占領了旁遮普和克什米爾。1761 年，阿富汗軍隊與占據德里的馬拉特軍隊在帕尼帕特展開了激戰，史稱第三次帕尼帕特戰役，馬拉特軍隊最終落敗。阿富汗軍隊也遭到重創，不久被錫克教徒趕出了印度。正當印度陷入混亂之中時，英國的殖民勢力闖了進來，控制了印度。1857 年，巴哈杜爾沙二世 (Bahadur Shah II, 1775–1862) 被殖民當局放逐，蒙兀兒王朝最終結束。

第二節　阿富汗對異族統治的反抗

一、反抗蒙兀兒王朝

　　蒙兀兒王朝對阿富汗的統治引起了阿富汗人民的不滿，他們先以宗教異端的形式進行宣傳組織，後來逐漸演變為武裝革命，這就是影響很大的羅沙尼運動 (Roshani movement)，它帶有明顯的反對部落貴族和穆斯林上層的色彩。

　　羅沙尼特運動發生在 1560 年到 1638 年之間，巴亞濟德‧安薩爾 (Bayazid Ansari, 1525–1585) 是這次運動的領袖和實際領導人。巴亞濟德‧安薩爾 1525 年出生於旁遮普，他曾經到過中亞和印度，對伊斯蘭教和印度教的教義都很有研究，因為他自稱為受神啟示的聖人——皮爾‧羅沙 (Pir Roshan)，即「人世長老」，所以他的信徒被稱為羅沙尼，這場運動也由此得名。

　　巴亞濟德‧安薩爾富有文學天才，善於用詩歌和散文進行傳教，其教義對阿富汗人很有吸引力：他宣稱人神之間並沒有絕對的界限，在神面前所有的人一律平等，神的恩澤將惠及全世界，他相信爭取人世平等是一切阿富汗人和非阿富汗人的超脫之路。可見，他的教義明顯地帶有反社會上層與反蒙兀兒王朝的性質。羅沙尼派主要活動在印度西北邊境一帶，1560 年代，巴亞濟德‧安薩爾轉向了組織起義，一些不滿蒙兀兒王朝統治的阿富汗部落貴族也加入了革命隊伍，他們一度控制了喀布爾通往德里的戰略

要地提拉赫地區。

　　蒙兀兒王朝用了半個多世紀的時間來鎮壓羅沙尼運動，阿克拜曾多次出兵討伐，但難以完全撲滅羅沙尼運動。巴亞濟德‧安薩爾和他兒子死後，他的孫子卡里姆達德繼續堅持戰鬥，最終於1638年犧牲，這標誌著羅沙尼運動基本結束。羅沙尼運動以宗教思想為旗幟，實現了以反蒙兀兒王朝為目標的阿富汗人聯合行動，這有利於阿富汗民族意識的建立，對阿富汗的社會進步具有重要作用。

　　胡什哈爾汗‧哈塔克是阿富汗歷史上著名的革命領袖和詩人。出生於1613年的胡什哈爾汗是哈塔克部落的酋長，奧朗則布先後兩次以有謀反嫌疑為罪名將他監禁，胡什哈爾汗最終走上了革命道路。他用自己富有感染力的詩作號召阿富汗各部落團結一致，為維護阿富汗的榮譽而戰，他的作品喚起了廣大人民的熱情，使他們在一定程度上產生了超越狹隘部落意識的愛國主義精神。在他的感召下許多部落參加了革命。1673年，胡什哈爾汗聯合阿布里底部落攻占了諾士拉堡，隨後，他又多次打敗了奧朗則布的軍隊。奧朗則布在征服無效的情況下採取了收買政策，一些部落酋長退出了革命隊伍，革命力量大為削弱，最終在1683年被鎮壓下去。這次革命進一步促進了阿富汗民族意識的覺醒，具有重要意義。

二、反抗薩法維王朝

　　1649年始，伊朗的薩法維王朝奪取了坎達哈，在這裡課以重

稅而且進行宗教迫害。1709 年，坎達哈市長霍塔克斯部落酋長米爾瓦依斯汗 (Mirwais Khan, 1673–1715) 趁伊朗軍隊出城收稅的時機發動了革命，他們在宴會上殺死了伊朗派來的總督古爾金汗，宣布獨立。坎達哈的獨立鼓舞了薩法維王朝統治之下其他地區的革命，阿布杜拉 · 薩查多依率領義軍占領了伊斯菲扎爾，俘虜了伊朗派來的總督賈法爾汗，奪取了赫拉特，建立了赫拉特國家。

米爾瓦依斯汗的繼承人馬穆德 (Shah Mahmud Hotak, r. 1717–1725) 沒有把建立統一的王朝作為自己的目標，而是立志遠征伊朗。1722 年，馬穆德在古爾納巴德戰役中大敗伊朗人，建立起了自己的政權。1725 年，阿什拉夫繼位，但沒過多久，薩法維王朝在突厥阿夫沙爾部落酋長納迪爾 · 古利汗的幫助下反撲過來，1730 年，阿富汗人被趕出了伊朗。

總之，這個時期阿富汗主要是在蒙兀兒王朝統治之下，薩法維王朝也占據一部分，雙方展開爭奪的同時，共同面對的是阿富汗人的抗爭，在抗爭中阿富汗人民族意識逐漸覺悟，這為阿赫馬德沙建立杜蘭尼王朝打下了基礎。

第十五章 | *Chapter 15*

阿富汗民族國家的形成

第一節　杜蘭尼王朝 (1747–1842)

一、杜蘭尼王朝

　　納第爾沙 (Nader Shah, 1688–1747) 是突厥阿夫沙爾部落的酋長。他於 1688 年出生於呼羅珊，到 1725 年時已是馳騁沙場的名將，他協助薩法維王朝於 1730 年將阿富汗人趕出了伊朗，結束了伊朗歷史上的「阿富汗入寇時期」(1722–1730)，隨後他又戰勝了土耳其人，並用外交手段趕走了趁亂打劫的俄國軍隊，至此他的政治威望空前提高。

　　1736 年 1 月，納第爾沙召開了貴族會議。他宣稱自己不願再理政事，兒子尚年幼，請眾人進行商議選出新王。但在納第爾沙的軍隊重重包圍之中，全體與會者都表示願意選他為王。這樣，納第爾沙於 3 月 8 日舉行了加冕典禮。

　　納第爾沙登基之後，他尊奉遜尼派，對什葉派採取壓制政策。對外則不斷掀起征服性戰爭。到 1738 年時，納第爾沙基本上完成了對阿富汗的征服，儘管他採取鎮壓和懷柔恩威並施的兩手策略，但阿富汗人的反抗仍然此起彼伏，連綿不斷。1739 年，納第爾沙又進軍印度，3 月份攻占了德里，隨後展開了一場血腥的大屠殺，掠奪了大量的戰利品。

　　阿富汗人始終不肯屈服於納第爾沙的統治，他們不斷掀起起義浪潮並且取得了一定成效。至 1740 年代的時候，阿富汗的起義軍占領了包括坎達哈和喀布爾在內的許多地區。1743 年時納第爾沙頒布了新的稅收制度，加重了阿富汗人的負擔，進一步激起了阿富汗人民的反抗。

　　納第爾沙在統治後期變得極為殘暴，他甚至用被殺害者的頭顱來修建高塔。為了支付戰爭費用，他不斷加重捐稅，這使得國內形勢越發惡化，甚至叛亂不斷。1747 年 6 月，對他日益不滿的禁衛軍闖進了他休息的帳篷，納第爾沙被刺身亡，伊朗帝國陷入分崩離析的境地。

圖 30：阿赫馬德沙

　　納第爾沙遇刺後，軍營中一片混亂，有一個人率領著阿富汗兵團強行在伊朗人中間通過，親眼目睹了血泊之中的納第爾沙，這個人就是後來杜蘭尼王朝的創立者——阿赫馬德沙 (Ahmad Shāh Durrāni, 1720–1772)。阿赫馬德沙出身自阿布達里斯部落薩多查伊家族，阿布達里斯部落是

坎達哈省的主要部族之一，當納第爾沙攻占了坎達哈後就讓阿赫馬德沙在他的軍隊服役，由於他英勇善戰，很快就成為了六千多名阿布達里斯部隊的首領，跟隨伊朗軍隊轉戰南北。

在伊朗帝國行將崩潰之際，阿赫馬德沙率阿富汗軍團參加了在坎達哈舉行的阿富汗部落酋長會議，這次會議的中心議題就是選舉阿富汗國王。各個部落爭相提出自己的人選，彼此爭論不休，相持不下，而阿赫馬德沙一言未發，倍受尊敬的伊斯蘭教托缽僧沙巴爾沙作為會議的仲裁人舉薦了年僅二十五歲的阿赫馬德沙，得到眾人一致認同。

沙巴爾沙在阿赫馬德沙的頭上撒了一把麥子，又把一個草環戴在他的頭上，當著眾人面前鄭重宣布：「這就是你的王冠。」通過這個簡單的儀式，阿赫馬德沙成為阿富汗的第一位國王，他所建立的王朝在歷史上稱為「杜蘭尼王朝」。

二、阿富汗的統一

阿赫馬德沙當選為阿富汗國王的時候，整個國家仍然處於四分五裂當中，建立統一的國家是他面臨的首要任務，於是，他發動了一連串戰爭，最終統一了阿富汗。阿赫馬德沙首先東進，他所到之處受到了阿富汗人的歡迎，對於異族統治者他也採取比較寬容的政策，正是由於他同守軍達成協定：如果他們投降，就能得到和阿富汗人相同的待遇，結果喀布爾和加茲尼很快就降服了，沒費一槍一彈。隨後，阿赫馬德沙利用有利時機占領了白沙瓦城。

納第爾沙死後，伊朗已不存在統一的政權，但赫拉特仍掌握

在伊朗人手裡，1749 年春，阿赫馬德沙兵臨赫拉特城下，著手收復這片地區。駐防赫拉特的伊朗軍隊進行了頑強的抵抗，雙方陷入僵局，經過幾個月的圍攻，阿赫馬德沙最終於 1750 年破城，收復了赫拉特。

隨後，阿富汗軍隊開始圍攻馬什哈德，但沒取得多大成就，於是在得到大量金錢之後讓沙赫‧魯黑重登王位，但承認阿赫馬德沙的宗主權。阿富汗的軍隊繼續向西進擊，包圍了內沙布林，但未能攻下，遭到了挫折。1751 年，阿赫馬德沙率領軍隊再次圍攻內沙布林，他鑄造了一門可以發射五百磅重炮彈的大炮，當打出第一發炮彈後，巨大的聲音驚天動地，城內的人都嚇得面無血色，紛紛投降，頗有意思的是，那門大炮打出第一炮後就炸裂了，根本無法再用。內沙布林投降後，與赫拉特省接壤的地區承認了他的宗主權，這裡成了阿富汗與伊朗之間的緩衝地帶。

阿赫馬德沙返回赫拉特後繼續進行征服戰爭，巴爾赫、邁馬納等地紛紛降服。到 1751 年時阿赫馬德沙建立起了一個其領域大體相當於今天阿富汗的新王國。

三、對印度的戰爭

為了收復阿富汗人的土地，消除印度對喀布爾的威脅，同時也為掠奪財富，杜蘭尼王朝對印度進行了長期的戰爭。早在 1747 年底阿赫馬德沙占領了白沙瓦城後就乘勝進軍，於 1748 年 3 月渡過了印度河，雙方於 11 日在曼努普爾村附近進行了一場戰鬥，在最關鍵的時刻，阿富汗炮隊的火藥發生爆炸，一千多名炮兵被

燒死，導致阿富汗人失利。1749 年，阿赫馬德沙再次進攻旁遮普，取得了勝利。由於印度比較富裕但國力衰落，阿赫馬德沙後來又多次進攻印度。1756 年，他第四次進軍印度的時候甚至於占領了德里，在市內大肆殺戮搶劫。

　　阿赫馬德沙對印度的戰爭十分頻繁，從 1748 年到 1769 年之間較大規模的進攻就有八次之多，通過戰爭奪得了大量財富，第四次進軍印度時掠奪的財富達一億二千萬盧比，同時他對印度的戰爭極大地削弱了印度的力量，1761 年的帕尼帕特戰役中，印度的馬拉特人戰敗，被殺者達三十萬之多！印度在不斷的戰爭中遭到削弱，最後導致英國殖民者得以輕易入侵。

第二節　杜蘭尼王朝的政治結構

一、傳統阿富汗的社會結構

　　杜蘭尼王朝建立的時候，儘管當時許多先進國家已經建立起了完備的行政體系，整個社會已基本上實現了近代化，但阿富汗相對說來落後許多。雖然也受到了伊朗和印度等鄰近較為先進國家的影響，但阿富汗基本的社會結構並無太大的變化，部落仍然是阿富汗的基本社會組織。

　　阿富汗大大小小的部落無數，它們具有三個共同的特點：首先是封閉性。這與它的地理環境頗有關係：阿富汗是個內陸國家，全國五分之四的面積是山地，興都庫什山像堅實的脊背從東北向

西南斜貫國土中部，高高低低的山峰四處聳立，整個國家地形複雜，交通困難。阿富汗特殊的地理環境極大地影響了各個部族的交往，他們被局限在狹小的地域之內，生活在自我體系的小世界裡，常常是只知道自己的部族，而對外面的世界知之甚少，造成了封閉性很強的特點。

其次，是獨立性。正是因為各個部落十分封閉，因而他們的生存大多靠的是自己的部族，很少依賴外面的世界，所以他們的管理也是依靠自身完成。在部落裡有酋長作為首領，另外設有議事會，這是名義上的最高機構。實際上部落內部的成員早已分化，有的成為部落貴族，有的貧困無依，甚至於淪為奴隸，因而議事會的權力極為有限，主要權力掌握在酋長手中，酋長既負責管理內部事務又是政府的代理人。除了酋長之外，伊斯蘭教神職人員在部落內也享有很高的威望，虔誠的伊斯蘭教徒視他們為自己的精神領袖。總體而言，在部落這個層次上都比較獨立地完成了內部管理。

最後是綜合性強。儘管已經到了近代，但阿富汗人在社會結構上並沒有實現功能分化，部落既是生產單位又是行政單位，同時各個成員還要拿起武器，保衛部落的安全，又是一個重要的軍事單位，阿富汗人的軍隊常常就是由一個個酋長率領本部落的成員組成的。部落具有綜合的功能，這也是其顯著特點。

二、杜蘭尼王朝的特徵

因為阿富汗的社會結構是以部落為基本單位，保留了大量軍

事氏族制的殘餘，並且杜蘭尼王朝就是通過部落酋長會議選舉而建立的，因而杜蘭尼王朝具有兩個明顯的特徵：

首先，整個國家帶有鮮明的軍事性。杜蘭尼王朝從建立起，戰爭就成了它的中心，阿赫馬德沙被選為國王後，他面臨最重要的任務就是統一阿富汗，因而連綿不斷的戰爭就成了建立國家的必要形式。國王以下的官員本質上也都是帶兵的將軍，他們同樣要帶領軍隊四處征伐，整個國家機構事實上是以軍事為中心而運轉。造成杜蘭尼王朝鮮明軍事性的原因其實並不複雜。從表面看來這是形勢所迫，因為戰爭是統一的必要手段，但更深一層的原因還在於游牧文明的富於進攻性。游牧文明相對而言生產能力低下，不能滿足生活的需要，因而富於攻擊性，通過掠奪來獲取財富滿足自身需求。另外，杜蘭尼王朝的軍事性也是阿赫馬德沙的政治謀略所致。杜蘭尼王朝建立在眾酋長妥協的基礎之上，缺乏內在的凝聚力，通過對外戰爭可以平息內部紛爭，加強對自身的整體認同，這有利於杜蘭尼王朝的鞏固和阿富汗統一國家的形成，事實上阿赫馬德沙也達到了自己的目的。

其次，杜蘭尼王朝的王權有限。阿富汗以部落為基本結構的特徵決定了酋長具有較大的權力，再加上杜蘭尼王朝的國王阿赫馬德沙本人是經選舉而成為國王的，因而他更不可能確立絕對的王權，這從他的稱號上也可以看得十分清楚，他取號為「杜爾－依－杜倫」(Dur-I-Durran)，也就是「珍珠中的珍珠」，可以看出他並沒有凌駕於眾人之上。另外，杜蘭尼王朝的這個特點從它的體制上也體現得很明顯：阿赫馬德沙當選為國王之時，與他的部

族敵對的是屬於巴拉克查依分支的穆罕默德查依氏族，這個氏族的酋長賈馬爾汗被任命為宰相，並且還有這樣的默契——這個職位應該由他的家族世代繼承，這對王權也形成了制約。最後，王權的有限性還體現在與地方政府的關係上。阿赫馬德沙時期地方政府主要是省，省的最高首腦是總督，他們在名義上是由國王委任，但實際上他們大權在手，獨霸一方，獨立性很強。本來國王可以通過駐紮在地方的軍隊進行強有力的控制，但很多時候省的總督兼任地方部隊的將領，這就大大削弱了中央的控制力，也決定了王權的有限性。

第十六章 │ *Chapter 16*

英國對阿富汗的兩次入侵

第一節　英國第一次入侵 (1839–1842)

一、杜蘭尼王朝的內亂與崩潰

　　阿赫馬德沙通過長期的征戰，在反對異族壓迫的旗幟下將一盤散沙的阿富汗諸部落建立成了統一的獨立政權，可以說他功勳卓著。1772 年，阿赫馬德沙在坎達哈去世，遺體被安葬在坎達哈西邊一個莊嚴肅穆的陵園之內，墓碑上的銘文給予了他很高的評價：「阿赫馬德沙是一位傑出的國王。他勸善懲惡，賞罰分明，以致獅子和牝鹿都能平安無事地相處在一起。他的敵人們的耳朵被他征服的聲音震聾了。」

　　阿赫馬德沙通過戰爭確立了阿富汗王國的獨立，所有居住在阿富汗土地上的部族統一在較為鞏固的王朝之下，阿富汗的民族意識空前發展，這為阿富汗成為近代國家奠定了基礎。但不可否

認的是，由於阿富汗獨特的社會狀況和杜蘭尼王朝面對的特殊國際形勢，使阿富汗大一統王朝建立後，原始的部落文化傳統被大量地保存了下來，這在一定程度上影響了國家的凝聚力，更為重要的一點是，由於阿赫馬德沙本身是推舉上臺的，他也未能解決好王位繼承制度問題，這兩者結合起來為杜蘭尼王朝的內亂埋下了隱患。

　　阿赫馬德沙在世的時候，他的長子蘇萊曼與次子帖木兒沙 (Timur Shah Durrani, 1746–1793) 的矛盾已十分明顯，貴族們分別圍繞在兩者的周圍，形成了事實上的對立集團。爭權奪利的戰爭一觸即發，只欠導火線，1772 年阿赫馬德沙的去世終使兩者走向了戰爭。

　　阿赫馬德沙死後，蘇萊曼作為坎達哈的總督得到了坎達哈貴

圖 31：坎達哈的阿赫馬德沙陵墓

族的支援，很快就自稱為王。帖木兒沙作為赫拉特總督是被指定的王位繼承人，因而起兵討伐，很快兵臨坎達哈城下，蘇萊曼戰敗逃走。為了鞏固自己的地位，穩定國內的局勢，帖木兒沙把都城從坎達哈遷到了喀布爾。

帖木兒沙並不是一位很有才能的國王，儘管他在內政方面採取了一些新措施，比如將職權從官員手裡轉移到他任命並授予了各種不同稱號的人員手中，但沒有什麼實際效果。帖木兒沙的軍事才能也很有限，因而未能真正擊敗信德與巴爾赫的叛亂，致使它們實際上處於獨立狀態。

正是因為帖木兒沙上臺後沒有大的作為，國內爭奪王位的鬥爭重新擡頭。1791 年，以謨赫曼德部族酋長和宮廷衛隊司令為首組成了一個陰謀集團，他們想發動叛亂，殺死帖木兒沙，然後擁戴蘇萊曼的兒子為國王。當叛亂者闖進王宮的時候帖木兒沙察覺了，他慌忙躲到了守望塔中，這裡有鐵門可保一時安全，他在高塔上向克澤爾巴什衛隊揮舞自己的頭巾求救，幸虧他們及時趕到，叛亂者失敗被殺。

1793 年，帖木兒沙去世，杜蘭尼王朝陷入動亂，一步步走向衰落，到 1842 年時，杜蘭尼王朝在血腥的鬥爭中崩潰。帖木兒沙一共有三十六個子女，其中男孩二十三個。於是，王位繼承問題又一次成為了鬥爭的焦點。帖木兒沙的第五個兒子查曼沙 (Zaman Shah Durrani, 1767–1845) 得到了巴拉克查伊酋長強而有力的支援，成為了新國王，但他的地位並不穩固。

帖木兒沙的長子胡馬庸首先起兵，他從坎達哈趕過來爭奪繼

承權，但不久即失敗，被迫逃走。隨後，馬茂德 (Mahmud Shah Durrani, 1769–1829) 又陰謀奪取王位，查曼沙先發制人，戰敗了馬茂德。這兩次勝利使查曼沙的地位略為鞏固，但由於他執行了不同於先人的政策，只寵信自己的宰相，不與各位酋長商議國家大事，導致了眾人的不滿。新的叛亂開始醞釀，巴拉克查伊酋長、基吉爾巴什酋長欲擁立擔任白沙瓦總督的叔佳－烏爾－穆爾克 (Shuja ul-Mulk Durrani, 1785–1842) 為國王。後來因計劃泄露而失敗，查曼沙將首要分子一一處決了。

查曼沙的地位剛剛鞏固，馬茂德又捲土重來。查曼沙沒有意識到局勢的嚴重性，只派了一支軍隊前去討伐，自己則從白沙瓦返回了喀布爾。到了那裡查曼沙發現自己失去了人心，喀布爾人對他充滿了敵視情緒，他又返回了白沙瓦，最終落入了馬茂德手中，被弄瞎了雙眼。後來他逃到印度，在英國人的庇護下度過了餘生。

經過一連串變亂，馬茂德終於在 1800 年登上王位，但他同樣面臨著挑戰。叔佳－烏爾－穆爾克依然一心想得到王位，馬茂德雖然開始的時候占據了優勢地位，挫敗了叔佳的企圖，但阿富汗內部的政教衝突最終導致了馬茂德下臺，到 1803 年時，叔佳－烏爾－穆爾克進入喀布爾，登上了王位。叔佳沙同樣不能平息內部的矛盾，到 1809 年時戰敗，馬茂德再次登上王位，叔佳也渴望重新奪回王位但未能成功。不過馬茂德本人貪好酒色，他重新登上王位後也沒有什麼大的作為，這樣大權就落在了擔任宰相的法什汗 (Fateh Khan Barakzai, 1777–1818) 手中，法什汗權重一時，連

王室的衛隊司令都由他的兄弟多斯特・穆罕默德擔任。

1816 年，伊朗的軍隊準備進攻赫拉特，赫拉特的統治者向喀布爾請求支援，法什汗派兵打敗了伊朗軍隊，但多斯特・穆罕默德和他的一些部下犯下了嚴重的錯誤，他們搶奪了公主的珠寶（其中有一個是馬茂德的妹妹），甚至將她們的衣服剝掉，在伊斯蘭國家中，這是極為嚴重的行為，馬茂德怒火衝天，他派王儲卡木倫 (Kamran Shah Durrani, 1789–1842) 將法什汗逮捕，弄瞎了他的雙眼，然後又活活地剝皮處死。法什汗所屬的巴拉克查伊部族在法什汗諸位胞弟的領導下掀起了抗爭，馬茂德於 1829 年暴病身死，卡木倫即位，1842 年時他的宰相將其殺死，杜蘭尼王朝崩潰。

二、第一次抗英戰爭

巴拉克查伊王朝的建立從馬茂德再次登上王位始，巴拉克查伊人法什汗擔任宰相，他的二十個兄弟也都手握實權。法什汗被處死之後，他的兄弟們仍然勢力很大，紛紛發動叛亂，他們割據一方，都想登上王位，阿富汗實際上已經陷入四分五裂之中。

巴拉克查伊兄弟中年齡最小的是多斯特・穆罕默德 (Dost Mohammad Khan, 1793–1863)，在他母親所屬的基吉爾巴什人的支援下，他於 1826 年成為喀布爾和加茲尼的統治者，實力增長很快。1834 年 6 月，叔佳沙率軍攻打坎達哈，多斯特・穆罕默德率軍出征，贏得了勝利，這使他的聲望進一步提高，於是決定採用元首的稱號，稱為「埃米爾—烏爾—穆民寧」(Amir-ul-muminin)，意思為「虔誠信教者的司令」。

圖 32：多斯特・穆罕默德和其子

　　當多斯特・穆罕默德登上王位的時候，阿富汗面臨的國際形勢已經變得無比險惡，英俄為爭奪阿富汗這一戰略要地展開了激烈的角逐。阿富汗所處的地理位置極為重要，它扼住了通往印度的陸上門戶，俄國想把勢力延伸到印度洋就必須把勢力擴張到印度，而欲把勢力擴張到印度，首先就要控制阿富汗。為了達到長遠的戰略目的，從 1833 年起，俄國與伊朗結為盟友，隨後想把勢力推進阿富汗。面對俄國人的攻勢，英國絕不甘心俄國勢力滲入印度，同時還想以印度為基地進一步擴張勢力，於是一面同錫克人結為同盟，想用錫克人威脅阿富汗，同時打算拉攏多斯特・穆罕默德，爭取戰略優勢。

　　1837 年到 1838 年，阿富汗面臨的形勢極為複雜，俄國、伊

朗、英國、錫克人等相關的勢力糾纏在一起，阿富汗陷入了漩渦之中。1837 年 11 月，伊朗開始進攻赫拉特城，俄國還派了軍官參與指揮戰鬥，赫拉特城堅決抵抗，結果久攻不下。到 1838 年 6 月，英國派兵到哈迦拉克島，威脅伊朗，使其從赫拉特撤圍。英俄的使者都在喀布爾展開了外交攻勢，但多斯特・穆罕默德不為遊說者所動，坐觀局勢發展，害怕一時不慎陷入絕境。伊朗人對赫拉特的圍攻未能取得成功，隨著時間的推移雙方都精疲力竭了，到 1938 年 9 月 8 日時，伊朗軍隊撤離了赫拉特。

三、英國第一次入侵

英印總督奧克蘭 (George Eden, 1st Earl of Auckland, 1784–1849) 本來有可能通過與多斯特・穆罕默德結好而影響阿富汗，但他不太願意為此付出太大的努力，結果雙方的談判破裂，隨後他採用了自己認為解決阿富汗問題唯一辦法，那就是扶持叔佳。

奧克蘭制訂計劃後就開始正式實施了。英國軍官協助叔佳徵集了一支部隊，共包括六個步兵營、兩個非正規的騎兵團和一隊馬馱炮兵隊，總計有六千餘人。但這並不足以使叔佳取勝，英軍才是真正的作戰主力，多達一萬七千人。入侵阿富汗的英軍沒有遇到多大抵抗，1839 年 4 月 25 日，叔佳在英軍的保護下進入了坎達哈。由於很多酋長採取觀望的態度，因而未能組織起對英軍的有效抵抗，多斯特・穆罕默德的處境非常危急。

到 6 月份時，英軍開始向加茲尼推進，意在奪得喀布爾。加茲尼的護城牆高大堅固，外有護城河環繞，圍攻起來非常困難。

不幸的是一個奸細向英軍提供了重要情報——加茲尼的喀布爾門沒有被堵住，於是英國人決定在那裡炸開缺口，攻入城內。英軍按照制訂的計劃取得了成功，但整個過程今天看來有些可笑：「拂曉時分，英國人的爆破隊悄悄向喀布爾門摸去，突然城牆上發出一聲大叫，原來是守軍問他們口令，爆破隊已被發現，在城上密集的火力之中，他們還是摸到了城門口，將炸藥一一擺好，可是一時竟然無法引爆，過了好一會兒，一股濃煙夾雜著大火騰空而起，城門已被炸毀，正當英軍要進攻的時候，號兵卻吹成了退卻號，英軍簡直不知所措了，號兵又急忙糾正了錯誤，英軍才攻進城去。這樣到 1839 年 7 月 23 日時，加茲尼失守。」

英軍攻占加茲尼在阿富汗人中造成極大震動，多斯特‧穆罕默德失去了抵抗能力，於是他以任命叔佳為宰相作為條件向英軍求和。但英軍拒絕了這個建議。多斯特‧穆罕默德手持《可蘭經》，懇請他的軍隊奮勇作戰，但沒有成效，於是被迫逃往布哈拉。英軍向喀布爾的推進沒有遇到什麼反抗，8 月 7 日，叔佳進入了喀布爾，儘管他舉行了隆重的進城儀式，但沒有得到臣民的歡迎，喀布爾的居民對他毫無熱情，因為他是在英國人的金錢和刺刀的幫助下才能如此，在阿富汗人眼裡他不過是英國人的傀儡，阿富汗實際上已處於英國人的控制之下。

阿富汗人民非常英勇善戰，酷愛自由，他們對於英軍的抵抗從來沒有停止過。在英軍開始向阿富汗進攻的時候就遭到了俾路支人、卡卡爾人及阿查克查伊人的不斷襲擊。當英國人用刺刀保護著叔佳重登王位後，阿富汗人民更是奮力抗擊，英勇的吉爾查

依人甚至切斷了坎達哈與喀布爾之間的交通線，英軍想用武力解決問題。未能取得成功，被迫答應每年支付三千英鎊補助金，以換取道路安全的保證。在卡拉特地區，游擊隊甚至處決了英國人的政治專員洛夫臺。總之，此起彼落的游擊隊使英軍儘管力量強大但疲於應付，對游擊隊的鎮壓收效不大。

多斯特‧穆罕默德並不甘心自己的失敗，在各地抗英鬥爭的鼓舞下從布哈拉逃了回來，他用墨水染黑了自己的鬍鬚而蒙混過關，渡過了阿姆河，在庫爾姆的烏茲別克人中組織了一支大軍，然後於 1840 年 11 月 2 日在普爾汪達臘率軍與英國人從印度派來的援軍展開了大戰，印度騎兵望風而逃，指揮他們的英國軍官孤立無援地衝鋒，結果大多數或死或傷，但阿富汗騎兵最終未能攻下英軍的陣地，只好從戰場上撤走了。

這次戰役在英國人當中引起了震動，但與此同時，多斯特‧穆罕默德卻失去了打敗英國人的信心，竟然主動到喀布爾投降了。英軍把他全家押送到了印度，他本人在加爾各答靠領取二十萬盧比的補助金度日。

多斯特‧穆罕默德投降以後，阿富汗人民並沒有中止抗英的戰鬥。英軍的橫徵暴斂及褻瀆阿富汗人民信仰的行為越發造成了尖銳的矛盾。到 1841 年 9 月，英國人決定停止發放各部落的補助金——這是英國安撫阿富汗人的重要措施——激發了更大規模的抗英戰鬥，即是喀布爾人民起義點燃了導火線。

圖 33：多斯特・穆罕默德向英國人投降

四、喀布爾人民的起義

1841 年 10 月，英國在阿富汗的公使麥克納騰 (Sir William Hay Macnagheen, 1793–1841) 被任命為孟買總督後準備離職，這時東吉爾查依人舉行了全面起義，切斷了由賈拉拉巴德通往印度的道路。英將賽爾奉命打開吉爾查依人的封鎖，在付出了很大代價後英軍攻占了賈拉拉巴德城，但道路並未真正掃清，這極大地牽制了英國人的兵力。

英軍在喀布爾軍營建設得很不合理，它的四周被堡壘和小山環繞，軍營的圍牆十分低矮，更為致命的是，全部軍需供應貯藏在一個離軍營相當遠的小堡壘內，軍營和那個堡壘之間還有一些

有牆的園子及其他堡壘。英軍的部署也很有問題，他們沒有把軍營周圍的堡壘和小山置於自己的控制之下，同時也忽略了對供應品的防守和保護。這都為阿富汗人的起義提供了便利。另外英國軍隊剛剛換了指揮官，由諾特暫時擔任這一職務，但他還未能接上手。就在這個有利的時機，喀布爾起義爆發了。

不滿於英國人統治的二十多位酋長一直在積極地醞釀起義，而這時整個形勢對於起義十分有利，到 11 月 2 日時，阿富汗人的起義突然爆發了，英國駐喀布爾的總督亞歷山大·伯恩斯被起義者砍殺而死，起義者隨後打開了金庫，獲得了大量錢財。叔佳聽到了起義的消息，立刻派人鎮壓，但軍隊被起義者擊退了，起義的消息迅速傳播開來，成百上千名渾身武裝的阿富汗人從四面八方湧來，起義者的力量迅速壯大。起義者為了切斷敵人的供應迅速地搶占了英軍的軍需倉庫，至此，起義者控制了整個局勢，英國人的反撲徒勞無功，援軍也被圍困住，無力救援。

11 月 22 日，阿富汗歷史上著名的英雄人物，被人們譽為「阿富汗的幸福與光榮之星」 的阿克巴汗 (Mohammed Akbar Khan, 1816–1847) 到達了喀布爾。阿克巴汗是多斯特·穆罕默德的兒子，從英軍入侵之後他一直堅決抵抗，在戰鬥中常常身先士卒，很受人們的尊敬。當阿克巴汗到達喀布爾後，他被選舉為起義者的首領。

英國人面對起義毫無辦法，麥克納騰幻想在起義者中製造分裂，然後從中漁利，結果未能得逞反而中計。12 月 23 日，為了實現自己的詭計，麥克納騰與幾個部屬同阿克巴汗及其他酋長會

圖 34：1842 年《倫敦畫報》所繪的阿克巴汗肖像

晤，起義者趁機要逮捕他們，麥克納騰企圖反抗，結果被起義者
殺死。最後英國人見大勢已去，已經無法扭轉局面，於是與起義
者簽訂了條約，決定在 1842 年 1 月 6 日撤軍。

五、英軍的噩夢

　　撤離阿富汗的行程對於每一個親身經歷過的人來說都像一個
噩夢，整個英軍像拿破崙撤離莫斯科一樣遭到了致命的打擊。在
山巒交錯、崎嶇陡峭的山路上，英軍舉步維艱，踏在皚皚白雪之
上，夾在刺骨寒風中，英軍凍得瑟瑟發抖，許多人的手腳都被凍
壞了，基本上失去了戰鬥力。沒有參與談判的阿富汗部族並不願
意讓英軍安全撤走，他們利用有利的地形不斷發起襲擊，英軍傷
亡慘重。

英軍被趕出喀布爾後，賈拉拉巴德也被阿富汗人包圍，杜蘭尼人對坎達哈發起了進攻，但阿富汗的抗英力量未能團結起來，因而不能徹底打敗英國軍隊。英國軍隊在遭受重挫後開始進行反撲，解救了自己的俘虜，並在 9 月份重新占領喀布爾，隨後就展開了瘋狂的報復。但英軍無法撲滅阿富汗人的反抗，遭受的損失也極為慘重，有數萬名英國和印度士兵喪生，戰爭費用高達一億五千萬英鎊，最終被迫於 1842 年 10 月撤回了印度。

英軍撤離之後，多斯特・穆罕默德再次登位，阿富汗重新成為一個獨立國家。英國第一次入侵阿富汗的失敗打破了英軍頭上的「無敵」光環，這為 1857～1859 年印度民族大起義打下了基礎，同時英軍在以後的三十六年中未敢對阿富汗發動侵略戰爭，直到 1878 年才第二次入侵阿富汗。

六、第二次抗英戰爭

阿富汗取得第一次抗英戰爭勝利之後，多斯特・穆罕默德回到了阿富汗再當國王，阿克巴汗擔任了他的宰相，但到 1845 年時，英國人的間諜（一名印度醫生）趁治療疾病的時機毒殺了阿克巴汗。多斯特・穆罕默德面對國內的分裂局面努力地想實現國家的重新統一，1850～1855 年間，他相繼收復了巴爾赫、庫爾姆、孔杜茲和巴達赫尚，1855 年間還把坎達哈併入了王國的領土。為了對抗伊朗的威脅，多斯特・穆罕默德與英國政府簽訂了 1855 年《英阿條約》，該約規定雙方互相尊重領土權，而多斯特・穆罕默德還對東印度公司承諾，要以它的朋友為朋友，以它的敵

人為敵人。隨後阿富汗開始從伊朗手中爭奪赫拉特，最終於 1863 年收復了這座西部重鎮，阿富汗重新實現了統一，多斯特·穆罕默德在完成了統一大業九天之後就與世長辭了，在他的身後留下了一個完整的阿富汗。

多斯特·穆罕默德的去世對於阿富汗而言是不祥之兆，因為他留下了分別屬於五個母親的十二個兒子，雖然希爾·阿里 (Sher Ali Khan, 1825–1879) 已經被指定為王儲，但其他兄弟並不服氣，同他展開了激烈的爭奪。1864 年，阿弗扎爾 (Mohammad Afzal Khan, 1815–1867) 和阿吉姆 (Mohammad Azam Khan, 1820–1870) 的叛亂嚴重影響到了阿富汗的整個局面。希爾·阿里派了一支大軍擊潰了阿吉姆的叛軍，他本人則越過興都庫什山討伐阿弗扎爾，兩軍在巴吉賈相遇，經過一場小戰鬥後，阿弗扎爾主動求和，希爾·阿里寬宏大量地允許他官復原職，正當這時，有消息傳來：阿弗扎爾的兒子阿布杜爾·拉赫曼 (Abdur Rahman Khan, 1840–1901) 已經逃過了阿姆河。於是希爾·阿里將阿弗扎爾囚禁起來，然後勝利返回了喀布爾。

1865 年春，希爾·阿里的親兄弟穆罕默德·阿明和穆罕默德·薩里夫發動了叛亂，雖然平叛戰爭很快就取得了勝利，但希爾·阿里因痛失愛子而變得精神失常了。

在國王精神失常後，阿布杜爾·拉赫曼發動了反叛，他的舊部重新回到了身邊，叛軍一路進攻，長驅直入，到 1866 年 2 月 24 日時攻克了喀布爾。嚴峻的形勢驚醒了希爾·阿里，他的精神恢復了正常，於是他親自率領大軍想奪回喀布爾，正當勝利在望

的時候，一支軍隊倒戈投到了敵人一邊，希爾・阿里失利後逃離了戰場。加茲尼總督見風轉舵，很快就投到了勝利一方的懷抱，他釋放了阿弗扎爾，在叛軍支援下阿弗扎爾登上了王位，但好景不長，1867 年 10 月 7 日，阿弗扎爾就離開了人世，阿吉姆繼承了王位。阿吉姆既殘忍又吝嗇，他和眾位酋長的關係日益緊張，阿布杜爾・拉赫曼因未能繼承王位與阿吉姆的關係也早已破裂。希爾・阿里利用此時機在英國人的幫助下取得了勝利，終於奪回了王位。

七、希爾・阿里的改革與新的叛亂

希爾・阿里曾經到達印度以爭取支援，在那裡受到了英國人的影響，並對阿富汗的落後有深刻的體悟，於是，希爾・阿里在重新登上了王位後進行了改革。在行政方面，希爾・阿里設立了樞密院，在一切行政問題上向埃米爾提出建議；財政問題上以現金代替了實物稅；軍隊統一改編為正規軍，國家發放軍餉與制服；國家印刷郵票，開辦郵政業務；發展交通，修繕道路。希爾・阿里的改革使阿富汗向現代化邁出了一大步，但由於內憂外患，他的改革措施未能真正實

圖 35：希爾・阿里

施，影響了改革的實際效果。

1869 年，阿吉姆的兒子伊撒克發動了叛亂，他率領軍隊攻向巴爾赫，希爾・阿里的總督彌爾・阿盧姆將其擊潰。剛剛平定這次叛亂，內亂又接踵而至。亞庫布汗 (Mohammad Yaqub Khan, 1849–1923) 幾次想讓父王立他為王儲，而希爾・阿里則看中了小兒子阿布杜拉・賈恩，亞庫布汗在極端失望的情況下攜同他的兄弟阿尤布 (Mohammad Ayub Khan, 1857–1914) 離開了喀布爾，隨後發動了叛亂，並於 1871 年 5 月 6 日攻占了赫拉特，經過中間人的調解，亞庫布汗向他的父親投降了，表明了自己的悔改之意，希爾・阿里重新任命亞庫布汗為赫拉特總督，但心裡已經產生了戒備，1873 年 11 月，希爾・阿里的小兒子阿布杜拉・賈恩正式被立為王儲，亞庫布汗心中十分不滿，他前往喀布爾之時被囚禁了起來，阿尤布起兵營救亞庫布汗，最終兵敗逃到了伊朗。

第二節　英國第二次入侵 (1878–1881)

一、英、俄在阿富汗的爭奪

十九世紀下半期，俄國吞併了大片亞洲的領土，勢力急速膨脹，到 1880 年代的時候，它的邊界已經抵達阿姆河流域，與阿富汗的邊界連在一起。俄國在中亞的擴張給阿富汗造成了巨大壓力，希爾・阿里希望同英國簽約以遏制俄國的擴張，但英國僵硬的外交思維使雙方未能結盟，英國認為阿富汗遲早會淪為俄國的工具，

"SAVE ME FROM MY FRIENDS!"

圖36：1878年的英國政治諷刺漫畫，描繪俄羅斯（熊）和英國（獅子）皆覬覦阿富汗，希爾・阿里被夾在中間

想用戰爭的手段將俄國的計劃粉碎。

　　隨著俄土戰爭的爆發，英俄矛盾日益尖銳，英國派出七千名士兵準備與俄決戰，俄國毫不示弱，想通過控制印度來打擊英國，為了實現自己的戰略意圖，俄國使節斯托萊伊托夫在軍隊的護送下強行進入了阿富汗，阿富汗被迫站到了俄國一邊，8月14日雙方簽訂了攻防同盟條約。英國政府也對阿富汗展開了外交攻勢，要求派遣以尼維爾・張伯倫為首的英國使團進入阿富汗，阿富汗的政策已經偏向了俄國人一邊，因而拒絕了英國的要求，英惱羞成怒，決定強行用軍隊護送使團進入阿富汗，但被阿富汗軍隊阻止了，英國人更為氣惱，決定出兵進攻阿富汗。

二、英軍第二次入侵阿富汗

1878 年 10 月，英國內閣舉行了多次關於阿富汗問題的會議，會議上爭論得十分激烈，最後對阿富汗實行強硬政策的主張占了上風，英國一步步走向了入侵戰爭。11 月 2 日，英國向阿富汗發出最後通牒，要求在 20 日前賠禮道歉。

一個偶然的因素對戰爭的發生產生了一定影響：由於通牒在傳遞過程中被耽擱了，到英國確定的最後日期時，喀布爾根本沒有收到通牒，而英國卻被阿富汗人激怒了。這樣，到了 20 日時英軍兵分三路，撲向阿富汗，1879 年 1 月 8 日占領了坎達哈。英軍長驅直入的消息使阿富汗政局變得動盪不安，希爾‧阿里從獄中

圖 37：英國占領下的坎達哈，城外是英國的印度軍隊

釋放了亞庫布汗，任命他擔任攝政，自己則逃往北方的巴爾赫，希望得到俄國人的支援，但希望破滅了：1878 年 7 月 13 日的《柏林條約》已經在一定程度上調整了英俄關係，俄國暫時不願與英國發生激烈的衝突，因而拒絕派遣部隊進行支援，也不允許希爾·阿里去訪問聖彼得堡。阿富汗夾在大國之間吞下了苦澀的果子，1879 年 2 月 21 日希爾·阿里在鬱悶中死去。

　　希爾·阿里去世後，亞庫布汗繼承了王位，面對險惡的局勢他選擇了和談。1879 年 5 月 26 日，英阿雙方簽訂了《甘達馬克條約》，條約規定：英國保護阿富汗免受外來進攻，英國政府將坎達哈和賈拉拉巴德歸還阿富汗，但庫臘姆、比辛和西比等地區將作為過渡區，哈伊巴爾和米契尼兩關隘的控制權歸英國所有；阿富汗不得直接與其他強國交往，埃米爾每年將獲得六十萬盧比的

圖 38：簽訂《甘達馬克條約》，坐在中間者為亞庫布汗

補助金。通過該條約，阿富汗實際上已經淪為英國的保護國，失去了獨立地位，為了確保條約得以遵守，路易‧卡瓦格納里 (Sir Pierre Louis Napoleon Cavagnari, 1841–1879) 作為英國的使節來到了喀布爾。

三、喀布爾起義

1879 年 7 月 24 日，路易‧卡瓦格納里到達了喀布爾，阿富汗的內政、外交大權都集中在他的手裡。阿富汗人民對於國家受制於人的處境十分不滿，再加上物價飛漲，生活困難，這更讓他們憎恨英國人。伊斯蘭教的愛國人士對敵人更是充滿了仇恨，他們積極地四處宣傳，號召人們起來反抗英國人的控制。卡瓦格納里沒能真正認清局勢，9 月 2 日的時候還在電報中說「一切都好」，其實，動盪不安的因素正在潛滋暗長，很快就要爆發了。

9 月 3 日，有三個團的阿富汗軍隊因為未發軍餉而開到官署，卡瓦格納里未能滿足他們，士兵們非常憤怒，局勢失去了控制，他們向官署發起了進攻，卡瓦格納里的護衛隊寡不敵眾，最終所有的英國人被殺，官署也被大火焚毀，卡瓦格納里上任後僅四十七天就命歸黃泉了。

四、加茲尼和喀布爾的爭奪戰

喀布爾起義發生後，英軍將領羅伯茨 (Frederick Roberts, 1832–1914) 奉命前去指揮駐紮在庫臘姆的部隊，他率領這支部隊直撲喀布爾。10 月 12 日，羅伯茨進入喀布爾，這時，亞庫布汗

面對動盪的局面主動退位了。羅伯茨在全市實行了戒嚴，進行了瘋狂的報復，但他不可能徹底撲滅起義的烽火，抗英戰爭在阿富汗各地蔓延開來。

在如火如荼的抗英戰爭中加茲尼成為了重要的基地，阿富汗的抗英武裝利用有利的地形四處襲擾敵人，給英軍造成很大損失。為了鎮壓阿富汗游擊隊，羅伯茨派出兩路英軍，他自己率領一支軍隊在後面接應，結果英軍遭到了游擊隊的重擊。另一支起義軍趁後方空虛的有利時機，攻占了喀布爾，英軍只好回過頭來，在從白沙瓦來的援軍的幫助下奪回了喀布爾。到 1880 年 3 月，另外一支援軍才攻占了加茲尼。

英軍雖然取得了一些戰役的勝利，但大部分地區實際上掌握在阿富汗人的手中，英軍只是控制了白沙瓦到喀布爾之間的交通路線，未能把勢力伸向全國各地，這就使其陷入了游擊戰的汪洋大海之中。

1880 年 4 月，英國的政局發生了變動，保守黨政府下臺，自由黨的格拉斯頓 (William Gladstone, 1809–1898) 組織了新內閣。面對英國在阿富汗的處境，新內閣調整了對阿政策，不再一味地運用武力，而是想通過扶持阿布杜爾・拉赫曼，讓其成為新的埃米爾，從而保證英國在阿富汗的利益。阿布杜爾・拉赫曼很願意與英國人合作，雙方在喀布爾以北的庫希斯坦進行了談判，他的表現博得了英國代表的好感，到談判結束時，英國人在給他的一封信中表示了對他的青睞，建議雙方發表一個公告，宣告他為阿富汗的埃米爾，阿布杜爾・拉赫曼寫了回信，雙方達成了協定。

這樣，到 1880 年 7 月 22 日，英國政府正式承認阿布杜爾・拉赫曼為埃米爾，8 月 11 日，他進入了喀布爾。

五、英軍的撤退

亞庫布汗繼承希爾・阿里王位的時候，他的弟弟阿尤布就被任命為赫拉特總督，他一直擁有較強的實力，不願讓英國控制阿富汗，於是率領軍隊開始遠征坎達哈，阿尤布向前推進的消息大大鼓舞了阿富汗人的士氣，各地的抗英鬥爭更加活躍。

7 月 27 日，阿尤布的大軍與英國將領布林洛斯率領的軍隊相遇了，雙方在梅德旺進行了激烈的戰鬥。阿尤布總共有二萬五千人的兵力，擁有三十門大炮，而英軍只有二千人和十二門大炮，力量對比上阿尤布占據了優勢。戰鬥一開始雙方的炮兵互相轟擊，阿富汗的槍手在渠道的掩護下不斷射擊英軍右翼，阿富汗的騎兵則攻向敵人的左後方，很快英軍陷入了包圍之中，印度騎兵的後退衝亂了英軍的陣形，致使英軍失去了抵抗能力，遭到了沉重打擊。戰鬥結束的時候英軍傷亡一千多人，彈藥輜重也落到了阿富汗人手中。

圖 39：阿布杜爾・拉赫曼

阿尤布趁勝進軍，很快就包

圍了喀布爾，羅伯茨親率援軍快速趕來，阿尤布在與羅伯茨的戰鬥中未能取得勝利，於是在 9 月 1 日撤回了赫拉特。英國軍隊自從侵入阿富汗後就未能取得什麼好處，反而經常處於擔驚恐懼之中，他們實在不願繼續待下去。到 1881 年 4 月，英國把坎達哈交給了阿布杜爾·拉赫曼，隨後將全部英軍撤出了阿富汗，這樣，在付出了三千名士兵和二億英鎊的損失後，英國結束了第二次侵阿戰爭。

第十七章 | *Chapter 17*

阿富汗的再統一

第一節　鞏固統一的措施

一、戰敗阿尤布

　　1886 年阿布杜爾‧拉赫曼登上了王位，他面對的是一個四分五裂的阿富汗，實現統一是國家發展的首要任務。除了阿布杜爾‧拉赫曼之外，阿尤布也是國內重要的勢力，他以赫拉特為基地，積蓄了雄厚的力量，由於他奮力抗英，而且在梅旺德戰役中重創英軍，這大大提高了他的聲望，阿尤布認為自己才是亞庫布汗的合法繼承人，他也把統一當作了自己的目標。

　　阿布杜爾‧拉赫曼與阿尤布的較量不可避免。 1881 年 7 月27 日 ，兩軍在吉里什克附近展開了大戰 ，阿尤布的軍隊奮勇作戰，擊潰了敵軍，占領了坎達哈。阿布杜爾‧拉赫曼親自率軍從喀布爾出發奔向坎達哈，同時他派了一支軍隊前去攻打赫拉特。

9 月 22 日，阿尤布的軍隊在坎達哈城下失利，而這時候赫拉特也落到了阿布杜爾‧拉赫曼手中，阿尤布見大勢已去就逃到了伊朗，後來又到了印度，在英國人的保護下度過了餘生。

二、吉爾查依人的叛亂

　　吉爾查依人是阿富汗最強大的部族之一，他們勇敢善戰，酷愛自由。這個部族支援亞庫布汗，不贊成阿布杜爾‧拉赫曼成為埃米爾，再加上阿布杜爾‧拉赫曼下令要求這個部族納稅，還取消了宗教首領的俸金，這更激起了吉爾查依人的怒火，在宗教領袖穆什克一依一阿拉姆的鼓動之下很快就發生了叛亂。埃米爾派來了大軍進行鎮壓，儘管吉爾查依人在開始的時候取得了一些勝利，但到 1886 年時政府軍擊潰他們的武裝，叛亂者被迫屈服了。

三、伊撒克汗叛亂

　　吉爾查依人的叛亂剛剛平定下去，新的叛亂又在醞釀之中。阿富汗的突厥斯坦的總督為伊撒克汗，他深得埃米爾的信任。由於突厥斯坦的邊界同俄國相接，伊撒克汗的軍隊裝備精良，戰鬥力極強，因而伊撒克汗的勢力較大。為了實現自己的圖謀，伊撒克汗一面徵稅積累資金，一面伸手從喀布爾獲得經費，埃米爾知道後就令他前往喀布爾，伊撒克汗怕自投羅網，因而以身體不適為藉口拒絕了。1888 年 6 月，阿布杜爾‧拉赫曼病重，到處謠傳他已經去世，伊撒克汗以為時機已到，於是自命為埃米爾，掀起了叛亂。

　　阿布杜爾‧拉赫曼得到消息後立即派兵前去鎮壓，9月29日
兩軍在塔什庫爾干進行決戰，埃米爾陰差陽錯地取得了勝利：在
戰鬥激烈進行的時候，埃米爾的一個縱隊被擊潰了，一些士兵騎
著馬奔向了伊撒克汗所在的山頭，向他投降，而伊撒克汗以為他
們是來抓他的，於是隻身逃走了。士兵們得知主人已經臨陣逃脫，
心生怯意，然後四處逃走，結果阿布杜爾‧拉赫曼贏得了勝利。

四、哈扎拉人叛亂

　　阿布杜爾‧拉赫曼面對的最後一場叛亂是哈扎拉人發動的。
哈扎拉人是蒙古移民的後裔，他們居住在阿富汗的心臟地帶，控
制著從喀布爾、加茲尼到赫拉特的廣大山區。哈扎拉人本來一直
保持著獨立地位，因而在歸順了政府之後難以忍受官員們的壓榨，
於是發動叛亂進行反抗。1891年到1893年1月，政府大軍進行
了殘酷的鎮壓，哈扎拉人的反抗最終失敗。

　　阿布杜爾‧拉赫曼經過近二十年的時間終於擊敗了挑戰勢力
的叛亂及一些部族的反抗，重新實現了國家的統一，這為他改革
內政和發展對外關係都創造了有利條件，對於阿富汗的進一步發
展具有重要意義。

五、拉赫曼的內政改革

　　拉赫曼在阿富汗歷史上也是一位比較有作為的國王，在重新
統一阿富汗的同時他在內政方面也進行了全面改革，並且取得一
定成效。為了改變阿富汗貧困落後的面貌，也為了建設好阿富汗

的經濟基礎，拉赫曼很重視工農業發展。為了發展農業，他向農業部門提供貸款，還開發了北部的一些基地。阿富汗深處內陸，降水量小，因此政府十分重視興修水利灌溉工程，以提高產量。在工業方面，拉赫曼注意引進國外的先進技術，他還聘請外國人到阿富汗來興辦工業，1885 年時，法國的工程師傑羅姆來到了阿富汗，兩年後，又聘來了英國的工程師，在政府的支援下，一批現代化的工廠相繼建立。

除了發展經濟之外，拉赫曼還進行了政治上的變革，他加強了中央集權，建立起了強有力的國家機器。為了保證對國家各項事務的有效管理，他首先完善了國家機器，加強或新設了中央政府部門，如財政、司法、警察、公共工程等。這項措施促進了中央集權，客觀上也有利於國家的發展。為了鞏固自己的統治基礎，同時也為了滿足政府部門對人才的需要，拉赫曼引進了選官制度。他從較為偏遠的地區選拔有才能的人士，而不管其出身如何，只要求絕對效忠國王而不能與部族有任何瓜葛。這些官員的背後沒有其他力量的支援，因而對國王十分忠心，這樣就加強了國王的權力，同時因為他們都是有才能的人士，因而有利於政府工作的順利開展。

拉赫曼是親身經歷過戰爭而登上王位的，也很重視軍隊建設，他參照先進國家的經驗進行了重要的軍事改革，還取消了傳統的募兵制採用了現代的徵兵制，他規定每八個村民中必須有一人服軍役，軍裝與給養等費用由村子負擔；為了滿足士兵的宗教要求，他在團部配備了神職人員；拉赫曼還設立了軍官學校培養高級軍

事人才。在拉赫曼的高度重視下，阿富汗的軍事力量增長很快，並且裝備精良，訓練有素，作戰能力很強。

為了加強社會控制，拉赫曼建立了龐大的密探間諜網，實行鐵腕統治。阿富汗的間諜網滲透到了社會生活的各個角落，這些間諜化裝成各種各樣的人積極地進行活動，無論是政府官員還是平民都是他們監視的目標，一旦被舉報後就會丟官甚至喪命，因而人人自危，不敢越雷池半步。

為了有效地解決王子爭奪王位的問題，拉赫曼也採取了有效的措施，他把所有的王子都留在自己身邊，不讓他們去擔任地方總督，以免他們獨霸一方，形成龐大的個人勢力，釀成隱患。同時，為了培養合格的繼承人，他讓長子哈比布拉 (Habibullah Khan, 1872–1919) 參與政務，培養其政治才能。後來的事實證明，拉赫曼的這一舉措取得了良好的效果，他去世之後，比較平穩地實現了權力過渡。

經過拉赫曼改革，阿富汗的經濟獲得了一定發展，有效地實現了中央集權，整個國家面貌有所改觀，向現代化又邁出了一大步，這在阿富汗歷史上占有重要地位。

第二節　對外關係

一、拉赫曼時期的對外關係

阿富汗地處戰略要地又夾在英俄兩大帝國之間，其對外關係

是影響整個國家的重要因素，有時甚至決定國家的命運。實力是外交的基礎，阿富汗的弱國地位決定了它在外交舞臺上沒有多大迴旋餘地，只能在夾縫中求生存，任何不謹慎的舉動都可能招來致命的打擊，拉赫曼曾經很生動地說：「阿富汗就像兩頭獅子之間的一隻山羊」，這形象地道出了阿富汗的外交困境。阿富汗夾在英俄之間，事實上不可能真的做到等距外交，拉赫曼在英國的扶持下上臺，他的外交政策實際上較傾向與英國一起，但這並不能真正改變自己易受損害的地位，這個時期它注定是個尷尬的外交角色。

二、阿富汗北部邊界問題

十九世紀後半期，英俄的擴張勢力在阿富汗迎頭相遇，俄國已經與阿富汗的北部邊界相接，這給拉赫曼造成了巨大壓力，他想得到英國的保護以扼制俄國的擴張。1882 年到 1883 年，英俄就中亞勢力範圍問題進行了談判，雙方未能達成協定。英國人為了占據，主動唆使阿富汗占領了希格南與洛山兩地，根據 1873 年的協定，這兩個地區是在阿富汗領土之外的。俄以牙還牙，於 1884 年 2 月攻占了麥爾夫城，赫拉特處於其威脅之下。

經過談判，英、俄、印三方派出代表組成了「共同委員會」，以便進一步討論阿富汗北部邊界問題。俄國為了造成既成事實又出兵占領了平狄綠洲，宣稱住在這裡的薩里克土庫曼人應該像這個部族的其他部分一樣歸到俄國。平狄危機在英國引起了強烈的敵對情緒，英國宣布：俄國一旦向赫拉特推進就構成戰爭理由，

雙方的矛盾十分尖銳。但這時國際形勢對俄國較為有利：德國允許俄國在中亞「自由行動」，而英國的遠征軍在蘇丹剛剛遭到慘敗。英國並不是真的願意與俄國交戰，於是雙方又開始了談判。

到 1887 年 7、8 月，完成阿俄北部邊界議定書的最後簽字。通過該約，俄國占有了平狄地區，放棄了對祖勒菲卡爾的要求。到 1888 年 1 月，阿俄這一段邊界的實地劃分的最後工作完成。

三、阿富汗東部邊界問題

阿俄北部邊界劃定之後，俄國又尋找到了新的突破口，加快了向帕米爾地區的擴張步伐，英國與俄國的矛盾又尖銳起來。當時帕米爾地區是中國的領土，清政府在此立有記功碑並派兵守護邊界。1891 年 1 月，俄國悍然出兵，驅趕走了清朝的邊防軍，搬走了清朝所立的記功碑。在英國人的唆使下，阿富汗與俄國展開了激烈的爭奪。1892 年時，阿富汗人奪取屬於清朝的蘇滿卡，俄國隨後就擊退阿富汗軍隊，將蘇滿卡控制在自己手中。

為了解決爭端，緩和兩者之間的矛盾，英俄兩國拋開中國與阿富汗，開始就帕米爾問題進行談判，1895 年 3 月 11 日，英俄達成交易，簽訂了《關於帕米爾地區勢力範圍的協定》。協定簽訂之後，英國命阿富汗將希格南與洛山兩地讓出，把瓦罕走廊地帶劃歸給了阿富汗。到 1895 年 8 月，俄阿兩國的東部劃界工作結束。英俄又一次以犧牲他國利益的卑劣行徑緩和了兩國的矛盾，保護自己的利益。

拉赫曼在對外交往中實際上把重心移到了英國一邊，試圖靠

英國的保護來抵抗俄國，保全阿富汗的利益，但這種「保護」絕對不是沒有代價的。英國其實是將阿富汗作為鞏固自己在印度的利益及扼制俄國的工具，它考慮更多的是自己的利益，而無視阿富汗的利益，為了鞏固印阿邊境，英國一直企圖控制居住在那裡的普什圖人，另外還出兵占據了喀什米爾，阿富汗只能自己吞下苦果。

拉赫曼在尋求英國保護的同時又不得不對英國的威脅進行反抗，他支援各部族的抗英戰爭，但在英國的壓制下，拉赫曼只好同意英國給他劃定的邊界。阿富汗在對英關係上也陷入了兩難處境，既依附又反抗，這更使它在與英國的交往中處於尷尬境地，最終實際上成了半殖民地。

第三節　阿富汗青年的怒吼

一、青年阿富汗派與塔爾奇的啟蒙運動

十九世紀末到二十世紀初，阿富汗仍處於英俄的爭奪之中，但英國占據了優勢地位，在 1905 年 3 月英阿兩國簽訂的條約中，英國仍控制了阿富汗的對外事務。面對俄國的爭奪，英國也被迫在阿富汗問題上進行了適當的讓步，1907 年英俄雙方簽約，在條約中英允許俄在阿富汗開設辦事處，該協定引起了阿富汗人民的無比憤怒。

面對祖國主權的喪失，阿富汗陷入與世隔絕和貧窮落後的局

面，愛國人士痛心疾首，民族主義思想在阿富汗迅速傳播開來。1905 年時，一批在歐洲學習過的知識分子開始在阿富汗國內創辦報紙雜誌，積極地進行宣傳，在此基礎之上，青年阿富汗派逐漸形成。

青年阿富汗派的成員非常廣泛，主要由青年知識分子、較為進步的官吏與商人組成。他們以哈比比亞專科學校為基地，以該校教師阿布杜爾·甘尼博士為領導人，積極地進行新思想的宣傳，他們號召人們去進行改革，爭取憲政。由於青年阿富汗派的主張不利於君主專制，因而遭到了鎮壓。1909 年，阿富汗國王哈比布拉下詔將阿布杜爾·甘尼等人逮捕了起來，青年阿富汗派也就解體了。

二、馬赫穆德·塔爾奇

青年阿富汗派雖然遭到了壓制，但並沒有完全失敗，馬赫穆德·塔爾奇 (Mahmud Tarzi, 1865–1933) 作為青年阿富汗派的傑出代表作出了特殊的貢獻，他的思想主張在阿富汗歷史上具有重要地位。塔爾奇出身於部落貴族家庭，他曾經長期居住在大馬士革，到達過伊斯坦堡，還遊歷過埃及與法國，他本人深深感受到了中東蓬勃發展的民族民主潮流，親眼看到了歐洲文明所取得的巨大成就，這深刻影響了他的思想發展。1903 年，塔爾奇為哈比布拉國王起草了一份重要的改革綱領，其中心在於發展現代科學文化、改變阿富汗閉塞落後的狀態，哈比布拉對他頗為賞識，後來任命塔爾奇擔任了王室翻譯局局長。

　　1911 年，在塔爾奇的一再努力下，由他親自主編的《光明新聞》(Seraj al-Akhbar) 面世，塔爾奇以此為陣地，積極地展開了啟蒙活動。從 1911 年到 1918 年，塔爾奇進行了廣泛的宣傳，科學技術、社會文化、西方政治思想盡在其列，在進行全方位宣傳介紹的同時，他牢牢抓住了一條主線，那就是民族的獨立與發展現代化。塔爾奇對祖國落後的原因有深刻的認識，阿富汗之所以落後並不僅僅是外國入侵造成的，更重要的原因在於自身，阿富汗的地理環境閉塞，不利於其對外往來，影響了與世界的交流；政治上一直動盪不定；伊斯蘭教上層人士對外界知之甚少、不知變通；整個國家在科技文化上極為落後。正是基於以上認識，塔爾奇主張全面地引進外國先進的科學技術，在政治、經濟、文化和軍事方面實行全面改革。更為可貴的是，塔爾奇在主張學習西方、實行全面改革的同時，也很重視民族傳統，他強調用現代科學技

圖 40：塔爾奇

圖 41：《光明新聞》

術來充實發展伊斯蘭教，建立現代化的伊斯蘭國家，這就將他的改革主張建立在堅實的基礎之上。

保守勢力對於塔爾奇的宣傳十分反感，國王哈比布拉也非常擔心塔爾奇的主張會激怒英俄兩國，同時對他諷刺朝政也非常厭惡，因而哈比布拉一再壓制塔爾奇，甚至威脅要處死他，到 1918 年末，塔爾奇被迫辭職。塔爾奇的啟蒙思想在阿富汗歷史上占有重要地位，它的活動雖沒有能激發起一場聲勢浩大的思想現代化運動，但卻擴大了阿富汗社會菁英的視野，培養了一批具有現代思想的優秀青年，這個遺產在二十一世紀阿富汗尋求現代化的時候是會有意義的。

Afghanistan

第 VI 篇

二十世紀的阿富汗

第十八章 | *Chapter 18*

二十世紀上半葉的阿富汗

第一節　阿富汗的獨立 (1919)

　　1901 年 10 月 3 日，阿富汗首都喀布爾市中心的珠馬清真寺人頭攢動，這裡正在進行一次隆重盛大的儀式。一位年輕男子面朝真主的方向長跪不起。該寺的首席毛拉祈禱後，將一條白纏頭巾纏在了這位男子頭上，接著，遞給他一部《可蘭經》和先知的遺物。這個男子就是三十二歲的哈比布拉，從此刻開始，他就正式成為阿富汗的國王。哈比布拉在位期間基本繼續奉行他父親親英的對外政策。他在就職儀式上宣告：「我的責任就是一舉一動都要合乎我尊敬的父親所固有的那種作風，我將以他的朋友為朋友，避開他的敵人。」

　　1906 年底，哈比布拉不顧顧問們的反對，欣然接受印度敏托勳爵的邀請，到英屬印度進行了一次長達六十四天的友好訪問。在這次訪問中，哈比布拉國王受到了熱情接待，英國國王親自發

圖 42：哈比布拉時的阿富汗國旗

了一封熱情洋溢的電報歡迎他的到訪，並派麥克馬洪全程陪同。回國後，哈比布拉對英國的文明和禮儀念念不忘，在英俄關係中更為明顯地傾向英國。

　　隨後的第一次世界大戰中，在強大的壓力和生命隨時可能出現危險的情況下，哈比布拉嚴守對英國的承諾：中立。他堅決不參加任何一方，即使是所謂的「真主的軍隊」，使阿富汗免除了戰爭的恐怖。1919 年 2 月 2 日，哈比布拉寫信給英國總督，要求巴黎和會承認阿富汗的「絕對自由，自由行動和永久獨立」。和會不久後回覆說，和會的工作僅限於交戰國家，但阿富汗的利益將受到維護。但是，哈比布拉已經永遠也聽不到這個回覆了。2 月 20 日凌晨，在阿富汗卡拉高斯地區狩獵的哈比布拉被一個無名刺客用手槍擊斃。

　　刺客奇蹟般的溜走了，哈比布拉之死成為了一樁歷史疑案。據說，這個地區的毛拉曾因策劃陰謀被他處死，這個兇手就是那位毛拉的後代；也有人說，此事是不滿哈比布拉的親英政策的三

圖 43：哈比布拉　　　　　圖 44：阿曼努拉

王子阿曼努拉 (Amanullah Khan, 1892–1960) 策劃的。無論真相如
何，這一事件都標誌著阿富汗的歷史揭開了新的一頁。

　　哈比布拉遇刺後，各方勢力都將目光投向了王位，企圖在這
個群龍無首的混亂時刻乘虛掌握大權。隨同國王出獵的王弟納斯
魯拉 (Nasrullah Khan, 1874–1920) 立刻在賈拉拉巴德宣布自己為
國王。他得到了哈比布拉長子伊納雅圖拉 (Inayatullah Khan,
1888–1946) 為首的宮廷守舊派毛拉和部落領袖的支援。而哈比布
拉的三兒子、中央軍團司令和喀布爾總督阿曼努拉也不甘示弱，
他於次日在首都喀布爾登基稱王。阿曼努拉控制著首都、軍隊和
國庫這三個重要的部分，並且得到青年阿富汗派的擁護。大勢已
去的納斯魯拉很快對阿曼努拉俯首稱臣，但還是被阿曼努拉指控

有「教唆暗殺已故國王哈比布拉之罪」，判處終生監禁，不久就去世了。宮廷守舊派、哈比布拉時代的貪官等均受到懲治。

1919 年 2 月 28 日，年僅二十九歲的阿曼努拉正式登基，成立內閣，青年阿富汗派的政權在全國範圍內建立起來了。隨後，他宣稱阿富汗獨立，「世界所有獨立國家所擁有的各種權利，阿富汗也全部擁有。」他將矛頭明確指向了野心勃勃的英國，全國民心大振。

二、第三次抗英戰爭

1919 年 3 月 ，阿曼努拉向英國提出談判要求 ， 要求修改 1905 年《英阿條約》，在平等的基礎上另訂新約。但英國政府不僅拒不承認阿富汗在外交上的獨立，而且要求阿富汗政府繼續履行早先締結的條約中所規定的一切義務。

1919 年 5 月 3 日，英國駐阿「開伯爾來福槍兵團」的一支護衛隊像往常一樣，護送駱駝商隊前往阿富汗邊境，但被擋了回來。隨後阿曼努拉在喀布爾的伊德加赫清真寺向全國宣布開始「聖戰」，要和侵略者決戰到底。第三次阿富汗抗英戰爭由此開始。參戰的六萬阿富汗軍分為三路，和英國展開了激戰。阿軍裝備落後，僅有刺刀、步槍和火炮。當時，阿富汗共劃分為十個軍區，除喀布爾以外都和邊界有關。精銳部隊名義上有三萬八千名步兵、八千名騎兵和四千名炮兵，雖然訓練很差、槍炮陳舊，但他們士氣高漲，面對現代化裝備的入侵者，他們沒有一絲退縮，越戰越勇。

第一路軍負責抵抗來自東面的科哈特的英軍，共十六個步兵

營和三個騎兵團。總共召集了一支有三萬五千人組成的部落民兵，兵分三路，取得了輝煌的戰果：其幼弟率領的隊伍攻占了瓦齊不斯坦的兩個據點和英軍在該區的司令部所在地；其長弟的隊伍先後奪取了卡爾佩和庇瓦爾。而他親自統帥的隊伍更是勇如破竹，攻克了英軍的軍事中心塔爾要塞，英軍倉惶逃竄。阿軍憑此對在科哈特和白沙瓦的英軍構成了極大的威脅。

　　第二路軍負責抵禦自東北面白沙瓦的敵人，共有二十九個步兵營和七個騎兵團，由總司令沙里赫·穆罕默德統帥。他在 5 月 3 日的進攻中被迫後退，被英軍占領了要塞達卡。但英軍並沒有進一步的行動。第三路軍主要駐守南方重鎮坎達哈。共十三個步兵營和三個騎兵團，由首相昆杜斯汗率領。5 月 26 日，英軍夜襲駐守斯賓波爾達克要塞的阿邊防軍得手。昆杜斯到達後解除了不願反抗的坎達哈原省長的職務，親自領軍出擊，占領了英軍據點巴格蘭，切斷其水源，並威脅到了英軍指揮部。

　　阿曼努拉主動提出了媾和建議，英國也怕再這樣下去會重蹈前兩次侵略戰爭的覆轍，不得不罷兵言和。5 月 28 日，阿曼努拉寫信給英總督，聲稱戰爭是一場誤會，而穆罕默德的作戰行為純屬自衛。儘管英國用飛機轟炸喀布爾和賈拉拉巴德，但他「仍表示寬宏大量」，而且也下令停止敵對活動。雙方開始了談判桌上尖銳而漫長的鬥爭。1919 年 7 月，阿富汗談判代表團由阿里率領，抵達印度。在談判中，阿里擅自將開伯爾山口兩段和北側讓與了英國，做出了過多的讓步。8 月 8 日，停戰協定正式簽字，英國代表團承認，停戰協定本身「已使阿富汗在其內政外交方面正式

地自由和獨立了」。

儘管如此，談判尚未結束，戰爭還在繼續。為爭取有利的國際環境，阿曼努拉曾致信列寧，希望他支援阿富汗的獨立戰爭。列寧當即回信表示「毫不猶豫地承認阿富汗的新秩序，鄭重承認它的完全獨立……」。蘇聯是世界上第一個承認阿富汗獨立的國家，對阿富汗來說也是第一個來自大國的承認。1921 年 2 月，阿富汗和蘇聯締結了和平友好條約；同年 3 月，阿富汗與土耳其締結友好同盟條約；6 月，又與波斯簽訂了互不侵犯條約；阿富汗還派出代表團，訪問了德國、義大利、法國和美國等，在外交上取得了進展，終於迫使英國代表團於 11 月 22 日在條約上簽了字。條約規定，英國承認阿富汗的完全獨立，雙方建立正常的外交關係和貿易關係。

在經歷了近半個世紀的屈辱和抗爭之後，阿富汗人民終於迎來了國家的獨立。阿富汗政府為慶祝勝利，特意建立了一座獨立紀念碑。碑座上豎立著一頭用鐵鏈拴著的獅子（英國的象徵）。他們用自己的鮮血和意志鑄就了保衛主權的鐵鏈，任何外來入侵都逃不過被鐵鏈繫住的命運。

第二節　社會發展

一、阿曼努拉的激進現代化改革及其失敗

阿富汗獲得獨立之後，阿曼努拉在青年阿富汗黨人的支援下

銳意改革，進行了阿富汗的第一次現代化的嘗試。實際上從 1920
年起，一連串改革措施就在國內著手進行了。改革計劃的規模龐
大，政府共頒布一百多條改革法令，涉及到行政、法制、經濟、
教育、文化、社會習俗、軍事等方面。阿曼努拉希望能通過這場
改革，將阿富汗這個落後的封建國家轉變成現代君主立憲國家，
為建立資本主義生產關係奠下基礎。

　　阿曼努拉廢除了由國王及其兄弟、王子們分享權力的舊制，
宣布實行立法、司法和行政三權分立的國家政體，確定了國王領
導下的大臣內閣制，並頒布了一連串改組政府機構和規定官員職
稱等級的法令，中央任命地方行政，實質上即中央集權制。並以
伊朗 1906 年憲法和土耳其行政法為藍本 ， 頒布了屬於自己的憲
法，規定、建立獨立的司法制度，確認公民的人身自由和在法律、
宗教、語言、性別、種族中的平等。隨即頒布了刑法、民法和商
法 ， 以世俗法院取代了宗教法院 ， 並在 1928 年宣布實行君主立
憲，建立兩院制。

　　經濟方面，1920 年以貨幣代替實物稅，廢除包稅制。1922 年
實行了現代預算制，發行了新的貨幣。1926 年以私有土地制代替
封建土地制。政府還直接投資參與經濟發展，投資興建了喀布爾一
坎達哈公路和北方的其他公路，在各省間鋪設電路線，建立了一
些紡織、火柴、肥皂、軋棉和印刷工廠，還成立了商業控股公司
和專營進出口業務的國營商業公司。

　　在阿曼努拉的連串改革中教育文化方面的改革最為重要，也
取得了巨大的成就。1920 年，政府以先進的經驗，建構了阿富汗

自己的教育體制。其中包括義務小學教育，中學的外語教育，留學教育師範、職業技術教育及女子教育。例如阿曼努拉在首都成立了三所外語學校：法語教學的獨立中學、德語教學的解放中學和英語教學的加齊中學，大批青年被派往歐洲各國留學。女子也打破傳統，平等地享有受教育的機會和權利，她們中的一些佼佼者甚至和男同學一樣，被送往歐洲接受更為先進的教育。教育推動了文化的發展，大量的刊物出現。阿富汗首次有了自己的劇院、電影院、圖書館和博物館，1922 年開始採用西曆，阿拉伯字母被廣泛使用。阿曼努拉還廢除了一切貴族頭銜和等級，禁止買賣婚姻和多妻制，保障婦女的婚姻自主和平等的財產繼承權。並規定在首都的政府人員一律穿西服、戴禮帽，軍官一律穿「哈基」。

　　阿曼努拉力圖使阿富汗開始現代化步伐的改革得到國內外的廣泛支援和讚許。1927 年 12 月至 1928 年 7 月，阿曼努拉的王后蘇萊婭 (Soraya Tarzi, 1899–1968) 出訪了法國、比利時和瑞士等歐洲國家以及埃及、土耳其等國，歐洲的文明更進一步激起了這位年輕人的改革熱情。回國後，他就迫不及待地更大規模、更快步伐地進行他的改革，不幸的是，阿富汗經濟落後，是一個穆斯林宗教信仰根深蒂固的國家。而阿曼努拉許多措施照搬外國經驗，超過了國民的接受能力。尤其在宗教改革方面，難免有些操之過急，引起了廣大穆斯林群眾的不滿。

　　1928 年 11 月，阿曼努拉頒布了一項關於改革服飾的命令。規定喀布爾居民以及到首都來訪問遊玩的外省人也必須穿著全套西服、戴上禮帽。這個命令發布之後，有些人就沿著公路兩側擺

攤設點，向來首都的鄉下人出租西服。有些人雖身穿西服，但卻捨不得扔掉他們的傳統頭飾。據說，阿曼努拉還親自動手，扯掉人們頭上的纏巾。還有取消婦女面紗、改動休息日、實行男女同校教育等措施，顯然受到了土耳其凱末爾改革的影響，但嚴重脫離了阿富汗國情。政府可以強制執行一些措施，但根深蒂固的宗教信仰是無法一夜之間從人們心中抹去的。那些強制措施使得人心惶惶，部落首領和宗教勢力乘機作亂，局勢日益動亂。行政和軍事方面的改革也只能漸進地改變國家機器和軍隊。阿曼努拉急於求成，結果只是欲速而不達。

　　1928 年冬天，喀布爾街頭巷尾到處都可以看到一些不知什麼人偷偷散發出來的傳單。傳單上印有一幅蘇萊婭王后沒有戴面紗，在歐洲出席宴會的照片。這是阿富汗人民第一次如此清晰地看到他們漂亮的蘇萊婭王后，她的微笑美得令人沉醉。但根據伊斯蘭的教義，婦女出門必須戴面紗，王后似乎是在冒天下之大不韙。不久後，在國內的一次宴會上，人們再次看到了王后迷人的微笑。顯然，是國王銳意改革，從身邊做起。一時間，人心惶惶謠言四起，有人甚至宣稱「國王已經背叛了伊斯蘭教」。

　　在反對改革的浪潮中，由於英帝國主義者推波助瀾，極力煽動人

圖 45：蘇萊婭王后

民叛亂，唯恐天下不亂。1928 年 11 月，東部的楠格哈爾省的辛瓦里部族因地方政府斷案不公，首先發動了暴亂，該省和帕格蒂亞省的一些部落紛紛起而效尤。於是，大批的軍隊被調往暴亂地區，首都只剩下了國家衛隊和軍校學生。此時來自北方的「挑水夫之子」 巴恰‧沙科 ("Bachai Sakao" Habibullah Kalakani, 1890–1929) 乘亂起勢，1928 年 12 月 13 日，他聚集了二千多人向喀布爾進攻。

　　巴恰‧沙科在阿富汗文中的意思就是「挑水夫之子」，他的父親曾經是個挑水夫，家境非常貧寒。年輕時他外出闖蕩，做過小工，當過兵，也因為偷東西在監獄裡待過。他因攔路搶劫來往於阿姆河與喀布爾之間的駱駝商隊獲得巨大財富，漸成氣候，甚至

圖 46：巴恰‧沙科與他的追隨者

得到了一些官員和宗教領袖的暗中支援。

　　1929 年 1 月，喀布爾失陷，阿曼努拉逃往坎達哈，巴恰·沙科宣布自己為阿富汗國王，阿曼努拉不久再度重申自己是合法君主，在杜蘭尼部族的支援下企圖東山再起，但終因大勢已去，很快又失敗，只好攜家人逃至義大利，最後客死他鄉。巴恰·沙科奪得了王位，自封為「埃米爾哈比布拉·汗·加齊」。但作為一個農民出身的造反領袖，得不到各個部族的支援，英國也不敢貿然承認這個政權。巴恰·沙科只做了九個月的國王，就被阿曼努拉王朝的一個將軍 —— 納第爾汗 (Mohammad Nadir Khan, 1883–1933) 虜獲，送上了絞刑架。

二、納第爾汗君主立憲制的建立

　　納第爾汗是著名的杜蘭尼部族的穆沙希班家族的成員，早年受過良好的教育，精通英語、阿拉伯文和烏爾都文。他作戰勇敢、足智多謀，曾伴隨哈比布拉國王到過印度。巴恰·沙科偷襲喀布爾成功時，他正在法國休養。得知此事後，他立刻與胞弟哈希姆及瓦里汗徵集了一支部落武裝，進攻首都。前兩次進攻都是以失敗告終，但將軍並沒有放棄。1929 年 10 月 10 日，經過更周密的策劃和更強備的武裝，他發動了第三次進攻，終於一舉攻克喀布爾，將巴恰·沙科親自送上絞刑架。阿富汗又恢復了平靜。1930年 9 月，納第爾汗建立了納第爾汗王朝。

　　納第爾汗即位後，推行的是比較穩健的政策，他主張以漸進的方式重建現代阿富汗。他宣布政府依然是建立在伊斯蘭法律的

圖 47：查希爾

基礎上，頒布了關閉女子學校、婦女恢復戴面紗等法令，並提高了軍隊的軍餉。整個 1930 年代，阿富汗政局較穩定，經濟也在恢復發展中。1933 年 11 月 8 日，納第爾汗出席了一次授獎大會。當他停下來向一個學生祝賀新婚的時候，突然，坐在該學生後面

的阿布杜勒・哈里格向國王開了一槍。此人的父親因發動叛亂而被納第爾汗處死，他是為報父仇而行兇的。而這天，正好是他父親的一週年忌日。 納第爾汗去世後， 他十八歲的兒子查希爾 (Mohammad Zahir Shah, 1914–2007) 繼承了王位，阿富汗進入了一個新的歷史時期。

查希爾 1914 年 10 月生於喀布爾，十歲時曾隨父在法國讀過六年書，法語講得相當流利，還略懂英語和西班牙語。他的興趣廣泛，愛好軍事、歷史、社會學，喜歡打獵、繪畫和攝影，是個多才多藝的年輕人。他於 1930 年回到阿富汗，1932 年被任命為助理軍機大臣。1933 年即位。在他在位的前二十年裡，查希爾實際上並沒有掌握實權。他的兩個叔叔穆罕默德・哈希姆和沙赫・馬茂德決定阿富汗的大政方針。這是阿富汗王朝的傳統，國王年幼時，叔伯一輩就有責任幫助國王處理國事。幸運的是，王叔哈希姆受過良好的教育，才能出眾。他和他的兄弟們領導著這個國家取得了雖然緩慢但很穩健的進步。1953 年，叔叔們相繼去世，

查希爾才真正掌握大權，成為名副其實的君主。他一上臺，就任命他的堂兄兼妹夫穆罕默德‧達烏德 (Mohammad Daoud Khan, 1909–1978) 擔任王朝的首相。

第三節　對外關係

一、阿曼努拉時期

　　阿曼努拉是個民族主義者。他主張與鄰邦的蘇聯建立友好關係，爭取蘇聯的幫助，以擺脫英國的控制。阿曼努拉上臺後不久就寫信給列寧，要求蘇聯援助阿富汗人民反對帝國主義，爭取民族獨立的戰爭。列寧深知，一個獨立的阿富汗將對保障蘇聯中亞地區的安全至關重要，所以他當即回信表示，蘇聯將「毫不猶豫地承認阿富汗的新秩序，鄭重承認它的完全獨立」。之後蘇聯果然在 1919 年 3 月成為第一個承認阿富汗獨立的國家。而阿曼努拉為爭取歐洲支援而派出以穆罕默德‧瓦利汗為首的特別使團遭到各國拒絕入境之後，只有蘇聯政府公開聲明歡迎阿富汗使團的訪問。隨後，蘇聯駐中亞的全權代表蘇里茨赴喀布爾，並聲明「基於盡可能促進友好的阿富汗的繁榮昌盛的願望，我們準備在這一和平的領域內提供一切力所能及的援助」。1921 年 2 月 28 日，蘇阿兩國簽訂了《蘇阿友好條約》。

　　《蘇阿友好條約》規定，雙方相互承認對方是擁有主權的獨立國家，並保證不與第三國締結損害對方利益的軍事協定或政治

協定；蘇聯同意把幾塊有爭議的邊境土地劃給阿富汗；蘇聯還答應向阿富汗提供獎金和武器的援助，幫助鋪設一些通訊設施，並在阿富汗境內設五個領事館，阿富汗則在俄設了七個使館。

但雙方也有摩擦。1925年，蘇聯紅軍占領了阿姆河上方的馬爾特・圖爾蓋島。蘇聯人認為該島在沙皇時代曾是俄國的土地，在1917年俄國革命後，被阿富汗武力占領。這次武裝占領在阿富汗國內引起了震驚，英國趁機挑撥。在此情況下，蘇聯政府發表了一項聲明，稱此為誤會。解釋說是一批原來居住在阿富汗的塔吉克人在返回祖國途中，踏上馬爾特・圖爾蓋島與阿富汗軍發生了衝突，蘇聯承認了阿富汗對馬爾特・圖爾蓋島的主權。這樣，一度緊張的蘇阿關係緩了下來。

1926年8月31日，蘇聯和阿富汗的代表在喀布爾附近的帕格曼簽訂了《蘇阿中立與互不侵犯條約》，有效期為三年。從此以後，蘇阿兩國沒有發生過重大的爭執和邊境事件。兩國的貿易也增加了，蘇聯向阿富汗購買的商品占阿富汗出口貨物的一半左右，它向阿富汗提供的商品占阿富汗進口的三分之一。阿富汗在蘇聯幫助下興建了一些企業，昆都土棉紡廠，在塔什干和喀布爾之間開闢了航線，蘇聯幫阿富汗修建了通訊設施和公路。阿富汗政府聘請了蘇聯專家和技術人員，幫助規劃經濟建設。1931年6月24日，雙方又簽訂了一個新的中立與互不侵犯條約，有效期為五年，1936年，雙方同意延長十年。在此期間，蘇阿關係基本穩定。

在阿曼努拉的努力下，阿富汗與其他國家的關係也大有改善，特別是土耳其。1921年3月，阿土簽訂友好條約，第二年建立了

外交關係。阿富汗還邀請土軍官來阿培訓軍官，1922 年 6 月，阿富汗又與伊朗建交，1920 年雙方簽訂互不侵犯條約。土、阿、伊三國從此關係緊密。此外阿富汗還與埃及簽訂了友好條約，並與沙烏地阿拉伯和葉門開始了締結友好條約的談判。

　　在歐洲國家中，阿富汗與德、義訂有友好條約。1928 年，阿富汗與法國、瑞士、芬蘭、義大利和日本等國建立了外交關係，這些國家紛紛派遣一些專家學者到阿富汗，支援阿富汗的發展和建設，1921 年 7 月，阿富汗派出代表團訪問了美國。在 1920、1930 年代，阿富汗第一次爭取到了獨立，它的對外政策是積極開放的，它渴望得到更多國家的認同和支援，並希望藉此能促進自身國家現代化的發展。

二、納第爾汗時期的對外關係

　　在納第爾汗時期，阿富汗不支援杜蘭線以東的普什圖部落和印度民族主義者的反英戰爭，也禁止阿北方的中亞反蘇分子對蘇聯境內發動襲擊。阿富汗只是設法在和蘇聯保持正常的國家關係。查希爾王朝時代的哈希姆政府奉行「第三國主義」，對蘇聯開始不冷不熱，對西方各國也並不反感，旨在本國的獨立，並不打算結交任何一個特別的朋友。阿富汗一直致力於發展和本地區沒有殖民主義歷史的西方各國的關係。但蘇聯想要鞏固加強在阿富汗的影響，反對西方在阿富汗的任何存在。

　　美國在阿富汗沒有經濟活動，並對獨立後的新政府持懷疑觀望的態度，所以直到 1934 年，美國才正式承認了阿富汗，次年美

國駐伊朗大使兼任駐阿代表,兩國於 1936 年簽署了友好條約。歐
洲各國很看重阿富汗的戰略地位。1936 年以後,德國廣泛地參與
了在阿富汗建水力發電廠、工廠、公路、橋樑的活動並從事地質
勘探;1937 年,兩國建立了第一條相互間的固定航線,1939 年,
雙方簽署協定,規定以阿富汗的棉花交換德的長期信貸,以進口
其機器設備,還參加了阿富汗的空軍重整計劃,並成為阿富汗留
學生的主要留學國家。另外,德國人極力鼓吹阿富汗人是雅利安
人後代,用民族精神架起兩國友好橋樑。1936 年 10 月簽了《阿
德議定書》,根據這個議定書,德國同意運送武器給阿富汗,還給
予一千五百萬馬克的貸款。次年,德國又同意給阿富汗空軍提供
飛行教官,並出售用於訓練的飛機。德國在阿富汗原來就有一定
基礎,至此勢力更大了。

阿富汗同樣積極發展與國際組織和穆斯林國家的關係。1934
年,阿富汗加入了國際聯盟,但國際聯盟並不能維護和平。1937
年,土耳其、伊朗、伊拉克和阿富汗四國在德黑蘭簽署〈薩阿達
巴德條約〉,並設了中東四國常設會議。

三、查希爾王朝時期

查希爾有比較強烈的民族情緒,不願聽憑大國擺布,他力圖
在蘇聯和英國之間保持一定的距離,同其他穆斯林國家保持密切
關係,並加強廣泛的國際聯繫。二次大戰期間,查希爾於 1940 年
8 月 17 日宣布阿富汗保持「傳統的中立」,但與德國仍維持友好
關係。1941 年,納粹德國進攻蘇聯,德、蘇開戰。此時,阿富汗

的鄰國蘇聯、中國、英屬印度都是同盟國，而伊朗也已經被同盟國控制。10 月 17 日和 19 日蘇、英對阿富汗施加影響，要求阿富汗政府把軸心國的所有非外交人員都驅逐出境。

　　阿富汗不願得罪德國，又怕觸怒蘇、英兩國，最後阿富汗只好令所有交戰國的非外交人員離境，並一再重申阿富汗的主權和中立政策，宣稱決不允許侵占阿富汗的任一部分領土或使用陸路線或航空線進入或穿越該國。而大戰結束之後，阿富汗這個歷來是英、俄等帝國主義勢力的逐鹿之地又發生了很大的變化。阿富汗與美國的關係有了進一步發展。

二十世紀下半葉的阿富汗

第一節　1950～1970 年代：在蘇聯的影響下風雲變幻

　　第二次世界大戰之後，阿富汗的經濟形勢明顯惡化了。許多外國援建工程因品質問題或不適當的條件而遭到破壞。其出口從 1939 年的一千三百八十萬美元驟然下降到 1943 年的六百萬美元，而通貨膨脹率從 1930 年代後期的 6% 上升到大戰期間的 10～29%，國內工業品極度匱乏。農業歉收，失業增加，激進的知識分子提出了廢除獨裁，建立民主政治的需求。1946 年 5 月，王叔沙赫‧馬茂德 (Shah Mahmud Khan, 1890–1959) 接任首相，當政六年。沙赫‧馬茂德執政之後，阿富汗的政治氣氛日漸活躍。

　　1949 年，阿富汗舉行了歷史上第一次自由的議會選舉。各種黨派、組織紛紛成立，如覺醒青年黨、祖國黨、人民黨。在自由派議員的努力下，政府還取消了新聞檢查，允許發行私人報刊。1952 年國內共出現五家私人報刊，其中主要的是《祖國報》（波

斯語)、《熊熊的火焰報》（普什圖語和波斯語）及《人民之聲報》
（波斯語），分別圍繞三大政黨。1953 年達烏德擔任王朝的首相，
他執行的是中立而偏向蘇聯的外交政策。阿富汗之所以向蘇聯靠
攏，主要是因為和巴基斯坦關係的長期不和睦，兩國存在著普什
圖尼斯坦 (Pashtunistan) 問題的糾紛。

一、普什圖尼斯坦問題

　　普什圖尼斯坦，即現在巴基斯坦境內與阿富汗接界的蘇萊曼
山兩側，住有普什圖尼斯坦部落的地區，約有一千五百萬居民。
該地區歷史上曾屬於阿富汗王國版圖。1893 年，英國迫使阿富汗
接受杜蘭成為阿富汗、印度的邊界，到 1947 年印巴分治時，普什
圖尼斯坦被劃入巴基斯坦，而阿富汗卻一直不肯承認。1949 年 9
月，阿富汗政府支援普什圖人建立獨立的普什圖尼斯坦國，但
1955 年，巴基斯坦人區域改革時又將其劃為己有。而阿富汗政府
一再支援普什圖尼斯坦獨立，並因此和巴基斯坦發生了邊境衝突，
兩國關係因而緊張。

　　巴基斯坦是山國阿富汗對外貿易的要道，與巴基斯坦衝突對
阿富汗自身的經濟是個威脅，於是阿富汗謀求與蘇聯友好，獲得
蘇聯的支援。阿、巴衝突之後，蘇聯為削弱美國在這個地區的勢
力，避免阿富汗被美拉入反蘇集團，表示支援阿富汗在普什圖尼
斯坦的立場，趁機打擊持親美立場的巴基斯坦。普什圖尼斯坦問
題中，美國和伊朗都無意相助，阿富汗求助的目光再次投向蘇聯，
兩國的關係開始改善。

二、1950 年代的國際關係

　　1955 年 12 月到 1960 年 3 月，五年之中，赫魯雪夫兩次訪問阿富汗。蘇聯對阿富汗提供了經濟和軍事援助。1955 年赫魯雪夫訪阿富汗後，蘇聯為阿富汗的第一個五年計劃提供了一億美元的貸款，占阿富汗投資總額超過五分之一。並在 1956 年簽訂技術合作協定，將幫阿富汗建十六項工程，包括水利、港口、輸油管等。1958 年蘇聯提供三千萬美元貸款，建一條從蘇聯土庫曼的邊境城市庫什卡（位阿富汗北部的赫拉特），穿越帕羅帕沙斯蘇斯山脈到阿富汗南部坎達哈的公路，全長七百五十公里，翻山越嶺，工程非常艱巨。還通過輸油管向阿富汗供應石油，對阿富汗的經濟有著重要影響。1960 年赫魯雪夫再訪阿富汗時，答應為阿富汗的第二個五年計劃提供援助，約二億美元，其中 60% 以上是無息貸款。在此期間，蘇、阿貿易額大幅增長，1960 年兩國貿易額比 1950 年增加了十一倍。

　　美國從 1949 年到 1962 年，也向阿富汗提供了約二億三千五百萬美元的貸款，但其中大部分用於軍事專案，忽略了民用。1946 年美國摩里遜‧努德遜公司承包了阿富汗戰後最大的一項工程——美援曼德河谷水利工程，向來毫不重視阿富汗的美國居然花了十二、三年，多花了近十倍的資金才完工，又因工程計劃不當，杜蘭的土地無法灌溉。除美國的援助外，此工程幾乎花掉了阿富汗所有的外匯存底。這一勞民傷財的工程，引起阿富汗舉國上下對美國誠意的懷疑。

圖 48：喀布爾近郊，攝於 1959 年

　　軍事方面，1956 年蘇、阿簽訂軍火協定，蘇聯向阿富汗提供
武器裝備，並派軍事人員幫助訓練阿富汗軍隊。除此之外，蘇聯
還積極幫助阿富汗修機場、港口和公路，但蘇聯的幫助是有目的
的，它幫助阿富汗修建北部的赫拉特機場，可供大型噴射機降落，
那條從蘇聯邊境到首都喀布爾和到南部坎達哈的兩條公路也有戰
略目的。1979 年蘇聯入侵阿富汗就利用了這些機構、港口、公
路，僅僅在幾天之內，就迅速占領了阿富汗全境主要的城市和戰
略要地。

　　戰後美國也向阿富汗運送了一部分武器來替換阿富汗軍隊的
老式武器，但阿富汗政府和軍隊要求其增加武器的供應時，美國
因在阿、巴爭執中偏坦巴基斯坦而不願意提供。它們甚至明白地

告訴阿富汗:「巴基斯坦目前是我們的同盟者,我們不能武裝可能攻擊我們盟友的人!」因此,阿富汗對美國由不信任到疏遠。與此對照,巴基斯坦和伊朗卻獲得了源源不斷的美國經濟和軍事援助,並在 1955 年參加了由美英籌劃的巴格達條約組織,阿富汗對此既憤怒又擔心。

三、混亂的憲政時期

從 1963 年到 1973 年,這十年在阿富汗歷史上被稱為憲政時期。在此期間,阿富汗的政局不穩,先後更換了五個首相。第一任首相尤素福 (Mohammad Yusuf, 1917–1998), 他是阿富汗王朝第一個非王室成員的首相。在伊朗的調停下,他和巴基斯坦重新修好,同蘇聯政府仍保持密切的關係。1965 年 8 月 3 日,在議會對內閣投信任票之時,人民民主黨組織千餘名學生舉行示威遊行,政府在鎮壓過程中當場擊斃八人,震驚全國的「八一三事件」使尤素福內閣隨之倒臺。第二任首相是梅文瓦(Mohammad Hashim Maiwandwal, 1921–1973, 1965–1967 在任),第三任首相是埃德馬迪 (Mohammad Nur Ahmad Etemadi, 1921–1979, 1967–1971 在任),兩任首相均無所建樹,國內政局仍未見好轉。第四任首相是阿卜杜勒·查希爾 (Abdul Zahir, 1910–1982, 1971–1972 在任),僅一年就下臺了。1972 年 12 月沙菲克(Mohammad Musa Shafiq, 1932–1979, 1972–1973 在任)被國王任命為第五任首相。

十年「憲政」期間,阿富汗與蘇聯依然很密切。1963 年,布里茲涅夫 (Leonid Brezhnev, 1906–1982) 為首的代表團來訪,1965

年查希爾國王訪蘇，兩國決定將《蘇阿中立與互不侵犯條約》延長十年。然而，蘇聯對阿富汗的援助也減少了。1963～1972 年，蘇援總額約為四億七千六百萬美元，但仍為阿富汗的第一大援助國。它的主要援助專案為天然氣田、向蘇聯輸送天然氣的輸氣管、以天然氣為原料的化肥、熱電廠和楠格哈爾水利工程等。1967年，由蘇聯援建的喀布爾大學綜合技術學院落成，該學院由蘇聯提供師資並以俄語授課。蘇聯援阿富汗軍事總額已高達四億五千五百萬美元。與此同時，蘇聯也控制了阿富汗的外貿。

　　事實上，在這十年中，阿富汗與第三世界國家，尤其是鄰國的關係也有長足的進展。1963 年 5 月，阿、巴兩國在德黑蘭舉行了談判，停止了邊境衝突，第二、三次印巴戰爭中，阿富汗都嚴守中立；甚至同意普什圖人自治。1963 年後，中國也開始援助阿富汗，並一躍成為主要援助國之一。此外，阿富汗與土耳其、印度、埃及、伊拉克等國也維持了良好的關係。

　　由此可見，「憲政」十年間阿富汗的對外政策由過去親蘇或親美變為漸漸中立，以自己國家的發展為目的，不偏不倚的外交。十年中，查希爾國王出訪了美國、蘇聯、西德、英國、法國、中國、土耳其、印度、巴基斯坦、南斯拉夫、捷克斯洛伐克和蒙古等國，積極尋求各國發展友好關係和經濟援助來源的多樣化。

第二節　1978～1989 年：政權危機和蘇聯出兵

　　蘇聯長期的政治、經濟和軍事的滲透，在阿富汗的政治生活

和對外政策中的影響越來越大。蘇聯對阿富汗來說，不僅是一個慷慨的武器供應者，而且曾在普什圖尼斯坦問題上支援過阿富汗。在經濟援助方面，幫助阿富汗先後修建了公路、工廠、水力發電廠、學校、醫院和勘探礦物資源，還向阿富汗派遣了大批專家、技術人員和教師。據估計，從 1950 年到 1977 年，蘇聯給予阿富汗的援助總額（包括軍援在內）達二十二億美元，每年平均約一億二千萬美元。1979 年 3 月，即蘇聯軍隊出兵阿富汗前夕，阿富汗的外債有 70% 是欠蘇聯的。阿富汗則以蘇聯所需的天然氣、棉花、化肥、水泥、乾鮮水果、羊毛等來償還蘇聯的債務，僅在 1977 年，就通過管道供應蘇聯三百多億立方公尺的天然氣。阿富汗出售給蘇聯的商品低於世界市場價格，而蘇聯「援助」阿富汗的機器設備則高於世界市場價格。在這種不等價交換中，阿富汗成為蘇聯的一個有利的市場。作為蘇聯南下印度洋的關鍵，阿富汗戰略位置十分重要，因此蘇聯在阿富汗的野心一直沒有減退。

一、1973 年政變

　　1973 年 7 月 17 日的阿富汗，濃濃夜幕中，一隊坦克悄悄從京郊的裝甲四師駐地開進首都喀布爾。此時，查希爾國王正在義大利療養，而為人驕橫的中央軍團司令，駙馬阿卜杜勒‧瓦利將軍在國內協助王儲攝政王阿赫默德‧沙 (Ahmad Shah Khan, 1934–) 主持國務。雖然他已獲知國內有政變陰謀，並放棄陪同查希爾國王治病專程回國，但他沒想到，事情這麼快就發生了。

　　坦克軍隊進入市區後，分別向王宮及附近的瓦利住屋發動進

攻，這是一場兵不血刃的戰鬥，沒有足夠準備的瓦利很快成為了階下囚。由於部署周密，行動迅速，政變進行得十分順利。政變中一共死了八人：一名坦克手因避免和一輛汽車相撞，連人帶坦克掉進河裡，車毀人亡，七名警察則是在混亂中錯殺的。18 日清晨，達烏德通過電臺宣布政變成功，查希爾王朝覆滅。

　　達烏德在 1953～1963 年曾擔任了十年的首相，與蘇聯政府的關係十分密切。他任首相期間，曾四次訪蘇治病，兩次邀請赫魯雪夫訪阿富汗，還成立了「蘇阿友好協會」。正是達烏德這位「紅色親王」的明顯親蘇傾向和蘇勢力的大舉滲入，使一向奉行和平中立政策，力求在蘇聯和西方國家之間維持平衡的查希爾國王，於 1963 年解除了達烏德的首相職位，而起用了較為親西的尤素福。下野後的達烏德一直在靜觀國內政局的發展。而一向視阿富汗為自家後院的蘇聯對喀布爾與西方和穆斯林國家關係的加強非

常擔心，它們決定支援阿富汗國內的「旗幟派」，並看中了達烏德。旗幟派由大批文官組成，也包括部分軍官，到 1973 年，該派內已約有八百名親蘇軍官，具備發動政變和掌握政權的能力。1969 年以後，達烏德與旗幟派成員經常討論自己第一次執政所犯的錯誤和未來的對策，並以「達烏德的旗幟派」而聞名。

圖 49：達烏德

　　在 18 日清晨對全國的演說中，達

烏德指出，十年憲政導致經濟、社會、政治和行政全面崩潰，因此阿富汗的軍隊來結束這個政權，建立真正符合伊斯蘭精神的共和政權。於是，阿富汗共和國宣告成立。達烏德出任總統兼中央委員會主席，該委員會大部分是旗幟派。

二、達烏德立場的轉變

7 月 21 日，政變僅三日後，蘇聯政府迫不及待的承認了達烏德政權。6 月復出的達烏德再次訪蘇。達烏德明顯的親蘇在國內受到了廣泛的指責。達烏德自己也逐漸意識到，他的親蘇政策，使阿富汗與其他穆斯林國家，如與鄰國的伊朗和巴基斯坦以及波斯灣產油國家的關係疏遠了，西方國家對阿富汗的支援也日漸減少。達烏德還感到，阿富汗國內親蘇勢力的不斷增加，已經威脅到他的政權。於是，他開始改變親蘇政策。

他努力改善與伊斯蘭國家的關係，在伊朗巴勒維國王的調解下，與巴基斯坦因歷史遺留下來的普什圖尼斯坦問題而緊張的關係有所緩和，派出了空缺兩年的駐巴大使，1976 年兩國實現了首相互訪。1974 年伊朗為阿富汗提供了十億美元的援助。其次，他還努力改善與西方特別是美國的關係，看到了美國在阿富汗的經濟存在，多次聲明阿富汗政府願意與美國保持友好的關係。美也十分重視外交政策的轉變，國務卿季辛吉 (Henry Kissinger, 1923–2023) 先後在 1974 年和 1976 年兩次訪問阿富汗，強調美國對「阿富汗的自由和獨立的關心」。事實上是鼓勵阿富汗走向反對蘇聯的立場。美國開始增加對阿富汗的經濟援助，其他西方國家和波斯

灣產油國也紛紛答應給予經濟援助，如沙烏地阿拉伯提供三十四億二千五百萬美元的援助。阿富汗經濟發展和公共工程建設，不斷有了來自西方國家和伊斯蘭國家的援助。

1974 年以後，達烏德開始清除政府和軍隊中的旗幟派骨幹等親蘇分子。除了清除軍隊中的親蘇軍官以外，軍事當局開始對已知的其他親蘇軍官進行嚴密監視，並仔細審查從蘇聯受訓回國的軍官。一些「危險人物」被派到偏遠的軍營，並被隔離起來。1975 年初以後，政府開始改組阿富汗國家安全局，以加強反顛覆工作。1977 年 2 月，達烏德宣布解散國家最高權力機構中以親蘇分子為主的中央委員會和政府內閣。對達烏德對外政策的轉向，蘇聯非常不滿，策動人民民主黨 (People's Democratic Party of Afghanistan, PDPA) 起來反對達烏德政權。

達烏德在軍隊中的清除並不徹底。因為大規模的清除必然會徹底惹惱蘇聯政府，所以他只能進行一些不明顯的、小規模的、個別的清除。他沒有意識到，中下級親蘇軍官和蘇聯軍事顧問對軍隊擁有很大的實際控制權，情報機構存在同樣的問題。人民民主黨的一些成員已經滲透到他的內部，甚至他的翻譯。

達烏德出訪外國所帶的主要翻譯是拉希姆·拉法特，此人係人民民主黨領袖巴布拉克·卡爾邁勒 (Babrak Karmal, 1929–1996) 安插在達烏德身邊的密探。這樣，達烏德在國外的一舉一動，蘇聯通過卡爾邁勒都瞭如指掌。1977 年 1 月，在莫斯科舉行的一次阿、蘇會談上，布里茲涅夫竟然責問達烏德是否向美要求過派顧問去阿富汗，還要求達烏德「把那些帝國主義國家的顧問

統統趕出阿富汗」。達烏德斷然拒絕，拂袖而去。

三、人民民主黨和 1978 年政變

1978 年 4 月 17 日，阿富汗有個左翼思想家米爾‧阿克巴‧希貝爾 (Mir Akbar Khyber, 1925–1978) 在首都喀布爾被一身分不明的刺客殺害。第三天，人民民主黨在喀布爾發動了上萬人的遊行，在街頭高呼反對達烏德的口號。遭到軍警的鎮壓，人民民主黨總書記塔拉基和其他領導人被捕，軍警還逮捕了參加示威的二百多名陸軍軍官。

人民民主黨成立於 1965 年。該黨領袖是努爾‧穆罕默德‧塔拉基 (Nur Muhammad Taraki, 1917–1979)，他出身貧苦，童年就參加勞動，青年時代又積極參加社會活動。當過小職員、記者，還寫了一些反映阿富汗社會現實的小說，在阿富汗知識青年中有廣泛的影響。他是人民民主黨的主要創建人，擔任該黨的總書記。該黨出版了《人民》週刊，只出了六期就被查封。該黨的一個主要領導人是巴布拉克‧卡爾邁勒，他出身名門，父親是個退休的將軍。1951 年，卡爾邁勒進喀布爾大學讀法律政治系；1953 年因參加政治活動被捕入獄四年；1956 年出獄後，他以德、英語翻譯為業；1957 年服義務兵役，役滿後又就讀於喀布爾大學，1960 年畢業。1961 年，在教育部翻譯局工作，並在計劃部供職，1965 年他和塔拉基等人共組人民民主黨，但在兩年後另立山頭，出版《旗幟報》，故被稱為旗幟派，而塔拉基一派則被稱為人民派。

由於人民民主黨的分而復合，蘇聯對其或明或暗的支援，都

使達烏德感到危機四伏，從而採取了預防性措施。1977 年 11 月達烏德指使祕密警察暗殺了阿富汗國營航空公司雇員、罷工領袖格蘭。1978 年 2 月，他再次清除政府內的中、左派人士。4 月 27 日人民民主黨和一部分軍民發動政變，攻打總統府。人民民主黨利用這個時機，於 19 日在喀布爾組織了有一萬五千人參加的、聲勢浩大的示威遊行。25 日，達烏德下令鎮壓，開始大逮捕，局勢進一步嚴峻起來。

27 日上午，一中隊坦克從駐地向喀布爾進發，遲至此時，達烏德和國防部長拉索里才感到大禍臨頭。拉索里馬上離開了正在舉行會議的內閣會議廳，乘車去組織部隊進行抵抗。忙亂之中，汽車撞上一根電杆，拉索里手臂摔斷，動彈不得。中午，坦克先頭部隊搶占了電臺、國防部、內政部，包圍了總統府。這時電話線尚未切斷，達烏德在政變七小時之後還可以同效忠於他的部隊聯繫。達烏德總統向外發出了求援，最後還向蘇聯政府發出了呼籲，但均沒得到答覆。總統府駐有一千八百名裝備精良的衛隊，做最後的抵抗。

後來，離喀布爾不遠的巴格蘭機場空軍也加入了政變，使衛隊的抵抗失去了作用。全家躲在地下室的達烏德拒不投降並開槍打傷前來勸降的軍隊。結果，全家老少三十餘口，除一孫女之外，全被擊斃。4 月 30 日，政變分子宣布成立新政府，命名為阿富汗人民共和國，國家最高權力歸革命委員會。當天，蘇聯政府拍來賀電，承認阿富汗新政府，並表示將給予全面的支援。人民民主黨主席、革命委員會副主席巴布拉克‧卡爾邁勒出任副總理，革

圖 50：4 月 28 日政變結束後尚未離開總統官邸的坦克

命委員會委員、陸軍軍官哈菲祖拉‧阿明 (Hafizullah Amin, 1929–1979) 擔任副總理兼外交部長。

　　哈菲祖拉‧阿明是塔拉基的主要助手。他出身於一個職員家庭，在喀布爾大學畢業後，靠獎學金曾兩度去美國哥倫比亞大學學習，並積極參與了阿富汗留學生的政治活動。畢業後回國擔任教員、中學校長等職，還在教育部工作過。他加入人民民主黨後，受到卡爾邁勒的賞識和信任，不久就被選補為中央候補委員；卡爾邁勒非常妒忌。1968 年，阿明成為人民民主黨的中央委員。次年他被選為議員，在議會中相當活躍。其後他又去蘇聯受訓，回國後，塔拉基派他主要負責在阿軍中的活動。阿富汗的軍官，不論是否結婚，歷來不住部隊的營房，而是和自己的家人住在一起，因此與社會保持著密切的聯繫。這使得阿明和軍官們頻繁接觸但並沒引起當局的懷疑。阿明通過在軍隊的活動，逐漸掌握了黨內

圖 51：努爾‧穆罕默德‧塔拉基（左）與
哈菲祖拉‧阿明（右）

實權，成為人民民主黨內僅次於塔拉基的第二號人物，人們稱他
是塔拉基「最忠貞的同事，最真誠的門徒」。

四、塔拉基政權的對外政策

　　塔拉基政權推行十分明顯的對蘇聯一邊倒的政策。蘇聯顧問、
專家、武器等源源不斷地湧入阿富汗，幾天之內，阿富汗的政府
部門和軍隊內部充滿了蘇聯人員。在政變後短短的三個月中，蘇
阿兩國簽訂了四十多項協定和條約，兩國在政治、軍事、經濟、
文化和外交等方面實行了「全面的合作」。蘇聯還提供阿富汗一兆
美元的貸款。同年 12 月，蘇聯與阿富汗簽訂了為期二十年的友好
睦鄰合作條約，條約上明文寫著蘇聯尊重阿富汗的主權和它不結
盟政策的條款。

　　蘇聯空軍在赫拉特和信丹省建立了空軍基地。蘇聯顧問控制
了阿富汗軍隊，他們被指派到軍隊，還直接參與了阿富汗政府各

部門的工作。據報導，在阿富汗的蘇聯顧問、專家和其他一些人員達六千五百人，其中五千人在政府各部門，一千五百人在軍事系統。蘇聯進一步滲透到阿富汗內部，某些外國觀察家評論說，蘇聯幾乎將阿富汗變為「它的第十六個加盟國」了。

　　在對蘇聯進一步傾近的同時，阿富汗與周邊國家的關係卻趨於惡化。塔拉基等人在發言中多次重提「普什圖尼斯坦」問題，表示支援普什圖人的自治要求，喀布爾的官方報紙也開始抨擊中國，並譴責伊朗干涉其內政，甚至還驅逐了伊朗駐赫拉特的領事出境，塔拉基對華盛頓更是經常進行惡意的攻擊。1979 年 2 月 14 日，美國駐阿大使阿道夫·杜布斯 (Adolph Dubs, 1920–1979) 被幾名反政府分子綁架，隨後在綁架者與警察的槍戰中不幸飲彈身亡。因此，阿美關係更加緊張。阿富汗甚至將美國列為頭號敵人。為討好蘇聯政府，阿富汗的塔拉基政權不惜四面樹敵。

　　在蘇聯政府顧問的指導下，塔拉基政府不顧阿富汗的國情，硬性推行全國社會改革的計劃。當時的阿富汗仍是一個經濟文化落後，絕大居民是虔誠的穆斯林、部落傳統勢力很強大的國家。同時，塔拉基政權還大規模鎮壓所謂的「反動分子」和「反革命分子」，引起了前政府官員、宗教界和部落上層的恐慌，爆發了反政府的暴動，而且穆斯林武裝力量叛亂的規模漸漸擴大。1978 年 6 月，阿富汗最大的穆斯林武裝力量——伊斯蘭黨在阿富汗東部的庫納爾、楠格哈爾和帕克蒂亞三省發動了反政府的武裝暴動。不久，在阿富汗的領土上出現了十幾個穆斯林武裝組織，戰鬥的範圍很快從東部、南部發展到西部和北部，遍及全國大部省份。

在抗爭中湧現的反政府穆斯林組織主要有：伊斯蘭黨、伊斯蘭組織、伊斯蘭黨哈里斯派、民族解放陣線、伊斯蘭革命運動、伊斯蘭全國陣線等。

　　風起雲湧的反政府武裝抗爭震撼著塔拉基的統治基礎，與此同時，政府軍也越來越指揮不靈。部隊官兵士氣低落，不滿情緒滋長。他們不甘心受蘇聯顧問的控制，不願攻擊自己的同胞，常常是成排成連的掉轉槍口，投入到反政府武裝的行列。1979 年 3 月，阿富汗西部重鎮赫拉特發生大暴動，政府軍兵變，成千上萬的市民出門投入了戰鬥，占領了該市達四天之久。有三十名蘇聯顧問及其家屬被憤怒的人們處死。蘇聯於是派飛機狂轟濫炸，造成了一萬人死亡的大慘劇。暴動被鎮壓下去了，但反政府武裝抗爭卻也對塔拉基政權構成嚴重威脅，到 1978 年 8 月初，政府軍已經損失了一個師的兵力，約有數百名蘇聯人員被處死。此後，阿富汗戰火日益熾烈。當時已經掌握了軍權的阿明不滿蘇聯對阿富汗內政的干涉，極力主張奉行一條較為獨立的民族主義的路線。阿明的這種民族主義情緒和言論，在政府和一部分軍官中得到了支持。

　　1979 年 9 月，塔拉基總統參加哈瓦那第六屆不結盟國家首腦會議的歸途中，被邀在莫斯科作逗留，與蘇聯領導人就阿富汗局勢問題進行了祕密會談。阿明從自己準備安排在塔拉基身邊的副官塔隆少校處得知，蘇共授意塔拉基在必要時可以除掉自己。阿明決定先下手為強，先下令解除了三個極端親蘇並掌有軍隊實權的軍官的職位，並在暗中調集部隊，抓緊奪權的工作。當天下午，

塔拉基和蘇聯大使「邀請」阿明去總統辦公室會晤。身帶警衛的阿明進入人民宮後就遭到塔拉基衛隊的伏擊，阿明在塔隆的護衛下脫險。回到國防部後，阿明調動已準備就緒的部隊進攻人民宮，俘獲了塔拉基，對外宣稱塔拉基因健康不佳辭職。一個月後，阿明下令祕密處死塔拉基，並於次日在報紙上發表消息，聲稱塔拉基因長期患病，治療無效去世。

五、蘇聯出兵阿富汗

1970 年代末，蘇聯正面臨著失去阿富汗的危機。阿富汗國內反對中央政權的穆斯林部落武裝力量的迅猛發展，在全國二十八個省中就有二十三個省出現反政府的叛亂，有些省份如巴米揚、烏魯茲甘和巴達赫尚完全被反政府軍控制。整個反政府的武裝力量的人數擴大到了三萬人左右，而政府軍則處於不穩定的瓦解狀態，阿明政權搖搖欲墜。蘇聯有理由相信，阿富汗、穆斯林武裝力量得到了伊朗何梅尼政府的支援，如果阿富汗、穆斯林武裝獲勝，將會在西南地區出現第二個伊朗式的伊斯蘭教權。到那時，不僅蘇聯在阿富汗的影響將全部消失，而且反對共產主義的伊斯蘭基本教義派的思潮，對阿富汗境內中亞地區的穆斯林少數民族將產生不可預測的影響。反之，如果阿明政權在平息國內的動亂中成功，阿富汗民族主義將重新擡頭，最終將會重演埃及驅逐蘇聯的局面。

隨著亂事的進一步發展，那些原來各自為營的組織有了聯合的趨勢。如伊斯蘭黨哈里斯派、民族解放陣線、伊斯蘭組織和伊

斯蘭革命等四個組織組成了一個「誓為伊斯蘭而戰」的聯盟共同作戰。同時，戰火也漸漸從農村燒向城市，人民民主黨的黨政官員不斷遭到暗殺，政府軍士氣低落，成批成批地倒戈。

這個時期，美、蘇爭奪波斯灣、印度洋的鬥爭加劇。美國已被何梅尼捆住了手腳，無暇顧及西南亞其他地區，巴基斯坦和土耳其因軍援問題與美國的關係緊張，而卡特又忙於總統選舉。1979 年，蘇聯不斷增兵阿、蘇邊境，美國除表示「關注」之外沒作別的表示，美國顯然短期內不可能對蘇聯在阿富汗的進一步行動做出有效的反應。美國正在醞釀建立一支「快速反應部隊」，已就軍種、經費和力量等方面做出了一些決定，如果美國完成在中東和波斯灣地區的軍事部署，對蘇聯在這一地區的行動將極為不利，蘇聯認為還是先下手為強的好。

更重要的是，蘇聯認為必須保住阿富汗這個南下印度洋的重要戰略地點。阿富汗是蘇聯控制波斯灣和進入印度洋的一個通道，給蘇聯帶來戰略上和經濟上極大的好處；另一方面，蘇聯的石油進口，大部分來自波斯灣，也面臨被西方切斷的危險。布里茲涅夫認為，蘇聯「決不能對那裡的事情漠不關心，決不能坐視這個友好鄰邦墮落到西方帝國主義的陣營中去，也不許它向伊斯蘭基本教義派靠攏」。蘇聯決定出兵干預阿富汗的局勢。

從 1979 年 9 月阿明上臺以後，蘇聯有四百到六百人的部隊駐紮在阿富汗首都喀布爾以北七十公里的巴格蘭空軍基地，這個基地是蘇聯在阿富汗的前進基地。蘇聯在與阿明的關係無法挽回之後，於 12 月上旬又空運了一個營的兵力，嚴密控制了巴格蘭機

場，為大規模空運作好了一切的準備。到 12 月上旬蘇聯悄悄地把一千五百名空降兵即一個團的兵力調進阿富汗。24 日晚到 26 日蘇聯又悄悄用大型運輸機向巴格蘭空軍基地調進戰鬥部隊五千名，並將三百輛裝甲車和幾十輛坦克等重型武裝空運到阿富汗。至此，駐紮在喀布爾市區及其周圍的蘇聯軍事力量已達到一個師的兵力。與此同時，在蘇聯與阿富汗接壤的一側大批機械化部隊整裝待發。喀布爾實際上已經在蘇聯的控制下了。

阿明沒有估計到，蘇聯公然踐踏國際準則，武裝侵占一個不結盟的國家。所以當阿富汗空軍請示阿明是否允許大批蘇聯飛機著陸，蘇聯告知阿明，運來的是「少量的、可靠的部隊」，「準備和阿軍一起同叛軍作戰」時，阿明居然信以為真。在巴格蘭空軍基地，蘇軍以「維修檢查」為名，從阿富汗軍官手中「暫時接管」了通訊線路。蘇聯顧問則藉口要對坦克進行改裝以適應冬季的氣候條件，控制了阿富汗的大部分坦克，使之在蘇聯入侵時無法動彈。直到快動手之際，蘇聯還一再向阿富汗的高級軍官們保證，不會發生任何「不幸的事件」。

12 月 26 日，即發動入侵的前一天，蘇聯駐阿富汗的最高使節、內務部第一副部長維‧帕普京中校來到總統府，對阿明進行了最後的威脅。他要求阿明以阿富汗政府的名義正式邀請蘇聯出兵幫助阿富汗鎮壓沙赫‧馬茂德反叛武裝力量，蘇聯政府則保證阿明及其家屬成員的生命安全，要阿明立刻作出選擇，顯然，蘇聯還想兵不血刃，名正言順地占領阿富汗，但面對赤裸裸的威脅，阿明沒有退縮，他在爭論未果後冷冰冰地下了逐客令，帕普京憤

然拂袖而去。

　　1979 年 12 月 27 日 ，喀布爾人民正沉浸在新年將至的喜悅中。7 點左右，市中心廣場附近的阿富汗郵局突然火光衝天，街頭出現了蘇聯的坦克和裝甲車，以及全副武裝的蘇聯士兵。蘇聯軍隊兵分三路開始行動。一路由瓦坦賈爾帶路直奔廣播電臺，駐守電臺的阿軍進行了抵抗，但終因寡不敵眾很快投降了。瓦坦賈爾命令電臺工作人員照常工作，當晚的節目沒作任何改動，對正在發生的這件大事隻字未提。

　　另一路開往革命委員會主席的官邸人民宮，幾乎沒遭到什麼抵抗，順利占領了人民宮。最後一路的攻打以坦克和裝甲車為先

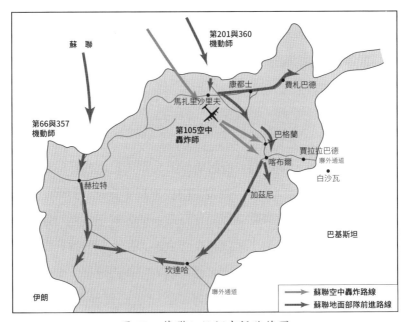

圖 52：蘇聯入侵阿富汗路線圖

導，在飛機的掩護下圍攻阿明的住地——達魯拉亞歸王宮。阿富汗的衛隊英勇抵抗蘇軍進攻，經過三個半小時的激戰，被圍困的阿富汗軍隊得不到任何支援，最後被擊潰。在敵人刺刀的威脅下，阿明還是拒絕簽署對蘇聯出兵的「邀請書」，和家人一起倒在血泊之中。

　　喀布爾被蘇聯先頭部隊完全占領後，駐紮在蘇阿邊境待命的蘇軍四個師約五萬人立刻分兩路越過邊境，進入了阿富汗境內。一支部分從蘇聯的烏茲別克出發，穿過阿富汗北部到達位於喀布爾北部的巴格蘭空軍基地；另一支則從蘇聯的土庫曼越過邊境經阿富汗西部城市赫拉特，往南到阿富汗第二大城坎達哈，然後直趨喀布爾。短短幾天內，蘇聯軍隊長驅直入占領了阿富汗的主要城市、軍事基地和交通要道，只在賈拉拉巴德和坎達哈兩地遇到零星的一些抵抗。 參與侵略行動的蘇軍共七個師 （含三個空降

圖 53：蘇聯軍隊開入喀布爾

師），計八萬餘人。

六、蘇聯出兵的國際反應

12 月 28 日零點時分，設在蘇聯中亞境內的一家電臺以「阿富汗電臺」名義播出了政變成功和阿明被推翻的消息和事先錄了音的卡爾邁勒的「呼籲書」，宣告卡爾邁勒為阿富汗人民民主黨總書記、革命委員會主席，當時卡爾邁勒本人還居住在蘇聯境內。而在當天的《喀布爾時報》上被稱之為國家元首的阿明則被宣布為「美國間諜」。當天，卡爾邁勒在蘇聯的保護下飛抵喀布爾，宣布成立阿富汗新政府，正式就任革命委員會主席和總書記。蘇聯政府立刻發電宣布承認阿富汗新政府，布里茲涅夫致電祝賀，保證維護阿富汗的「獨立」和向卡爾邁勒政權提供包括軍援在內的緊急援助，幫助阿富汗抵禦一切「外來的侵略。」

在蘇聯占領阿富汗的第二天，蘇聯政府就向一些友好國家發了通報，聲明蘇聯的軍事干涉行動是「應阿富汗當局請求」後，才不得已派遣「一定數量的武裝」去幫助阿富汗「擊退外來威脅」和維護其民族獨立的，「邀請」的時間是 12 月 26 日。

蘇聯政府的解釋平息不了一浪高過一浪來自國際方面的譴責，於是蘇聯政府又發表聲明，宣稱：直接出兵是履行《蘇阿友好睦鄰合作條約》的義務，蘇聯是「依法行事」、責無旁貸的等等。這一解釋更是自砸家門，同蘇聯政府簽訂類似友好條約的國家何止阿富汗一個，除東歐的共產國家之外，古巴、越南、蒙古、印度、伊拉克、葉門、衣索比亞等國也都與蘇聯簽訂了類似條約。

蘇聯援引條例，在阿富汗大開殺戒，是不是在這些國家也同樣可以為所欲為呢？

美國總統卡特於 1979 年 12 月 29 日，以強烈的言辭對蘇聯進行了譴責，對蘇聯應「邀請」出兵的說法表示懷疑，要求蘇聯立即從阿富汗撤軍。12 月 31 日，卡特在電視採訪中指責巴恰·沙科歪曲事實，他說這次事件「使我對蘇聯的最終目的看法發生了戲劇性的改變」。卡特延遲了美國和蘇聯雙方領事館的設立，取消全部的經濟和文化體育交流，範圍從小麥出口到紐約大都市博物館的珍藏品畫展。卡特還宣布，美國及其同盟國將向巴基斯坦提供軍火、食物及其他支援。隨後，卡特又發表了對全體國會議員的發言，他將蘇聯入侵阿富汗稱為二戰後對和平最大的威脅。他還宣稱，任何外部勢力欲控制波斯灣的任何意圖，都將被視為對美國重大利益的侵犯。這種侵犯必定遭到包括軍事力量在內的一切必要回擊手段，從而「使任何侵略者為其侵略行為付出高昂的代價」。

卡特政府對阿富汗做出如此激烈的反應，完全出乎蘇聯的意料之外。蘇聯領導人對卡特及其報復計劃怒氣衝天。雙方針鋒相對，各不相讓，最終使得阿富汗戰爭，在某種意義上成了蘇美兩國在阿富汗的較量。英國是繼美國後第二個對蘇聯進行大膽譴責的國家。英外交部發表正式聲明說：「英國政府譴責蘇聯的軍事干涉。我們認為，阿富汗人民有權在沒有外來干涉的情況下選擇他們自己的政府。」12 月 31 日，美國特使克里斯多弗與西德、法國、加拿大、義大利和英國的高級官員，就阿富汗問題進行了六

個小時的會談，隨後共同發表了六國聯合聲明，一致譴責蘇聯政府的行為。西班牙、希臘、丹麥、義大利、南斯拉夫等亦各自發表了對蘇聯入侵阿富汗事件的看法，對其表示遺憾。

亞洲各國對蘇聯的入侵行為也極為不滿。中國 1979 年 12 月 30 日正式聲明，中國政府強烈譴責蘇聯政府的霸權主義說：「堅決要求蘇聯政府停止對阿富汗的侵略和干涉，撤出一切武裝部隊。」印度早在 12 月 28 日就發表聲明：「支援阿富汗人民擁有自己決定命運而不受外國干涉的主權。」伊朗則措詞嚴厲地指出，這是對所有伊斯蘭國家的侵略行徑：「伊朗不能同意任何國家在另一個國家進行軍事干預，尤其不能同意一個超級大國在一個小國進行軍事干預。」同日，沙烏地阿拉伯、阿拉伯聯合大公國、科威特、黎巴嫩、卡達和巴林等國都相繼發表聲明，一致要求蘇聯撤出阿富汗。12 月 31 日，日本首相大平正芳與卡特就阿富汗形勢互通信件，日本表示支持美國的立場。新加坡、泰國、以色列、馬來西亞、印尼、孟加拉等國也做出了類似的行動。

與此同時，各國民間自發的抗蘇活動也越來越多。

第三節　阿富汗的抵抗

一、阿富汗的彎刀

南亞地區有句諺語，說世界上最可怕的三件事物分別是：印度的響尾蛇、孟加拉的猛虎和阿富汗的彎刀。不屈不撓的阿富汗

游擊隊，就如阿富汗人民手中鋒利的彎刀。到 1980 年 1 月，蘇軍已經基本上控制了阿富汗全國的重要城市和交通要道。在阿富汗境內，從馬扎里沙里夫到喀布爾，從喀布爾到賈拉拉巴德，從庫斯卡到赫拉特，幾乎每一條重要的交通要道上都充斥著蘇聯的坦克、裝甲車、吉普車等，轟轟隆隆，不分日夜。

蘇聯入侵阿富汗後，原以為可以憑藉其優勢兵力和現代化裝備速戰速決，一舉消滅阿富汗的抵抗力量，從而控制和占領整個阿富汗。可惜事與願違，蘇聯的如意算盤很快就落空了。英勇的人民同仇敵愾，奮起反抗，原來的反政府武裝鬥爭迅速轉變為抵禦外國侵略的抗蘇民族戰爭。阿富汗的抵抗組織星羅棋布遍及全國。

最初，蘇軍人數為八萬，喀布爾政府軍為十萬，而游擊隊的人數因農業季節的變化在八萬到十五萬之間。雙方的差距主要在裝備上。蘇聯裝備有先進的戰鬥機、轟炸機、武裝直升機、火炮、坦克和裝甲運兵車等現代化裝備，而游擊隊則僅有十分之一的人擁有老式的英製步槍，多數人只有原始兵器，且嚴重缺乏彈藥和正規訓練。但是，戰士們槍法嫻熟，士氣高昂，並得到國際社會的大力支持，其中美國、巴基斯坦、伊朗和沙烏地阿拉伯等國提供了金錢和物資援助。

反抗組織多數是在 1978 年政變後建立的，大體上可分為六類。第一類是遜尼派基本教義派組織，它們與遜尼派傳統主義組織的總部均設在白沙瓦，其勢力最為雄厚，控制著在巴基斯坦的阿富汗難民並得到國際社會的援助。基本教義派組織多從穆斯林

青年會分化而來，其中有古爾布丁・希克馬蒂亞爾 (Gulbuddin Hekmatyar, 1949–) 的伊斯蘭黨、布林漢努丁・拉巴尼 (Burhanuddin Rabbani, 1940–2011) 的伊斯蘭促進會 （又譯「伊斯蘭組織」）、尤尼斯・哈里斯 (Mohammad Yunus Khalis, 1919–2006) 的伊斯蘭黨 （哈里斯派） 和阿卜杜勒・拉蘇爾・薩亞夫 (Abdul Rasul Sayyaf, 1946–) 的伊斯蘭陣線。第二類是宗教世家控制的遜尼派傳統主義組織，如賽義德・艾哈邁德・蓋拉尼 (Sayyid Ahmed Gailani, 1932–2017) 的伊斯蘭民族陣線、西卜加圖拉・穆賈迪迪 (Sibghatullah Mojaddedi, 1926–2019) 的伊斯蘭民族解放陣線和穆罕默德・納比・穆赫默迪 (Mohammad Nabi Mohammadi, 1920–2002) 的伊斯蘭革命運動。第三類組織是部族和地區性的，多在蘇聯入侵後建立，主要有努里斯坦聖戰者陣線、庫納爾部族委員會、坎達哈部族陣線和哈扎臘地區的伊斯蘭聯合革命委員會等。第四類是總部設在伊朗的什葉派基本教義派組織，共有八個，如勝利組織、伊斯蘭聖戰衛士、伊斯蘭運動、真主黨等。第五類是由火焰派分化而來的左翼組織、阿富汗解放組織和阿富汗人民解放組織。最後還有個別民族主義組織，如阿富汗社會民主黨。上述組織多有自己的游擊隊，通過在白沙瓦的總部獲得後勤補給。這些組織雖沒有形成統一的力量，但在保家衛國的大方向上，它們是一致的。

　　到 1983 年，阿富汗游擊隊已有十萬人左右，游擊隊組織約六十多個，大的擁有武裝力量數千人、上萬人，小的只有幾百人或不足百人。甚至在巴基斯坦西北部和西部邊境地區，以及阿富汗

圖 54：一名手持地對空飛彈的反抗組織成員

西部邊境與毗連的伊朗邊境地區，流落的三百萬難民中也建立了數十個抵抗組織。

二、阿富汗游擊隊

　　阿富汗境內山地高原面積占全國總面積的五分之四。其中心地域山嶺綿延，地形複雜，道路崎嶇，不便於機械化部隊行動，蘇軍施展不開。而游擊隊戰士熟悉地形，來往自如，赤著腳也能在坎坷的山間小路上奔跑如飛。

　　所以，當時流傳著這樣一句話：「鹿能走過的地方，游擊隊戰士就能通過。」阿富汗國內眾多的山區，主要交通線較少，蘇軍只能靠公路來推進機械化部隊和運輸主要的軍用物資。這樣，破

壞公路運輸成為了游擊隊的一個主要作戰目標，他們廣泛展開地雷戰、伏擊戰、狙擊戰等令蘇軍不知所措的戰鬥。這些戰鬥一般規模都不大，持續時間也較短，但由於出現的路段較多，戰鬥次數頻繁，嚴重阻礙了蘇軍計劃的進展，並給蘇軍造成了不小的傷亡，蘇軍為此專門設立護送隊，並在公路沿線設了小據點。軍隊不間斷巡邏，牽制了蘇聯不少兵力，在這些交通要道上，游擊隊有時利用在公路兩側有利的地勢，奪取對交通的控制權。在公路必經的險要路段，如隘路、山埡口等地設伏擊、搞破壞，有時則利用公路兩側的村莊、樹林、濠溝、丘陵等地設下埋伏，攻擊公路上的小股蘇軍，有時則在蘇軍通行之處設路障、埋地雷、炸毀涵洞或橋樑，挖下深溝或陷坑。

另一方面，城市游擊隊也在迅速向全國擴散。在喀布爾、坎達哈、赫拉特等地，戰鬥尤為頻繁和激烈。這些地方，黑夜和白天被游擊隊和蘇軍輪流控制。白天，蘇軍在各大街道上來回走動，政府官員們也都邁著沉穩的步子進入自己的工作部門，但太陽一落山，這些人全都進入由蘇軍嚴密控制的住宅區，儘管那兒也偶爾會遭到一陣槍擊或是幾枚火箭彈的偷襲，但相對而言，仍是最安全的地方。因為，在夜晚，城市是游擊隊的天堂。他們三個一夥、五個一群，攻擊政府大樓、廣播電臺，暗殺政府官員或蘇軍哨兵。而天一亮，他們全都人間蒸發一樣的消失掉。1986 年 11月以後，游擊隊從美英獲得「針刺式」和「吹管式」肩射式防空飛彈，對蘇聯的空中優勢更構成了嚴重的威脅。

三、潘傑希爾谷地

潘傑希爾位於阿富汗東北部，兩邊峰巒迭起，山巒奇偉，山谷全長約一百五十公里，整個山谷只有十五個山口與外界相通，其最南邊的谷口離喀布爾不到八十公里，對蘇軍的威脅極大，而谷地裡駐守的是阿富汗最有名、戰鬥力最強，由沙赫・馬蘇德 (Ahmad Shah Massoud, 1953–2001) 領導的游擊隊。

蘇聯過去前前後後五次進攻都以失敗告終。1987 年 5 月中旬，蘇軍先後從加茲尼、賈拉拉巴德、費扎巴德等地抽調了蘇軍一個師，阿富汗政府軍三個師共計二萬餘人，在三千餘輛坦克和難以計數的飛機的掩護下，採取多路突入，分進合攻的戰術，對潘傑希爾谷地進行了大規模的第六次進攻。蘇軍首先從不同的幾個入口同時攻進，並派出武裝直升機通過空降方式，搶先占領了谷地的各制高點，然後分路向谷地內縱深推進。儘管蘇軍火力猛烈，但游擊隊卻神出鬼沒，踏著融化未盡的積雪在山間小路上進退自如，不斷避開蘇軍主力而從側面衝擊消滅來犯之敵。在戰鬥開始的短短一週內，蘇阿軍隊已近一千人被消滅，而游擊隊損失約一百人。

一天早晨，瀰漫在谷中的大霧還沒散去。朦朧霧氣之中，一支六十多人的游擊隊埋伏在山谷中。指揮官就是被稱為「潘傑希爾之獅」的沙赫・馬蘇德。他曾是喀布爾工學院的一位教師。游擊隊戰士們穿著綠褐色相間的長袍，臥倒在岩石後、石縫內凹地，與山上風化的山石，灌木叢渾然一體，難以察覺。

　　蘇聯的 Mi-24 武裝直升機列隊出現在谷地上空，十二架成梯形由遠及近，闖入了游擊隊的火力網。沙赫‧馬蘇德的游擊隊隨即開火，高射機槍子彈，火箭彈像飛蝗一樣撲向敵機。領頭的一架直升機被擊落，另外的直升機一見大事不妙，立刻對山谷進行了地毯式掃射，游擊隊陣地硝煙瀰漫，碎石、泥土、野草、枝葉等四處飛濺。一陣掃射過後，戰場靜了下來。蘇軍小分隊趁機一鼓作氣衝上山頂，占領了整個谷地，但游擊隊早已從後山的羊腸小道撤離了。

　　蘇軍撤出谷地後，潘傑希爾又重為游擊隊所占有。從 5 月至 9 月，蘇軍六次進入谷地，遭受慘重損失。

　　1984 年 3 月開始，一批飛機開始輪流在潘傑希爾谷地附近進行偵察活動。4 月 20 日，蘇軍又集中了二萬兵力，以第 105 空降師為主力，出動了五百多輛坦克和裝甲車，近八十架 Mi-24 型武裝直升機，並從蘇聯本土增派了三百三十多架屠格涅夫 16 型「獾」式戰略轟炸機，浩浩蕩蕩開向潘傑希爾谷地，拉開了蘇聯入侵阿富汗五年來規模最大的戰鬥。

　　蘇聯採取的戰術是將潘傑希爾谷地看作一個大口袋，在山谷南北兩端布署重兵，如同死死繫住袋口。然後再對其進行打擊。4 月 21 日起，蘇軍的轟炸機開始對谷地進行大規模的轟炸，但此時，沙赫‧馬蘇德的隊伍全都安全地待在早就裝備齊全的山洞中，以靜制動，正等著蘇軍自己露出短處。進入谷地的蘇軍地面部隊在空中力量的保護下長驅直入，除了地上的地雷，幾乎沒有其他太多阻礙。到 5 月初他們已經進入谷地中部，不得不兵分兩路，

而沙赫‧馬蘇德等的就是這一刻。

　　游擊隊突然從地下冒出來似的，驟然活躍起來了。他們炸山岩、阻道路、埋地雷、搞偷襲，使得蘇軍一片混亂。同時，沙赫‧馬蘇德當機立斷，將各個山口作為狙擊的重點，用預定的聯絡信號與外部游擊隊取得聯繫，對蘇軍內外夾攻。蘇軍兵力像被切成一份份的小餡餅，被分割消滅。儘管蘇軍完全控制了阿富汗的普什圖尼斯坦谷地，可是他們始終都沒能掃除游擊隊，

圖 55：蘇聯的直升機與坦克

山口仍牢牢地控制在游擊隊手中。他們得到的，僅僅是在荒蕪空曠的谷地留下了幾個留守據點，成為游擊隊練槍法的活靶子而已。

　　10 月 26 日，蘇軍又派出一萬五千名兵力和調來二千輛軍車以及大批 Mi–24 直升機、屠格涅夫 16 型轟炸機，想在冬天來臨之前給沙赫‧馬蘇德一次毀滅性的打擊，但這次他們更慘，出師未捷身先死，出兵當天就被附近的游擊隊擊落八架飛機，進入山谷後根本沒有正面遇到游擊隊。空蕩的山谷，只有他們留下的據點孤零零地待著。

四、蘇聯的新戰術

　　1981 年 7 月的一天，侵阿蘇軍總指揮部視察的國防第一副部

長科索洛夫元帥神色沉重，站在一幅落地軍用地圖前。大型軍用地圖上密密麻麻地標著各種符號。蘇軍的配置位置和控制的地區照例用紅筆描繪，抗蘇游擊隊的活動範圍則用藍筆描繪。藍色的圓圈大大小小地布滿了地圖，從阿富汗北部的綠洲沃野到南部的沙漠戈壁；從西部重鎮興丹、法拉到東部興都庫什山區，就連喀布爾周圍的中東部山區都畫滿了藍圈。這一個個圓圈如同深不可測的湖泊江河，大有氾濫成汪洋之勢。

蘇軍入侵以來，本以為可以迅速消滅叛亂分子，然後扶植卡爾邁勒政權，借助阿政府軍的力量維持阿富汗的局面。他們認為，裝備低劣、沒受過正規訓練的阿富汗游擊隊不過是烏合之眾，成不了大氣候。1980 年 1 月，布里茲涅夫還樂觀的宣布從阿富汗部分撤軍。但時間證明，卡爾邁勒傀儡政權基礎脆弱，不得民心，政府軍毫無戰鬥力可言，「強大的」蘇軍竟也是顧此失彼，疲於應付。

阿富汗的反抗力量令蘇聯震驚。先是阿政府軍未出一週便迅速瓦解，此後，正當蘇聯估計阿富汗將在三至四週被完全征服之時，阿富汗游擊隊卻橫空而出，並顯示出了極大的反抗力。儘管蘇聯為了防止自己陷得太深，多次採用大規模的閃電戰術以求速戰速決，但這種閃電戰術只在戰爭初期閃耀出一點令人喜悅的火花。而在接下來的漫長歲月裡，布里茲涅夫即使再想部分撤軍，也沒有條件了。

一大堆各戰區送來的戰況彙報顯示襲擾不斷，蘇軍損失慘重，有的戰區還難以控制局勢，要求派部隊增援。喀布爾市的槍聲日

夜不斷，甚至還發生過游擊隊員襲擊總指揮部的事件。蘇軍為挽回目前不利的局面，制定了號稱「霹靂」的戰術計劃。

霹靂計劃主要是針對山地游擊隊的戰術，要求蘇聯指揮官對部隊實施一定程度的分散指揮與控制，以適應山地作戰。要求他們控制公路的重要路段和橋樑；對運輸車隊進行武裝護送；對游擊隊活動頻繁地區，實施火力摧毀，把樹林、村莊等易於隱蔽的地方統統夷為平地，切斷老百姓與叛亂分子的聯繫；多採取陸空聯合行動，事先要進行周密偵察，派出武裝滲透小分隊；然後地面部隊以多路推進，分進合擊，「拉網」搜索，四面包圍，擠壓於合圍地區，力求全殲。同時，指揮官注意掌握快速機動分隊，對突圍的游擊隊加以毀滅性的打擊。

各戰區的蘇軍開始著手實施「霹靂」戰術。針對游擊隊慣用伏擊的戰術，蘇軍在前進路線上或山谷中，用「雌鹿」武裝直升機實施偵察，只有在直升機的報告後，車隊才前進。地面部隊也小心謹慎，每次轉換位置後，搜索班班長都要用望遠鏡仔細觀察路線前緣，以及兩側山頭的情況。車隊通常以坦克和裝甲輸送車為先導。前進中車隊若遇到突擊，或者懷疑對方埋伏，武裝直升機、坦克和所有的火炮就先集中火力，掃擊游擊隊可能藏身之地，同時再用「雌鹿」武裝直升機追殺逃跑的游擊隊。受阿富汗游擊隊的啟發，蘇聯以牙還牙，成立了「武裝滲透分隊」。滲透分隊的兵力，通常為一個班到一個排。他們攜帶輕武器，行蹤詭密地進入游擊區，消滅小股游擊隊。如遇較多的游擊隊，則通常先占領有利地形，拖住對方，爾後召喚鄰近的分隊或機動部隊，在航空

兵支援下合圍殲滅。同時，滲透分隊也對游擊區內的重要目標如營地、大居民地等進行襲擊和破壞活動。由於滲透分隊小股輕裝，善於偽裝，又頗具戰鬥力，這種「以其人之道還治其人之身」的戰術給游擊隊造成了不小的損失。

蘇軍還改進部隊軍械裝備，這樣，地面部隊就更容易戰勝阿富汗隊險峻的地形。迫擊炮可向深谷對面射纜，並用抓鉤把纜繩固定在深谷彼岸。AKM 衝鋒槍經過改進也可以在較短的距離上射纜。蘇軍還把榴彈自動發射器裝在步兵戰鬥車上，用攻擊直升機投放防步兵地雷和化學炸彈，這都提高了武器裝備的利用率，也同時增強了地面部隊的戰鬥力和機動性。

在邊境一帶不能駐軍的地區，蘇軍則在通道及其附近大量布設地雷，使許多本來就難以通行的山間小道成了殺機四伏的「死亡通道」。蘇軍在阿富汗邊境地帶埋下的地雷達三千至五千萬枚，種類二十多種，二蝶雷、聲納雷、塑膠雷，數不勝數，防不勝防，阿富汗就像一個巨大的地雷場。這些地雷是由直升機用大容器空投的。每個大容器內裝有多顆地雷，容器觸地後破裂，把地雷撒向地面。地雷有紙牌盒那麼大，名式各樣的形狀，偽裝得天衣無縫，一踩就炸。這些裝置，在草叢中布置的通常被設計成綠色，而在山地石塊中布置的通常是赫石色，就像一隻隻蝴蝶飛舞在各個角落。這種裝置令人驚奇的特點是：它們幾乎很少能置人於死地，但總使人殘廢，喪失戰鬥力。誰不小心碰上它們，不是被炸飛一條腿就是少掉半截胳膊，極為殘酷。每當蘇聯飛機大量空投這些玩意兒時，極為壯觀，成千上萬隻「蝴蝶」漫天飛舞，紛紛

揚揚，落入游擊隊的區域內。

　　更為可怕的是那些像蝴蝶一樣四處飛舞，卻難以捕捉的 KGB 人員，他們給游擊隊帶來更大的威脅。1980 年 7 月，阿富汗組建了一個由 KGB 領導的祕密組織，負責招募、訓練和派遣特工人員。到 1986 年，十一萬五千名駐阿蘇軍中，就有一萬二千人是 KGB 或其他蘇聯特務人員。特務都是從各部落家族中挑選的。他們夾在難民中間，以便能混入游擊隊的一個組織。特務的主要任務就是給蘇軍和阿富汗政府軍提供情報，誘使游擊隊犯錯誤，以及在各隊間煽動衝突，他們經常利用家庭衝突來達到目的。一次，混進帕克蒂亞省一支游擊隊的特務，將人數眾多的游擊隊騙進了蘇軍的伏擊圈，共有三百多名阿富汗游擊隊員被打死。

圖 56：地雷受害者接受義肢。由於戰亂頻繁，阿富汗各地埋藏了大量的地雷，時常導致人民誤觸傷亡。

第四節　蘇聯的撤兵

一、蘇聯的困境

　　1985 年 3 月 14 日，在蘇聯總書記的位置上任職了十一個月的契爾年科的葬禮在紅場舉行，低徊的哀樂聲中，蘇聯人民看到了一個年輕有為的新人——畢業於國立莫斯科大學法律系的戈巴契夫。他是克里姆林宮裡唯一工作到深夜的政治局委員。他不抽煙，不喝酒，見人愛微笑，似乎除了伏案工作別無他好。這個新面孔站在列寧墓前的講臺上，向契爾年科致了一段簡短的悼詞，但他幾乎沒有提到這位已故者的豐功偉績，竟意外地談到了自己對蘇聯未來的想法和使國家擺脫困境的途徑。為儘早甩開阿富汗這一噩夢，戈巴契夫決定爭取迅速消滅阿富汗抵抗力量，以求迅速平定阿富汗局勢。

　　蘇聯軍隊將主要進攻目標圈定在阿富汗和巴基斯坦交界地帶阿方一側的伊斯蘭控制區。它們大範圍採用明目張膽的滅絕式轟炸機，甚至還經常派出地面部隊逐一包圍各個伊斯蘭村莊，不讓任何平民逃出，然後再利用空中力量將整個村莊夷為平地。一時間，黑壓壓的蘇聯飛機如大片大片的烏雲，壓在阿富汗的上空。但得到美國軍事支援的游擊隊卻使戈巴契夫上臺這一年變成蘇聯進攻最猛烈的一年，也是蘇軍敗得最慘的一年。

　　蘇聯在阿富汗處境狼狽，它扶植的卡爾邁勒政權也是內外交

困，日子很不好過，卡爾邁勒政權的基礎本就脆弱，上臺來就一直極端孤立，為鞏固其經濟地位，早在 1981 年，他就搜羅了少許社會上的頭面人物，並以重金收買了個別部落首領，拼湊了一個「祖國陣線」。但到處受到冷落，至今仍有許多基層組織成立不起來，形同虛設。阿富汗人民唾棄卡爾邁勒政權，大批逃往國外，難民人數達四百萬人，約占阿富汗人的四分之一。政府官員、知識分子、商人也都紛紛出走，逃往國外，連卡爾邁勒的姑媽也不願待在阿富汗，死在逃亡途中。卡爾邁勒政權在國際上也是十分孤立，除蘇聯、東歐各國、越南、蒙古、古巴及印度、利比亞等少數國家外，其他國家都拒絕承認卡爾邁勒政權。至於阿富汗政府軍則更不安全，阿富汗政府軍本來有十萬左右，蘇聯入侵後，大批潰散和倒戈，只剩下了二、三萬人。

　　蘇聯在阿富汗的速戰速決沒能實現，雙方久持不下，使蘇聯似乎陷入了一個巨大的泥潭，舉步唯艱。蘇聯在阿富汗的軍費開銷每年高達二十億美元，而且，蘇聯每年還要拿出很大一筆錢支援卡爾邁勒政府。阿富汗成了一個填不滿的深坑。自 1980 年代起，蘇聯的經濟一直在走下坡路，阿富汗問題在經濟上給正與美國抗衡的蘇聯帶來了很大的壓力。儘管如此，軍事上卻毫無起色。到 1985 年，阿富汗游擊隊組織武裝力量已經達到近二十萬，仍然控制著國土總面積的 80%，國內總人口的 70%。蘇聯一向以軍事強國自居，但在阿富汗這個彈丸之地卻毫無作為，傷亡四、五萬人還難以自拔。

二、阿富汗政府的和平努力

　　1986 年 5 月 4 日，阿富汗人民民主黨第十八次中央委員會全體會議通過了卡爾邁勒的辭職，並選舉納吉布拉 (Mohammad Najibullah, 1947–1996) 為新的中央總書記。納吉布拉年僅三十九歲，身體健壯、精力充沛。他是阿富汗前國家情報局負責人，在職期間政績突出，使阿富汗國家情報局成為了游擊隊來自國內的最大敵人。在過去的幾年中，國家情報局在他的領導下，成功地暗殺和收買了很多的游擊隊領導人，因此得到了「屠夫」的外號。

　　1987 年元旦，納吉布拉突然宣布，阿富汗政府軍將從 1 月 15 日開始單方面停火六個月。這是實現全國和解的第一步，但是，如果游擊隊繼續發起進攻，阿政府將做出反應。隨後，納吉布拉又宣布：喀布爾歡迎所有愛國的人民參與民族和解。那些在現役期間離開阿富汗的政府軍官兵可以得到赦免，國外歸來的青年也可以免除六個月的兵役，所有婦女和被判處五年以下的人將無條件釋放。歡迎難民回國，並發放安家費等等。同年 6 月 3 日，納吉布拉再次放出和平炮彈，宣布：將於 7 月 15 日到期的單方面停火將再次延長。6 月 10 日，納吉布拉拿出了一項讓所有的人大吃一驚的極有誠意的和平政策，這項新政策的指導思想是：與抵抗組織「劃分權力」。

　　面對蘇聯的咬牙讓步，游擊隊根本不領情，還是拒絕和談，使蘇阿惱羞成怒，進一步加強了進攻。1987 年的戰事變得更加激烈。僅在 5 月和 6 月，雙方就發生正面交戰近九百次，幾乎每一

天、每一處都在響著槍聲。1987 年 12 月 26 日，阿富汗新聞社曾
發表了一篇年度戰績統計報告，報告中說，蘇軍和喀布爾政府軍
年內傷亡總人數比上一年增加了 10.7%，達九千二百一十七人，
其中蘇軍占 52%。

　　近二十年來，蘇聯國民收入年增長率在不斷下降。1950 年代
平均 10%，1960 年代 6%，1979～1984 年則一直徘徊在 2–3% 左
右。工業生產勞動率相當於美國的 55%，農業勞動生產率只相當
於美國的 20–25%。除了在武裝力量方面，蘇聯許多方面都落後
於西方發達國家。長期以來，糧食、蔬菜、肉類等農產品和日用
輕工業品嚴重不足，不能滿足人民生活的需要。在這種情況下，
蘇聯還保持著龐大的軍費開支。財政經濟形勢極為嚴峻，預算赤
字一千億盧布，外債四百億美元，通貨膨脹日趨嚴重。每年的軍
費開支一直保持在一千億盧布左右，占財政預算的 20% 以上。撤
軍對蘇聯來說，是一種解脫。

三、《日內瓦協定》

　　1988 年 3 月 2 日，在日內瓦，阿富汗和巴基斯坦開始了艱難
的會談，直到 3 月 15 日，雙方仍然沒有達成協定。實際上，談判
沒結果的原因在於一點：停止援助問題。這樣，談判實際上就是
兩個援助國——蘇聯和美國在決定結果。

　　接下來的幾天，蘇聯外長謝瓦爾德納澤和美國國務卿舒爾滋
在華盛頓舉行了會談。4 月 14 日下午，在聯合國祕書長德奎利亞
爾的主持下，巴基斯坦、喀布爾政權、蘇聯和美國四國外長在日

內瓦簽署了關於政治解決阿富汗問題的歷史性協定，包括四項文件和一份諒解備忘錄。巴基斯坦外交國防部長努拉尼和阿富汗外交部長瓦基勒簽署了協定中的前兩個文件，美國國務卿舒爾滋和蘇聯外長謝瓦爾德納澤簽署了第三個文件，第四個文件是四國外長共同簽署的。整個簽字儀式共舉行了十七分鐘。

協定規定，蘇軍自 5 月 15 日起將在九個月內全部撤出阿富汗，而前三個月裡將撤出 50%；巴基斯坦和喀布爾政權相互尊重主權、政治獨立和領土完整，互不使用武力；美蘇支援這一政治解決方案，尊重巴基斯坦和喀布爾政權的主權、獨立、領土完整和不結盟政策；喀布爾政權採取一切措施來保證逗留在巴基斯坦的難民們自願返回家園。4 月 14～15 日，世界各地紛紛對《日內瓦協定》的簽署表示祝賀。阿富汗並將 4 月 14 日定為「和平日」。

四、沒有結束的戰鬥

5 月 15 日凌晨，駐賈拉拉巴德的一個武裝直升機團率先起飛回蘇聯，接著，駐在該地的蘇聯第 15 和 66 獨立旅及其他共計五千多人，分乘六百多輛戰車，踏上了歸途。

到 8 月 14 日，蘇軍已經有五萬多人撤出了阿富汗。蘇聯宣稱，阿富汗已經有二十五個省沒有任何一名蘇聯軍人，留在其他幾個省的軍隊將在 1989 年 2 月 15 日前撤出。

1989 年 2 月 15 日，寒風凜冽，雪花飛舞。一支有七十輛坦克和裝甲車組成的蘇軍車隊從阿富汗海拉頓出發向蘇聯境內行進。積雪的公路上留下了兩道深深的履帶印痕。莫斯科時間 9 時

55 分，車隊最後一輛裝甲車駛過阿姆河大橋後停下來，蘇軍指揮官格拉莫夫上校從車上跳下來，與上前來迎接他的兒子一起徒步走過阿蘇邊界線。他一邊走一邊向圍上來的記者大聲喊道：「我是最後一名撤出阿富汗國土的蘇軍人員，在我身後的阿富汗境內，再也找不到一個蘇聯士兵了。」至此，蘇聯在阿富汗境內長達九年又二個月的軍事侵略終於結束了。

蘇軍雖然撤離了阿富汗，但這裡的戰爭並沒有結束。阿富汗抵抗力量被排除在談判之外，沒有成為《日內瓦協定》簽字的一方。1988 年 4 月，七黨聯盟主席希克馬蒂亞爾在白沙瓦宣布：日內瓦談判沒讓他們參加是一次大失敗。任何協定不經聖戰者同意都不能實施。他們不受《日內瓦協定》的約束，將繼續戰鬥，直到推翻喀布爾政權。蘇美兩方也還是不甘心放棄在阿富汗的既得利益。蘇聯留下了一部分軍事顧問，直到 1991 年 11 月，戈巴契夫才下令將他們全部召回。而美國對抵抗力量的援助也沒有真正停止過。阿富汗內戰不止的背後，仍然有克里姆林宮和白宮相互角逐的影子。

第 VII 篇

進入二十一世紀

第二十章 | *Chapter 20*

新世紀的第一場戰爭

　　九一一恐怖襲擊事件發生後，美國聲稱恐怖襲擊與位於阿富汗的賓拉登蓋達組織有關，並有竊聽到九一一恐怖襲擊發生前兩天賓拉登打給他母親的電話。賓拉登在電話中對其母親說兩天後將會有重大新聞。美國要阿富汗塔利班政權交出「元兇」賓拉登，遭到拒絕。九一一事件發生不到兩個星期，美國與世界大多數重要國家包括俄國、英國、德國、日本等四十三個國家建立了反國際恐怖主義共識。小布希總統宣布實施「持久自由」的反恐怖戰爭，首要目標是摧毀賓拉登在阿富汗的恐怖組織蓋達，並懲罰庇護和支援國際恐怖主義的國家。阿富汗四周大兵壓境。這個處在「文明十字路口」的國家又一次成為世界性衝突和戰爭的前沿。從 10 月 7 日起，美國對塔利班連續實施空中攻擊。

第一節　英美聯軍和反塔利班的北方聯盟

一、英美聯軍

美國從 2001 年 9 月 19 日開始為實施「持久自由」的軍事行動，從本土向波斯海灣和中亞地區派遣大約一百五十架戰機。美軍飛機均部署在阿富汗周邊八百至一千五百公里內地區，以便有效地攻擊阿富汗。

美國先前已在沙烏地阿拉伯、巴林、科威特、土耳其等國家部署了大約二百架戰機，從本土派遣的一百多架飛機大部分部署在科威特和巴林。「羅斯福」號和「小鷹」號航空母艦也分別從美國本土和日本駛向波斯灣。美軍太平洋第七艦隊旗下的二艘導彈巡洋艦和一艘導彈驅逐艦相繼從日本橫須賀基地開往波斯灣。一艘多用途兩棲攻擊艦載著一支由四千名官兵組成的特遣隊離開東帝汶前往波斯灣地區。隨行的還有一艘登陸艦和一艘運輸艦。二千二百名海軍陸戰隊隊員乘三艘軍艦從美國北卡羅來納州的勒任營基地，開赴地中海。此外，美國國防部還徵召了約三萬多名國民警衛隊人員和預備役人員。

「企業」號和「卡爾・文森」號也早已分別在阿拉伯海和波斯灣待命。這幾艘美軍航空母艦，再加上在賽普勒斯海域的英國航空母艦「卓越」號，中東海域一共有五艘航空母艦，軍力集結規模之大，與波斯灣戰爭時相差無幾。在「羅斯福」號航空母艦

戰鬥群中，共有十一艘軍艦，戰機七十五架；「卡爾‧文森」號航空母艦戰鬥群，共有七艘軍艦，戰機七十五架。再加上「企業」號和「小鷹」號航空母艦戰鬥群，僅美軍航空母艦上就部署了三百多架戰機。這些航空母艦既可發射「戰斧」等巡弋飛彈，也可派出戰機。

總計美國在中東地區就集結了約七百架戰機，不僅如此，美國陸軍陸續派出空運機動部隊、空降部隊、特種部隊以及攻擊支援部隊。這些部隊包括：「綠扁帽」、「黑扁帽」、「海豹突擊隊」和「三角洲」部隊。

美軍對阿富汗的「包圍行動」不僅得到英國、德國、日本、澳大利亞、西班牙、土耳其、菲律賓、泰國等傳統盟國的大力支持，還得到了烏茲別克、土庫曼、哈薩克、印度、巴基斯坦和孟加拉等中亞、南亞國家的配合。尤其印度成為向美軍提供物資和地面行動的集結地。

美軍在阿富汗周邊及波斯灣地區的作戰力量主要部署在西線和南線的十餘個軍事基地。美國空軍的精銳部隊集結在德國和土耳其的北約軍事基地，它們可以直接飛至阿富汗實施空中轟炸，其中增派到土耳其因吉利克空軍基地的大批戰機是它們的攻擊主力。在因吉利克空軍基地的美國空軍第 39 戰鬥機聯隊主要裝備新型的 F–16 戰鬥機，在波斯灣戰爭期間曾發揮過重要作用。

美軍的戰鬥機在沙烏地阿拉伯、阿拉伯聯合大公國、科威特、阿曼的空軍基地皆有部屬，指揮基地設置在巴林與沙烏地阿拉伯。

位於印度洋上的迪戈加西亞島也是此次美軍部署的主要基地

之一，空中加油機和大批擔負陸軍部隊運輸任務的軍用運輸機全都部署在那裡。美海軍大部分的裝備預置艦和後勤支援艦船也都停泊在迪戈加西亞的軍港中。這樣英美聯軍一共有五艘航空母艦，七百架戰機和約二十萬官兵，在阿富汗四周布下陣來。歐盟和澳大利亞、日本以及加拿大等國也派出支援艦隻。

二、反塔利班北方聯盟

1996 年 9 月 26 日，塔利班攻占阿富汗首都喀布爾，推翻了拉巴尼政府。為了共同抵禦塔利班，在阿富汗東北部的拉巴尼和馬蘇德勢力，和在西北部的杜斯塔姆 (Abdul Rashid Dostum) 勢力，以及中北部的哈里里 (Karim Khalili) 勢力開始擯棄前嫌並且聯合起來。10 月 10 日，拉巴尼召集馬蘇德、杜斯塔姆、哈里里等派系成立了「保衛祖國最高委員會」，形成了反塔利班聯盟，即「北方聯盟」。

北方聯盟於 1997 年 6 月 13 日成立了「拯救阿富汗伊斯蘭統一民族陣線」，並正式組建了政府，定都馬扎里沙里夫。拉巴尼出任總統，馬蘇德為副總統兼國防部長。該政府繼承了「阿富汗伊斯蘭國」國際法主體的地位，擁有阿富汗在聯合國的席位。然而，北方聯盟實際控制的地盤極小，而且在逐漸減少。1998 年，作為臨時首都的馬扎里沙里夫失守。至 2000 年 9 月，北方聯盟手中只控制著巴達赫尚省、潘傑希爾谷地及阿富汗中部和部分的西部地方，面積只相當於阿富汗國土的 5%。

反塔聯盟中實力最強的一股武裝力量是拉巴尼、馬蘇德領導

的阿富汗伊斯蘭促進會。馬蘇德和拉巴尼分別為軍事、政治領導人，實權掌握在馬蘇德手中。其兵力約為一萬二千，主要由塔吉克人組成。這股力量得到了俄羅斯、伊朗和塔吉克共和國的援助。2001 年 9 月 16 日，馬蘇德遇刺身

圖 57：馬蘇德之墓

亡，北方聯盟的安全部長法希姆 (Mohammad Fahim, 1957–2014) 繼任臨時軍事負責人。馬蘇德的高級幕僚曾向媒體公開表示，他們不相信自己能統治阿富汗，但他們決心和塔利班戰爭到底。

　　哈里里領導的伊斯蘭團結黨，主要由阿富汗哈扎拉人組成，因此他領導的武裝一般稱哈扎拉武裝。哈扎拉人是成吉思汗的蒙古軍人西征阿富汗後與當地塔吉克、突厥等民族通婚而逐漸形成的。哈扎拉人與普什圖人的歷史積怨很深，所以他們願意與以普什圖人為主組成的塔利班進行武裝血戰到底。1988 年 8 月，塔利班進攻馬扎里沙里夫時，一千五百名哈扎拉人堅持戰鬥到彈盡糧絕。伊朗對於哈扎拉武裝提供的支援較多。

　　杜斯塔姆領導的阿富汗伊斯蘭民族運動，主要由烏茲別克族構成。成員包括舊政府時期波斯語少數民族的政府官員，以及一些烏茲別克族的前指揮官。1990 年代，杜斯塔姆的勢力曾遍及阿富汗北方六省，尤其是他控制著大規模走私貿易的中心馬扎里沙

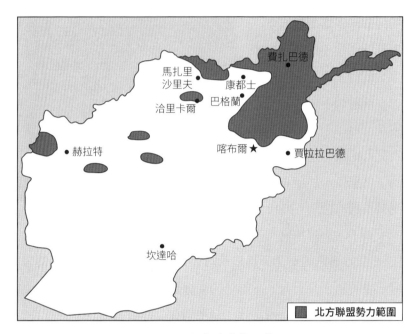

圖 58：北方聯盟的勢力範圍

里夫，使其獲得鉅額過境費和稅收而一度成為北方聯盟中實力最強的一支。1998 年，塔利班收買了杜斯塔姆手下的多員大將，杜斯塔姆被迫流亡伊朗等國。2001 年初，他悄悄返回阿富汗，在中北部進行游擊戰爭。

第二節　塔利班統治下的阿富汗

　　塔利班總兵力為五萬到六萬人，其中 60% 是阿富汗人，20%是賓拉登手下的阿拉伯兵，巴基斯坦軍隊士兵和宗教學校派遣的

學生兵各占 10%。據英國《詹氏防務週刊》的調查，塔利班擁有六百五十輛坦克和裝甲車　（其中的二百五十輛是 1998 年夏季和秋季，在阿富汗北部作戰時從對手那裡沒收的），二百五十架飛機以及火炮。

塔利班的武裝人員配有標準步兵武器，包括蘇聯設計的「卡拉什尼科夫」衝鋒槍、重機槍、火箭炮、無後座力炮和榴彈發射器。塔利班還有火炮和重型迫擊炮，其中塔利班火炮由車載多管火箭和幾百門火炮組成，是塔利班最有效的特殊武器。此外，塔利班還擁有 1980 年代由美國給阿富汗「聖戰組織」提供的包括防空飛彈在內的尖端武器。除常規武器外，塔利班甚至還可能擁有化學武器。

阿富汗的首都喀布爾曾經是一個繁華的商業文化中心，這裡美麗的公園和繁茂的林蔭大道久負盛名。但歷經十年的反蘇戰爭後，深受戰爭和貧困之苦的喀布爾卻是一個令人傷感的城市。1996 年 9 月 6 日，塔利班攻占並控制了喀布爾，給這裡帶來了和平，因此受到人民的歡迎。但未料之後又是持續不斷的戰亂和乾旱，大量人口面臨饑荒威脅。二千七百萬人口中大約有四分之一離家尋找食物；三百五十萬人逃往國外。

2000 年 12 月，英國《泰晤士報》的記者戴維‧奧爾和阿瑟‧福克斯對喀布爾的訪問，描繪出了一幅悲慘生活圖景。福克斯冒著生命危險拍了一組喀布爾的照片，有的是在汽車裡拍的，「有的用藏在我襯衫的相機拍的」，阿瑟‧福克斯說：「每當我按動快門時，同伴們都禁不住發抖。」

　　喀布爾彌漫著一股特有的哀愁。世界上雖然也有別的深受戰爭和貧困之苦的地區，但沒有哪個會將快樂一併扼殺。而在阿富汗首都這裡，塔利班禁止放音樂、唱歌和看電視，也禁止拍攝照片。在這裡，整晚實行宵禁。婦女外出必須穿上長袍。唯一允許工作的女性是女子醫院的醫生和護士。女孩不能去上學。

　　2001 年初，聯合國為了迫使塔利班交出涉嫌製造一連串恐怖事件的賓拉登，加緊了對它的制裁，但沒有取得什麼效果。在喀布爾，人們基本的生存條件幾乎都失去保障，通貨膨脹居高不下，其他公共設施一概全無。人們露天煮飯，光禿禿的山坡和公園，顯示人們經常來這裡尋找做飯和取暖的木柴。喀布爾的商業更顯凋零。街道上雖然還有人賣具有異國情調的地毯，但只有外國救援人員和偶爾一見的遊客才買得起這樣的奢侈品。

　　塔利班的最高執行機構是設在喀布爾市的部長委員會。部長委員會負責處理日常事務，下設國防、外交、內政等二十個部。塔利班中最高決策機構是大協商會議，成員約五十人，常務委員會七人，研究並決定問題。歐瑪爾是大協商會議及其常務委員會主席，歐瑪爾被人稱做「世界上最神祕的領導人」，他深居簡出，極少會見外交使節和在公開場合露面。2001 年 9 月塔利班據說召開有近一千名伊斯蘭神學者參加的會議，討論是要發動抵抗美國的聖戰還是交出賓拉登。塔利班的首都雖然設在喀布爾，歐瑪爾卻一直住在阿富汗南部的坎達哈，決策圈人物集中於坎達哈，使坎達哈相當於阿富汗外交和行政中心。

　　1961 年，歐瑪爾出生於坎達哈省的一個貧困農民家庭，他是

普什圖族吉爾查依部落的霍塔克部,很小就擔起養家糊口的責任。
歐瑪爾的家境實在是太貧寒了,以至於他在十三歲之前根本沒有
嘗過穿鞋的滋味。1979 年,蘇聯軍隊入侵阿富汗後,歐瑪爾舉家
遷移到阿富汗中部的烏魯茲甘省。歐瑪爾積極投身抗蘇「聖戰」,
成為火箭炮手,擊毀了不少蘇軍坦克,作戰勇敢,先後四次負傷。
在一次抗擊蘇軍的戰鬥中一隻眼睛受傷,並永遠瞎了,後來他那
隻受傷的眼睛常常是閉著的,有時也戴眼鏡來掩飾。蘇聯撤軍後,
他又回到家鄉出任一名宗教學校校長。1994 年歐瑪爾在坎達哈召
集學生反抗軍閥統治,此舉很得民心,南方地區很多指揮官紛紛
投奔到他的麾下。當時,他聽說當地的軍閥擄掠當地女孩,立即
糾集一群義憤填膺的學生解救那些女孩。他們成功地解救出了那
些女孩,而這群學生很快就成了一支武裝力量,並且推歐瑪爾為
他們的領導,這就是赫赫有名的塔利班。

　　1996 年 3 月 ,一千五百多名來自阿富汗各地的普什圖毛拉
(阿拉伯語 maulà 的譯音,原意為「先生」、「主人」,後尊稱伊斯
蘭教學者)雲集坎達哈,開了兩個星期的大協商會議,會上一致
推舉歐瑪爾為「埃米爾」。4 月 4 日舉行隆重的宗教儀式,奠定了
歐瑪爾在塔利班運動中的最高領袖地位。歐瑪爾被選為領袖據說
是因為他虔誠,篤信伊斯蘭,而不是他的政治軍事才能。

　　當記者瑪麗．科爾汶敲著阿富汗坎達哈城裡塔利班政權外交
部長塔瓦基那幢破房的木門時,兩個小孩在院裡趕著有十來隻的
猴群,而幾隻瘦瘦的山羊在她身後揚起塵埃,啃咬著一張廢棄的
破木床架。科爾汶歷盡千辛於 2001 年 9 月美國大兵壓境時,採訪

塔利班外交部長和最高精神領袖歐瑪爾。

　　但最後歐瑪爾沒有接受瑪麗·科爾汶的採訪，卻送來一封親筆信。歐瑪爾在這張桃紅色的信紙上寫道：「我真的非常非常地忙，我只接受那些非常重要人物的來訪。而在我們這個社會裡，婦女幾乎沒有什麼事可做，所以我覺得沒有必要接見像妳這樣的婦女。」據說，自從塔利班奪取了阿富汗的統治權之後，歐瑪爾就再也沒有見過任何一位非穆斯林的人，更沒有見過除其家人之外任何一名女性。

　　歐瑪爾在信中表明了塔利班對賓拉登的態度。他說，塔利班決不容許賓拉登利用阿富汗國土從事任何政治和軍事活動。塔利班已經關閉了賓拉登的衛星電話，並且明確告知賓拉登，未經許可擅自與外界進行聯繫就觸犯了法律法規。而且，如果塔利班能獲得明確的證據說明賓拉登組織了恐怖活動，賓拉登將會而且只能接受伊斯蘭國家法庭的審判，而不是被送交給非伊斯蘭國家。歐瑪爾十分坦率地說，他不能交出賓拉登是因為他覺得欠賓拉登的實在太多了：當塔利班沒有任何軍事經驗的時候，是賓拉登說服那些反塔利班的指揮官倒戈投奔塔利班；當塔利班與北方反塔聯盟發生激戰的時候，是賓拉登為塔利班提供了大量有經驗的阿拉伯戰士；當塔利班缺乏資金的時候，是賓拉登掏錢為阿富汗修建了公共設施。

　　據說，賓拉登把自己的家修建在坎達哈市中心赫拉特大街上歐瑪爾家的附近，並經常到歐瑪爾家中的清真寺一起做祈禱，這樣的關係，歐瑪爾是不會出賣賓拉登的。

第三節　二十世紀末軍事革命的實驗場

　　美國在經歷了震驚、憤慨和強烈的報復情緒衝動後，已漸趨冷靜，並尋求對付恐怖主義的長治久安之計。阿富汗位於帕米爾高原的西南部，海拔最高達五千至六千五百公尺的興都庫什山脈連續起伏貫穿整個國土，山脈的南北兩側都是乾旱的沙漠和長著矮草的草原，地形極其複雜。氣溫夏天最高可達攝氏四十度左右，而冬天則會降到零下二十度，冰冷和低沉的雲層覆蓋著山地。

　　阿富汗是地球上最荒涼的地區之一，交通落後，初到阿富汗的人，在三千公尺的高山上，空氣稀薄，會感到精神渙散和頭暈，但當地人早已習慣，不會感到不適。高山是阿富汗天然的堡壘，坦克、裝甲車在它面前猶如困獸一般無能為力。在群山環繞下，步兵不能得到炮兵的支援，形勢危險。

　　阿富汗人卻恰好能夠充分利用這種複雜的環境，他們可由一個村落轉戰至另一個村落，並在村落中收藏食物補給。他們二百年來打勝仗，其中一個原因是他們在各處小型基地和地洞裡收藏補給品，可以只帶少量物品上戰場；不用帶營帳，就可住山洞或席地而睡；在阿富汗建立補給線極其困難，在四千公尺高山上簡直無法運送食物飲水。為防當地飲用水不潔，必須自帶瓶裝水，每人甚至要帶十五至十六公斤的瓶裝水。每名士兵每天消耗大約五千大卡的熱量，因此，要攜帶像赴北極般多的高熱量食物。

　　入侵軍隊還會遇到這裡惡劣的天氣。到 9 月底，阿富汗的冬

天就會來臨，雨雪連綿而至。到 10 月中旬，雪會下得很大，雪深可至頸部，夏天走三天的行程，冬天必須花上十天的時間。

這次美國在阿富汗進行「反恐怖主義」的戰爭中，全面使用嶄新的資訊時代武器系統，這場新的軍事技術革命開始於越南戰爭期間，當時美軍首次用一枚剛研製出來的彈頭裝有雷射導向系統的炸彈，炸毀了曾動用幾百架次的轟炸機都沒有摧毀的清華大橋。這種以全球衛星定位系統，巡弋飛彈和電腦多媒體影像目標定位裝置組成的新軍事技術系統在波斯灣戰爭和波士尼亞戰爭中逐步完善，到二十一世紀初已基本成形。阿富汗成為新軍事革命的試驗場。

美軍參謀部的人員聲稱，美國在 2001 年已完成全球性的衛星偵察、定位和武器導引系統的部署。換言之，從理論上來說，美國可以在極短時間內，發現並精確定位在地球上任何一個地方移動的車輛，並即刻導引一枚導彈擊中該目標，在巴勒斯坦屢屢發生的巴方重要人物剛乘車離開自己的住所或辦公地點，即在公路上遭到來自空中的精確導彈的襲擊，就是這種新軍事技術的運用。

美國在戰爭中使用的一種主要武器是「戰斧」巡弋飛彈。飛彈約長六公尺，射程達四百五十至二千五百公里，飛行時速約八百公里。巡弋飛彈可由陸海空發射，通過衛星全球定位系統導向飛行和攻擊，其命中精度在二千公里以內誤差不超過十公尺的程度。隱形飛機和雷射導向的炸彈是美軍進行所謂「不對稱戰爭」和「無傷亡戰爭」的主要裝備。

美國軍隊能夠使用新的偵察技術提高辨認目標能力，縮短定

位和攻擊相隔的時間。美軍利用衛星、無人駕駛偵察機和地面感測器等，綜合通過多種管道獲得的資料，並把詳細情況傳送給能夠迅速下達攻擊命令的指揮官。

這種融感測器、通訊、資訊管理和電腦能力為一體的戰術叫做「網路核心戰」。過去已經對系統原型進行了測試，為確定恐怖分子藏身之處，這種系統提前投入使用。五角大廈努力將「感測器到射擊手」的時間（即探測和攻擊目標之間相隔時間）縮短到十分鐘。進入指揮部複雜的系統網路的資訊主要來自飛機和衛星。經過綜合處理後，指揮部的系統網路能夠不間斷地提供方圓數百公里的土地上重大事件的全天候圖片。偵察系統觀察車輛調動、圖像變化和諸如車轍這樣的跡象。在地面上，美國使用能通過紅外線偵測人的體溫的夜視裝置，以及能偵測微光、聲音、氣味等的偵測裝置，不論白天還是夜裡都能知道敵人動向。

這些雷達裝置是通過直升機運載的特種部隊安置在交通要道、路口、山口和橋樑附近。這些雷達裝置能無線傳輸圖像式資料到衛星接收系統。美國使用具有合成孔徑雷達 (SAR) 技術的衛星，一秒鐘內向地面發射一千五百次脈衝信號，在移動過程中接收來自地面的反射波，然後用高性能電腦把這些資訊處理成圖像。這些具有電子和紅外攝影功能的衛星，最小解析單位可達十公分，也就是說甚至能在高空辨認車牌號碼。使用紅外線攝影裝置衛星還能夠探測到黑夜裡山野中移動的人群和遭火。通過增加衛星數量，一個地點的圖片可以做到每半小時更新一次。

美國動用的偵察手段包括 U–2 偵察機和安裝在經過改造的

波音 707 飛機上 「聯星」 戰區偵察系統。低空飛行的無人駕駛「食肉動物」輕型飛機已經部署完畢,在太平洋和大西洋上空測試過的無人駕駛飛機「全球鷹」也首次投入使用。

最新無人駕駛飛機上裝備了電子、紅外線照相機,還有不怕雲霧的合成孔徑雷達,可全天候執行監視任務。無人駕駛飛機可在空中飛行四十個小時,監視範圍達四百海浬,獲得的圖像可通過通信衛星立即發回地面接收站,收集的資料可以讓巡弋飛彈記憶,進行聯合攻擊。美軍已經建立了把監視敵人的感測器、導彈、轟炸機等攻擊系統網路化,可以即時進行協同作戰的體系。這個體系在阿富汗的實戰中正式地運用。

在這場小布希總統稱之為「二十一世紀的第一場戰爭」中,美國使用了 1991 年波斯灣戰爭後研製的新武器。這些資訊時代的超級武器的最大優點是準確度高,且能最大限度地保護士兵的安全。這些新式武器包括超級步槍、個人防衛武器、微型坦克、新型運載工具和機載雷射等。美國特種部隊的先進武器包括高頻率、多頻道的數位式保密無線電電話,以及具有數位化駕駛座、配備紅外線夜視儀、能高速低空飛行的武裝直升機和能穿透掩體的雙彈頭導彈。美國空軍的兩架飛機裝備一種機載雷射彈,其強度高達一百萬瓦,能夠穿透三百公里外的水泥掩體,也可以在空中攔截敵人的導彈。微型坦克是美國新墨西哥州桑迪亞公司智慧系統中的一個高技術產品。它通過無線電控制,可以清除地雷,甚至可以穿過鐵門鑽進建築物裡,發現隱藏的敵人,並借助於小型炮彈或者毒氣使其喪失戰鬥力。美國士兵在巴爾幹已經首次使用了

這種微型坦克。

　　參與此次戰爭的英國特種空軍的一種重要武器是個人防衛武器。這種由黑克勒—科赫公司生產的「三合一」槍，集機關槍的火力、狙擊步槍的中距離性能和手槍的小巧於一身，有著伸縮式槍托的折疊式前槍把，能像步槍或手槍那樣持用。個人防衛武器具有靈活輕巧的特點，因此是近距離和中距離作戰的理想武器。

　　特種空軍在阿富汗戰爭中首次使用一種新型指揮和控制車輛。這種高機動性卡車 (HMT) 用於支援使用「陸遊者」電子支援車的特種空軍搜捕別動隊，能承載三噸以上的備件和衛星通信設施。每輛卡車都有承載裝置，以便能讓車輛降低高度，從而儘量減少被敵軍雷達偵察到的危險。

　　特種空軍配備了以一種柴油為動力的新型摩托車，用在顛簸不平的地區展開行動。這種摩托車借鑑了美國海軍陸戰隊的技術，其新式發動機的設計十分特別，目的是讓戰場上的所有車輛都使用同一種燃料。它燃料消耗量少，但行駛里程數增加。然而，無論是美國的高科技戰爭武器還是對賓拉登財源的凍結，都不能徹底剷除國際恐怖主義活動的根源。

第二十一章 *Chapter 21*

阿富汗現代化的問題與反思

第一節 基本教義派和恐怖主義的根源

塔利班政權自律、廉潔和嚴峻的善惡道德觀,與賓拉登的恐怖組織形式上的撒旦性形成了鮮明的對比。這促使我們更進一步去探索這種矛盾的根源。

廣義上的基本教義派是指堅信所信仰的意識形態的基本原則的絕對正確性,而不管時勢是怎樣變遷。宗教領域的基本教義派相信《聖經》、《可蘭經》或其他宗教經典經文的字句涵義的絕對真理性,包括其關於世界的起源、人類的創始和命運的說法。基本教義派者因而反對宇宙進化論學說和對世界的科學探索。在他們的眼中,現代技術和物質文明阻礙了信徒實踐在中世紀環境下制定出的那些宗教信條。相當大部分基本教義派宗教集團敵視資本主義,與以美國為代表的現代西方生活方式。他們認為這些代表了邪惡勢力,他們把對手視為撒旦或惡魔,而認為自己所從事

的是「聖戰」，受到神的庇護。實際上，基本教義派者對現代文明及其世俗的意識形態的反抗有其深刻的原因。它源於現代世界的幾大矛盾和失望感：日益進步的物質文明與人類道德的停滯甚至退化；西方發達國家與第三世界的差距急遽擴大；形式上擴大了的人類自由，與人類的精神和宗教探索所受到的壓制；換句話說，它源於傳統性和現代性本質上所具有的對立和衝突。

目前大多數國際恐怖主義活動是以基本教義派為其思想理論根源，然而，它們又是以當代世界以下幾大歷史潮流為背景：經濟和文化的全球化，現代性在全球更加廣泛的擴散以及強調地區和民族特性的地區分裂化運動的興起。這些歷史潮流在世界各地和群體間形成新的矛盾和衝突的根源。而世界目前正處在後冷戰時代對國際關係格局進行重構的階段，新的制約和化解恐怖主義活動的機制尚未形成。這幾大因素使當代恐怖主義活動加劇。後冷戰時代和全球化時代，新恐怖主義是當代世界以下幾大矛盾衝突的體現。

一、現代化的進展及其在全球的擴散引起了與基本教義派群體的衝突

二十世紀後半葉，經濟全球化標誌著世界現代化達到在全球擴散的發展程度。經濟全球化意味著資本主義市場經濟制度及其意識形態擴散到世界每一個角落，原來縮在窮鄉僻壤或隱密的修道院角落裡堅守傳統宗教和文化信條的群體或個人再也無法避開異質的、喧囂的現代文明侵擾。電視普及和通訊衛星組成的全球

化視聽傳輸系統建立，更加劇了傳統主義者和基本教義派者的孤獨與受侵擾感。從 1970 年代起，伊朗就發生了大規模的基本教義派對現代性的反抗，導致了何梅尼的上臺，阿富汗塔利班運動也是由一批年輕的神學院學生發起的。儘管反抗現代性的人數越來越稀少，可是在這場曠日持久的反抗中堅持得越久的那些群體其信仰也越頑強。賓拉登就是一例，基本教義派者是不顧時勢的變遷，仍堅守嚴峻的中世紀宗教道德信條的群體。

　　控制飛機撞向世貿大廈的穆罕默德・阿塔據說就非常引人側目地躲避酒色，甚至沒有和女人握過手。他抱怨頹廢情緒在埃及流行，西化將使古老的埃及文明喪失。賓拉登生活像一個隱士，靠麵包、茶和奶酪活命。他原本是一名講究的富翁的兒子，1979年伊斯蘭分子推翻伊朗國王政權，以及蘇聯入侵阿富汗後，變成宗教狂熱者，仇視資本主義的西方。

二、經濟全球化和文化傳播手段及內容的現代化加劇了文化衝突

　　從伊斯蘭教的立場來看，對現代文明的反抗實際上也是文化衝突的一種反映形式。杭廷頓的文明衝突論是很有影響力的當代國際關係理論。杭廷頓認為，後冷戰世界不同人民之間最根本的區別不在於意識形態或政治經濟，而在於文化。最普遍和最危險的衝突已不再是社會階級之間、貧富之間或經濟集團之間的衝突，而是歸屬不同文化實體的人民之間的衝突。宗派主義以及與之相匹配的認同感是冷戰後一個主要衝突根源。杭廷頓劃分了七、八

種主要文明，並斷言大規模的衝突將沿著分隔這些文明的斷裂帶進行。文明斷裂帶兩側的集團為爭奪土地和制服對方發動戰爭。在全球範圍內，不同文明的國家在經濟領域相互競爭，並為控制國際組織和其他國家，推行自己的政治和宗教價值觀而發動戰爭。杭廷頓的理論提供了一個極具挑戰性的分析框架，似乎當代國際衝突的許多事件都能成為其經驗性證據。綜觀 1990 年代的世界，從科索沃到車臣，從南斯拉夫、賽普勒斯、幾內亞、黎巴嫩、阿爾及利亞、蘇丹、菲律賓到印尼，在穆斯林世界與基督教世界接壤的邊陲地帶，衝突和戰爭不斷。不同宗教社群和種族之間的衝突成為當代國際恐怖活動的溫床。

三、民族和地區意識的復甦造成地方分裂運動與原有的政治權力架構發生衝突

全球化和地區分裂是當今世界兩大發展趨勢。地區分裂以及政治和種族地理分界線的重構，首先源於冷戰的結束使中世紀以來長期演化形成的國際關係體系的解體。中世紀以來，大大小小的部落和種族歷經數個世紀的衝突和聯合，終於組成一百多個國家。原有的種族、部族和地區意識不僅受到統合的國家意識形態的壓制，也受到帶有國際主義和泛人類傾向的兩大超級意識形態的壓制。冷戰的結束使兩大意識形態都失去了神聖的光彩。在那些過去被強迫整合而不是自然演化整合的地區，以及那些歷史上多事的敵對種族、宗教和文化接壤的邊緣地帶，種族和宗教衝突加劇，政治分裂開始，出現了所謂「新中世紀主義」的特徵。

　　在經濟全球化的時代，全球性的經濟技術和思想力量也使民族國家及其意識形態受到削弱，一國內不同社會群體原有的語言、文化和宗教傳統差異反而突顯出來。這導致出現尋求文化差異和族群身分標誌以及新的民族政治文化思潮。這股思潮希望建立自己獨特的文化社會和與種族或部族分界線相一致的新政治構架。「文化部落主義」的運動衝擊著原有的國家權力構架。1990 年代在南斯拉夫、蘇聯、印尼、斯里蘭卡、菲律賓等國家發生的動亂都與此相關。由於分離主義者沒有合法的軍隊或其他政治管道來表達自己的意志，因而主要訴諸「非法的」暴力或恐怖主義。這種地區性分裂，一方面是西方建立在現實主義國際關係理論上的政策鼓勵下的結果；另一方面，也受到諸如民族自決和人權等這些理論的影響。

　　在這些地區流行所謂的「新中世紀主義」，在思想信仰上表現為基本教義派的擡頭和從宗教寬容的立場上後退。在政治上體現為占山為王和封建城堡主義。它強調狹隘民族和地區利益，主張政治分裂。而與此相應的「部落主義」則認為不同種族和宗教集團之間的利益和衝突不可調和，因此拼命把異己的種族和宗教集團排斥於其居住地區之外。這種狹隘的意識，往往還伴隨著一些為奪取權力而不惜把該地區投入大規模流血衝突的野心家的崛起。人類文明在這些地區似乎倒退到沒有現代國家法制的中世紀，非法的暴力恐怖活動流行。科索沃和俄國的車臣便是例子。新中世紀主義和部落主義力圖以極端的手段，來恢復其社群在經濟和政治現代化中失去的歷史上曾有的文化的、宗教的和種族的權利。

它反對資本主義的全球化。

1988 年到 1992 年，在蘇聯發生了十幾場新的民族衝突。在南半球則出現了二十幾場以戰爭的形式進行的大規模的民族衝突和恐怖主義事件。1990 年代，基於宗教和民族的戰爭雖有十六場通過談判以及和平協定得到解決，有十場通過停火和持續的談判得到控制，但這並不意味著這些衝突的結束，也不意味著產生恐怖主義溫床的消失。

四、受到傷害的社會和文化群體對西方主導的國際政治 經濟秩序進行反抗

在當今世界上，有很多地區和國家對現存的國際經濟體系感受到傷害，或在其中處於劣勢。市場經濟無疑是現存最為有效的發展經濟和技術的制度形式。但是毫無疑問，發達的西方資本主義國家主導了自由市場經濟的全球化運動，並在其中受惠最大。從長遠來說，市場經濟的全球化最終會提升整個世界，包括參與全球化運動的落後地區的經濟和生活水準；然而從短期來講，許多地區的人民感到自己在這場運動中更加相對貧困化。同樣十分重要的是經濟全球化也表現為西方的經濟制度、技術和產品在全球擴散和居於統治地位。貧窮地區的人民對落後的憤懣就可能體現為對西方的仇恨。這個問題正展現在兩架飛機撞向資本主義和全球化象徵的世貿大樓。

對許多人來說，後冷戰時代的單極世界中，國際政治秩序似乎也越來越不公正了。美國的單邊主義，北約在南斯拉夫民族衝

突中以武力支援一方，以色列在美國的縱容下對巴勒斯坦更呈壓制性，率先掌握了資訊時代軍事技術的美國，以零傷亡的代價在世界上恃強凌弱，踐踏國際關係準則等等，都加劇了落後地區人民對西方的怨恨。而以前在冷戰時期的兩極世界中，對立一方的超級大國的存在，迫使另一方的行為克制，受到西方及其支援勢力壓制的國家，也可以在蘇聯找到支援。換句話說，在兩極世界中，存在著某種妥協衝突雙方利益和觀點的解決機制；而在單極世界中，美國充當了國際衝突的仲裁者和警察。國際政治秩序越來越按美國的利益和觀點被重塑。

缺少兩極世界時期可宣泄不滿和受壓情緒以及「伸張正義」的管道和機制，是一些群體走上了個人或小組織形式的恐怖主義活動的重要原因。巴勒斯坦對以色列的恐怖主義爆炸，以及此次世貿大廈被撞毀，都不能不說與這種情緒有關。

賓拉登組織的擴張就是以後冷戰時代這些矛盾和衝突逐漸加劇為背景的。賓拉登的組織開始只是一個反對蘇聯占領的抵抗運動組織，他的目的是建立起一個「徵兵網路」，組織阿拉伯國家的志願者前往阿富汗參加抵抗運動。1989 年，蘇聯撤軍後，賓拉登帶著手下重返沙烏地阿拉伯，後去蘇丹，並最終返回阿富汗。那時，賓拉登組織的目標轉向以美國為首的西方和加劇的地區分裂，民族和宗教衝突中起壓制作用的國家政權和「異教」政治軍事集團。

隨著經濟全球化過程的不斷加速，賓拉登蓋達組織的活動開始呈現全球化趨勢。從埃及到菲律賓，從烏茲別克到以色列的各

國國內伊斯蘭恐怖組織，這些原本很少聯繫的組織，形成了一個龐大的統一陣線。賓拉登的蓋達組織成為基本教義派極端組織的領導中心和反西方、反猶太人的核心。蓋達就如一家跨國控股公司，利用全球一體化帶來的機遇，積聚資金、調配人力資源。

目標也開始明確化，那就是「統一所有的穆斯林國家」，推翻「腐敗無能」的穆斯林政府，驅逐在這些國家的西方勢力。賓拉登組織也開始高度制度化。其軍事委員會負責培訓和武器採購；其貨幣和商業委員會負責公司的經營管理；其宗教法規及伊斯蘭研究委員會負責伊斯蘭教義和法規的制定與傳播；其宣傳委員會負責出版有關伊斯蘭教和「聖戰」活動的週報。

經過數十年的經營，賓拉登已在世界五十多個國家建立了據點。這些包括：由賓拉登資助建立的伊斯蘭武裝分子訓練兵營、車臣反叛組織軍事訓練營，為塔吉克分裂勢力建立的軍事訓練營、「伊斯蘭反猶太人和十字軍國際陣線」組織、「阿爾・加馬—阿爾・伊斯蘭米亞組織」、菲律賓「阿布沙耶夫」反政府武裝、葉門穆斯林軍事組織「亞丁伊斯蘭軍」。此外，在約旦、利比亞、阿爾及利亞、突尼西亞等地，賓拉登也被普遍懷疑與當地以推翻世俗政府為目的的極端主義分子有聯繫。據稱，賓拉登的組織在加拿大有分部，在美國有五個與賓拉登有關並且已運轉了若干年的分支機構。

第二節　阿富汗問題的複雜性

阿富汗伊斯蘭基本教義派的興起和塔利班的掌權，並不單是阿富汗一國歷史發展的結果，它也體現了近年來，落後國家的人民以宗教的名義反對在其國家中實行的現代化弊端。這樣的現代化模式，是在由原來兩個超級大國的影響下，在極短時間內移植或由統治菁英倉促實施的。例如在伊朗巴勒維國王統治時期和1950～1970年代查希爾國王和達烏德統治阿富汗時期，在伊朗實行的是西方化而在阿富汗則是蘇化。不論是伊朗西化的失敗或是阿富汗蘇化的崩潰，一個重要原因是未能很好地把現代性與傳統相融合。換句話說，怎樣在維持文化傳統的基礎上，穩步移植由西方所首先創造的現代性，包括技術、物質文明、世俗的、功利主義的意識形態和制度等，這樣的問題未能得到有效的解決。

現代化是以否定和破壞傳統的思想制度為特徵的。因此，現代化進程在傳統社會中往往激起反抗。在歐洲，現代化是由哲學和宗教意識形態內部的長期演化而促成的，換句話說，現代性是自生的。而在非歐國家中，源於西方的現代性對本地文化傳統來說是異質的、強加的。在伊朗和阿富汗等國，對傳統哲學和宗教意識形態的批判性闡釋和重構的運動並未形成，或者深度和規模不夠，現代化是由瞭解世界歷史潮流的統治者由上而下地發動的。一旦上層統治階級內部出現分裂或現代化遇到困難，在現代化運動中處於弱勢群體或受到壓抑的宗教情感就會合流演變為一場傳

統主義的思想運動和政治革命。馬克斯‧韋伯 (Max Waber, 1864–
1920) 在考察基督教、儒教和伊斯蘭教等世界重要宗教與資本主
義的關係時曾論述說，相對而言，伊斯蘭教的價值觀最不利於資
本主義在這些國家生根。這向我們提示了為什麼現代化的反抗在
中東和伊斯蘭教地區表現得特別強烈。

　　這樣一種來自人類精神和社會發展潮流深層的支流，在一些
國家中由於其所處的地緣政治形勢而會在歷史河流的表面掀起波
瀾。在冷戰時期，中東伊斯蘭地區是兩種對立的政治和意識形態
勢力爭奪的主要地區。冷戰的結束，並沒有改變以色列猶太教文
明作為附屬西方文明，同時又嵌入阿拉伯和伊斯蘭文明的一塊是
非之地的地位。美國支持以色列對於巴勒斯坦阿拉伯人的壓制，
加劇了伊斯蘭文明地區對美國居於主導地位的資本主義世界體系
的怨恨和敵視。

　　阿富汗與其中東鄰國一樣，處在文明的十字路口。繼十九世
紀英國試圖把阿富汗納入西方體系失敗後，蘇聯在阿富汗實行蘇
式現代化模式也宣告破產。傳統的宗教意識成為反抗這兩種失敗
現代化模式的主要精神力量。對伊斯蘭基本教義派運動塔利班分
子來說，社會秩序的動亂和腐敗正體現了阿富汗現代化的失敗。

　　賓拉登在阿富汗找到避難所並得到發展，並不是由他與塔利
班領導人的個人關係所決定的。賓拉登是這場從歐亞大陸北方波
及到亞洲南部和非洲的新月形地帶的新中世紀主義和部落主義運
動的極端分子。他是包括塔利班在內的這場運動的明星。他也把
這場反抗運動施展在國際舞臺上。對基本教義派和敵視以美國人

為首的一切西方人士的人來說，賓拉登是羅賓漢，而不是恐怖主義者。因此如何從歷史、政治和宗教等方面去根除產生基本教義派運動的基礎，與打擊賓拉登的全球性恐怖組織同樣重要。

恐怖主義是政治鬥爭的一種形式，它與全球化時代的許多重要矛盾和衝突有關。要消除恐怖主義產生的根源就要從政治上去處理和應對這些矛盾衝突。就當前國際經濟秩序來說，以美國為首的西方應該考慮如何幫助窮國跟上世界經濟發展的步伐，包括減免第三世界的債務，加大對貧窮國家的經濟援助。從國際政治的角度來講，美國應當放棄試圖建立新的全球性軍事帝國的想法。在中東和南斯拉夫等地區的衝突中，以美國為首的西方應站在公正的立場上來促使問題得到解決，而不是偏袒一方。以零傷亡的代價隨意懲戒異己國家實際上是不可能的。世貿大廈被撞毀，在一定意義上就是對這種想法的回應。

1990 年代以來，國際政治地理分界線正被重構，地區分裂和地方自治成為歷史發展的一大潮流。資訊的全球化突顯了世界上種族、文化和宗教差異的狀況。這就要求其文明價值觀在世界上正處於主流地位的國家，注意以文化相對論的觀點來評價和處理宗教和文明衝突問題。

現代化是對傳統文明許多基本價值觀和行為方式的否定和拋棄，在一定意義上是與傳統文明和宗教對立的。在經濟全球化的時代，當現代物質文明改變人類社會每一個角落，當現代性正侵入世界上最後那些宗教禁域，經濟發達的地區和國家的人們應該想一想怎樣才能避免使來自傳統主義對現代性的反抗演變為一場

　　聲勢浩大的基本教義派運動，甚至恐怖活動。1970 年代的伊朗、後來的阿富汗以及阿爾及利亞和埃及的恐怖主義，都在一定意義上與未能處理好這方面的問題有關。

　　此外，阿富汗戰亂中的各派都有特殊的民族宗教背景。塔利班武裝的主要成員來自於阿富汗的主體民族普什圖族，塔利班以巴基斯坦為後盾；北方聯盟的馬蘇德派主要是塔吉克族武裝；杜斯塔姆則是烏茲別克族的代表。塔利班與塔吉克伊斯蘭復興黨、烏茲別克的伊斯蘭極端勢力和伊朗國內的反對派——「人民聖戰者組織」都有聯繫。

　　在阿富汗尋求現代性的時候，它能否發展出對付或減弱伊斯蘭基本教義派的意識和理性，能否在一種合理的政治制度中處理各民族和政治團體的矛盾和衝突？這些問題與剷除國際恐怖主義的基地和推翻輸出伊斯蘭革命的塔利班政權同樣重要，甚至更為重要。

第二十二章 | *Chapter 22*

戰後阿富汗

　　2001 年 12 月，聯合國主持啟動了阿富汗重建的「波昂進程」，除塔利班以外，阿富汗各派代表在德國波昂集會，籌建新政府。同年 11 月，阿富汗臨時政府成立，哈密德・卡爾扎伊 (Hamid Karzai, 1957–) 就任臨時政府主席。2002 年 6 月 11 日至 19 日，在喀布爾召開了阿富汗大國民議會，各地區和民族部落的一千六百多名代表出席會議，選舉產生了阿富汗過渡政府，卡爾扎伊當選總統。大會確定在 2004 年制定並通過新憲法，選舉新總統。2002 年 1 月至 2004 年 1 月，阿富汗過渡政府沿用前國王查希爾頒布的 1964 年憲法。為了達到權力平衡和解決民族矛盾，卡爾扎伊增設了一些政府機構，並把各路軍閥，尤其是占據優勢的北方聯盟和杜斯塔姆拉進臨時政府和過渡政府機構中。

　　為推動阿富汗和平的進程，聯合國向阿富汗派遣了國際安全援助部隊 (ISAF) 協助維護治安。2002 年 3 月，聯合國阿富汗援助團 (UNAMA) 成立，幫助阿富汗政府維護穩定、推進社會和經濟發展、保障人權。2003 年 8 月，北約接管國際安全援助部隊指

揮權。2003 年 10 月，國際安全援助部隊從反恐聯軍手中接管阿
富汗東部地區的軍事指揮權，一萬二千名美軍劃歸國際安全援助
部隊指揮，國際安全援助部隊總兵力達到約三萬三千人，2006 年
1 月，阿富汗、英國政府和聯合國共同召開阿富汗問題倫敦會議，
通過《阿富汗協議》，成立聯合協調與監督委員會 (JCMB)，協調
各援助國在阿富汗的維和及阿富汗的重建。2006 年 9 月，阿富汗
與北約簽署長期夥伴關係協定。

第一節　阿富汗的重建

阿富汗的重建主要包括恢復政治秩序和經濟重建兩個方面。
2004 年 1 月 26 日，阿富汗過渡政府總統卡爾扎伊簽署頒布新憲
法，確立國名為「阿富汗伊斯蘭共和國」，實行總統制。2004 年

圖 59：哈密德・卡爾扎伊

10 月 9 日，阿富汗舉行歷史上首次
總統選舉，塔利班和蓋達組織威脅破
壞大選，但未能成功。卡爾扎伊當選
總統，任期五年。根據頒布的阿富汗
新憲法，國民議會是國家最高立法機
關，由人民院（下院）和長老院（上
院）組成。人民院議員約二百五十
名，名額依據各地人口數量分配，每
省至少有二名女議員。長老院議員從
各省、區管理委員會成員中間接選舉

產生。國民議會有權彈劾總統，但需召集大支爾格會議並獲得三分之二以上多數通過才可免除總統職務。大支爾格會議又稱大國民會議，由議會上下兩院議員、各省議會議長組成，負責制訂和修改憲法，批准國家有關法律；對阿富汗國家獨立、主權、領土完整和國家利益等問題做決定；審議總統提交的內閣組成名單。憲法規定內閣部長、最高法院法官和大法官可以列席大國民會議；會議將不定期舉行。

　　2004 年 12 月 23 日組成的新內閣成員基本是技術官僚，軍閥被排除在外。2005 年 1 月，卡爾扎伊任命最高法院成員，完成行政權力之外的司法權力機構的建設。2005 年 9 月，進行第二次民主選舉，產生了國民議會和省議會。沒有在中央政府中擔任職務的一些地方武裝領導人通過選舉進入了議會。新議會中半數以上是地區強人或其代表。初期，阿富汗政府的運作經費依靠西方各國的捐助，因為阿富汗的經濟未能很快恢復。2005 年 5 月，卡爾扎伊訪美，阿富汗和美國建立戰略夥伴關係。2006 年 3 月，布希總統訪阿。

　　卡爾扎伊開始著手建立一支全新的國家軍隊，解除民間武裝。政府軍起初只有七千人，而地方武裝多達十七萬人。在聯合國幫助下，開始了收編各路地方武裝的工作。2003 年 12 月 2 日，北部城市馬扎里沙里夫舉行了一次大型繳械活動，北方兩大地方武裝——杜斯塔姆和阿塔·穆罕默德的軍隊交出了手中的重型武器。數百名地方武裝部隊士兵，向政府交出了手中的槍械包括火箭彈和坦克。最難對付的杜斯塔姆武裝繳械臣服中央政府，起到

示範作用。2005 年 6 月，阿富汗政府又宣布收繳個人和團體槍支彈藥。與此同時，來自西方主要國家的軍官在喀布爾幫助訓練新兵。美國和法國負責培訓國民衛隊，德國則負責建立一支員警部隊。隨著國民衛隊士兵和員警學校學生一批又一批地完成培訓，以及地方武裝的收編，中央政府的員警治安和防衛力量逐漸成形，地方割據勢力得到削弱。2007 年 1 月，美國宣布兩年內向阿富汗新增一百零六億美元援助，其中八十六億用於建設阿國民軍和員警，二十億用於經濟重建。

儘管建立國家政權取得重大進展，阿富汗安全形勢仍然不容樂觀。阿富汗政府對全國局勢的控制能力非常不足，蓋達組織和塔利班殘餘勢力十分活躍，襲擊和暗殺活動層出不窮。美國及其西方盟國對塔利班殘餘勢力和蓋達組織繼續進行清剿。阿富汗政府也對塔利班伸出橄欖枝，企圖招安塔利班。2005 年 5 月 9 日，阿富汗伊斯蘭革命最高協調委員會主席穆賈迪迪宣布大赦所有反美反政府的叛亂分子，包括塔利班最高領袖歐瑪爾和希克馬蒂亞爾。但歐瑪爾拒絕接受赦免，命令部下繼續戰鬥。卡爾扎伊又通過中間人與塔利班接觸，提出吸收他們加入政府，也遭到歐瑪爾拒絕。蓋達組織和塔利班殘餘勢力在美軍打擊下，轉移到了巴基斯坦和中亞鄰國。

數十年的戰亂摧毀了阿富汗十分薄弱的工農業基礎，工業、農業、交通、通訊系統和教育的基礎設施毀壞殆盡。鐵路網路、航空運輸、郵電、銀行業務和教育等服務體系一片空白，生產生活物資也極為短缺，人民在極度貧窮中掙扎。2002 年，阿富汗全

国有 75% 的人需要糧食救濟，32% 的居民居無定所，80% 的橋樑和公路遭到破壞，86% 地區的電力和自來水供應癱瘓，6% 的人口能得到電力供應，75% 的人口喝不到衛生的水，20% 的兒童五歲前就夭折，人均壽命僅為四十四歲，75% 的國民是文盲。聯合國估計阿富汗重建需要一百億至一百五十億美元的援助，美國估計需要八十億美元。阿富汗政府在戰後的經濟重建中，倚重西方國家，積極爭取外援，重建國家經濟架構，使國民經濟逐步恢復並發展。2006 財政年度阿富汗國內生產總值為八十億美元，人均收入三百七十五美元。

　　阿富汗國土面積中只有 12% 為可耕地，其中約 75% 集中在阿富汗的北部、東北部和西部，大部分為分散的山谷地帶。阿富汗的降雨少而集中，三分之二農田依賴灌溉。由於缺少灌溉系統，每年的在耕土地不超過可耕土地的一半。阿富汗的農業以種植穀類作物為主，產出占農業總產值的 40%，非穀類作物占 35%，畜牧業產值約占農業產值的 25%。2005 年阿富汗的農業占 GDP 的 38%。三分之二的勞動力人口服務於農業，80% 的人口依賴於農業。振興農村經濟對於戰後阿富汗經濟的發展和人民生活的改善有很大意義。連年戰爭使阿富汗全國約半數灌溉系統破壞殆盡。戰後雖修復了一部分，但整個水利灌溉系統運轉低效，僅達到全部能力的 25%。阿富汗二千九百萬人口中的絕大多數住在泥巴築成的屋子裡，占全國 75% 人口的農民竟然很少有人知道拖拉機。2006 年，阿富汗嚴重乾旱，灌溉系統的缺乏加重了災情，農業當年減產 9%，阿富汗原定 12% 的 GDP 增長目標，下調到 8%。

　　猖獗的毒品經濟對阿富汗政府戰後維護穩定和經濟重建構成嚴重挑戰。戰亂使阿富汗成為「罌粟王國」，因為種植鴉片的回報遠遠高於合法農耕，加上政府無力幫助農民改種合法農作物，鴉片生產成為農民的主要謀生之道。貧困家庭不種植鴉片，就將面臨饑荒。塔利班當政時也鼓勵種植鴉片。塔利班政權被推翻後，在高額回報的驅動下，阿富汗農民種植鴉片仍十分積極，鴉片種植繼續增長。2001 年以來，罌粟種植面積急遽上升，2004 年達到約十三萬一千公頃，鴉片供應量占到全球將近 90%，種植和販賣鴉片的收入占國家經濟收入的三分之一以上。2005 年阿富汗鴉片出口額相當於其不含毒品的國內生產總值的 36.3%。聯合國毒品和犯罪辦公室估計，2006 年阿富汗鴉片總產量達到六千一百噸，比 2005 年增長 49%，相當於世界供應總量的 92%。阿富汗總人

圖 60：罌粟種植園，遠方可見美軍的坦克車

口中估計有 13% 在種植鴉片。

　　從 2002 年開始，卡爾扎伊政府就實施剷除鴉片計劃，鼓勵農民放棄鴉片種植，並給予每英畝五百美元的補償。這種水準的補償顯然吸引力不大，因為農民每種植一英畝鴉片，收入可高達六千四百美元。在高額利潤驅使下，很多農民剷除鴉片後，又再次耕種，造成了政府禁煙令屢次受挫。2004 年 2 月 9 日，喀布爾召開了阿富汗剷除毒品國際會議。二百多名各國和國際組織的專家、外交官和軍事人員出席會議。卡爾扎伊在會上宣稱毒品貿易已經成為恐怖分子籌措資金的重要管道，威脅著阿富汗的經濟重建、危及安全形勢和伊斯蘭宗教信仰。他要求國際社會幫助阿富汗禁種毒品。然而，由於罌粟種植和鴉片生產與部分百姓的生活聯繫得緊密，徹底剷除毒品經濟並非易事。阿富汗的許多毒梟本身就是地方武裝首領。

　　目前，阿富汗的經濟發展主要集中在基礎設施的建設上，包括道路、水力電力設施、城市飲用水工程、政府部門房屋建設等等，這些為吸引投資創造條件，但不能很快帶來經濟效益。阿富汗位於印度次大陸與亞洲大陸板塊碰撞的交會處，地下蘊藏著極為豐富的礦產資源，但並未得到充分開發。阿富汗的天然氣儲量約為一千至一千五百億立方公尺，目前已發現的石油儲量約一億桶左右，煤礦總儲量在五億噸左右。阿富汗各地均有銅礦發現，喀布爾省延伸到洛加爾省有一長達一百一十公里的銅礦帶，足以和尚比亞的銅礦帶相比，是世界上已探明的巨型銅礦之一。經估計，僅這一銅礦帶，品位在 0.6% 以上的銅礦儲量就在十億噸以

上。阿富汗的鐵礦儲量也相當驚人,位於巴米揚省的鐵礦,延伸六百公里,總儲量近二十億噸,是世界級的大鐵礦。阿富汗也擁有豐富的鋰礦、鉻礦和鈹礦,鋰礦有上億噸的儲量。這些資源的開發和利用在將來會給阿富汗經濟帶來巨大收益。

阿富汗衛生醫療事業在多年戰爭中遭到嚴重破壞。世界衛生組織 2001 年 10 月的一份報告顯示:阿富汗每五萬人僅有一名醫生,每年因痲疹死亡的兒童約為三萬五千人,阿富汗人也極易感染傳染性疾病。為改善阿富汗的醫療衛生狀況,國際社會通過政府和非政府組織做出了很大努力。塔利班垮臺後,救援人員開始返回阿富汗。國際紅十字會和紅新月會聯合會,以及阿富汗當地的紅新月會在阿富汗各地開設了四十八個衛生診所,每個診所每月可為五萬病人提供醫療服務。美國、法國等國也加緊了對阿富汗醫療衛生事業的援助。

阿富汗的教育十分落後,文盲率高達 70%。塔利班統治垮臺時,阿富汗 80% 的學校已遭嚴重損毀。在塔利班統治阿富汗時,女孩不准上學,女教師也不能工作,只能待在家中。長期戰亂摧毀性影響,許多學校連最基本的書本、桌椅等教學用品都匱乏。阿富汗教育部長尤努斯‧加努尼估計:由於缺乏教師和教育設施,2002 年,阿富汗全國四百五十萬學齡兒童中只有三百萬人能夠進入學校接受教育。重建整個教育系統至少需要八億七千四百萬美元。這筆資金還只是承擔對二千五百所學校進行重建、對三千五百所學校進行大規模維修,以及聘用三萬名教師所需。亞洲開發銀行 2002 年 3 月的一份報告稱,在經歷了二十五年戰亂後,阿富

汗的教育事業已處於崩潰邊緣。在今後的十年間，阿富汗至少需要十二億四千萬美元才能重振教育事業。國際社會向阿富汗提供了一定的重建資金和教科書，還幫助培訓教師和重建被損毀的學校。2001～2006 年，美國承諾援助阿富汗的金額高達一百三十六億美元。

　　阿富汗難民的回歸和安置也是阿富汗政府面臨的一個問題。2001 年，全世界有三分之一的難民來自阿富汗。聯合國難民署的統計資料顯示，阿富汗爆發內戰二十三年來，約四百萬阿富汗難民分流到全球數十個國家，流落在巴基斯坦和伊朗的阿富汗難民有三百五十萬人。自 2003 年 3 月實施阿富汗難民回國安置計劃以來，返回家園的阿富汗難民已達一百六十萬人，遠超聯合國難

圖 61：戰時孩童基金會 (The Children of War) 協助重建教育

民署預計的人數。在首都喀布爾，到處都可以看到回國的難民，他們的生活狀況令人堪憂。大批難民回國後的救濟經費以及以後的生活就業問題，給阿富汗政府和聯合國難民署帶來了很大壓力。阿富汗政府在保障如此眾多的難民安居和促進其就業上捉襟見肘。戰後數年間，僅在喀布爾，政府就難以提供足夠的住房，政府更沒有財力發展經濟以促進就業。

　　戰後，阿富汗一貧如洗，百廢待興，需要國際社會的援助和參與。國際社會已向阿富汗提供大量援助，並從政治上支持卡爾扎伊政府。美國是阿富汗最近這次戰爭的最大收益者。美國全面主導了阿富汗的和平進程和經濟重建，向阿富汗提供最大經濟援助，並且與北約國家一起向阿富汗各地派遣省級重建隊 (PRT)，幫助當地維持和改善治安，重建經濟。在美軍的打擊下，塔利班勢力和蓋達組織雖然遭到重創，然而恐怖主義的根源並沒有得到根除。

第二節　賓拉登之死

　　2011 年 5 月 1 日深夜，巴基斯坦首都伊斯蘭馬巴德以北六十公里外，阿伯塔巴德市一片寂靜，大多數人已進入夢鄉。此時，兩架美軍最新型的隱形直升機從位於阿富汗賈拉拉巴德市附近的一處軍事基地起飛，正迅速接近賓拉登在該市的藏身之所。機上載著二十四名精銳的美國海豹突擊隊隊員。

　　賓拉登和他的兩個妻子及幾個孩子也已入睡。他們在這裡已

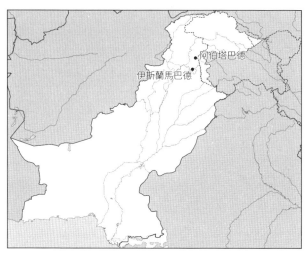

圖 62：位於伊斯蘭馬巴德北方的阿伯塔巴德市

住了好幾年。賓拉登的住所在阿伯塔巴德市北邊，中間有一座三層樓，周圍是寬闊院落。賓拉登的弟弟和家人以及他的親信也住在這裡。這所占地約一千五百平方公尺的建築是五年以前修建的，當時周邊還是郊野，如今周圍已建滿房舍，附近不遠處還是巴基斯坦著名的陸軍訓練學院。

　　賓拉登院落如同一座堡壘。外牆高三點六公尺以上，裝有鐵絲網。進入院落要經過兩道安全門。院落內另築牆體，把院落分隔為幾部分。臨街的牆體窗戶很少，路人難以觀察房屋內的動靜。屋裡也沒有安裝電話，和網際網路連接點。

　　九一一事件發生後，美國政府為了抓捕蓋達組織頭目賓拉登，動用了一切偵察手段和力量，想盡了一切辦法。美國在阿富汗和巴基斯坦組成了高中低、全天候、電子監察網路。太空中，有包

括「鎖眼」照相偵察衛星、「長曲棍球」合成孔徑雷達成像衛星、電子偵察衛星和民用遙感衛星等各類監測衛星數十顆。近空，美軍部署了「聯合星」監視與指揮機、EC-130 戰場指揮飛機、電子偵察機，以及「捕食者」、「全球鷹」和 U-2 無人偵察機等各類飛機四十餘架。裝備有遠端雷達和信號分析系統的美軍航空母艦和大型艦船，以及裝有新型戰術偵察吊艙的艦載機，也全天候地對阿富汗及其周邊地區實施偵察探測。

在地面，美軍部署了數十個偵察小組，攜帶先進的通信設備，乘坐偽裝的卡車、小型汽車，或騎毛驢，穿梭於賓拉登可能活動的山區和城鎮。有些偵察小組成員則頭裹花格頭巾，身披毛毯，蓄鬍鬚，化裝成當地民眾，潛伏在人群之中，搜集賓拉登及蓋達組織的活動情報。與此同時，美軍還在阿富汗與巴基斯坦邊境地區建立了多個監聽站，以多種技術手段截獲電子郵件，監視無線電通信，實施電話竊聽。正是靠著這些情報偵察手段，2001 年 11 月 16 日，美軍動用「捕食者」無人偵察機發現並炸死了蓋達組織二號人物阿提夫 (Mohammad Atef, 1944–2001)。 2002 年 2 月，美國中情局又通過技術監聽，抓獲蓋達組織高技術專家利比。2002 年 9 月，美國情報人員通過跟蹤衛星電話，抓捕了蓋達組織德國分部頭目拉姆齊。

這些年來，賓拉登雖然吸取了同夥的教訓，在建築物內不使用電話和網際網路，但美國情報機構也在不斷增強偵察力量。美國反恐特工人員由二千一百人激增到四千六百八十人。中亞地區的諜報人員也不斷充實，他們利用各種偽裝和掩護身分進入阿富

汗及其周邊國家，開展祕密情報活動，重點瞭解塔利班和蓋達組織領導人的行蹤。然而，截至 2010 年，美國對賓拉登的追捕都以無果而告終。

2010 年中，美國多年來瞭解到的一條線索終於有了突破性進展。911 事件後，美國逮捕了多名蓋達組織成員，其中一個被關押在關達那摩監獄的蓋達組織領導人，他在水刑的壓力下，供出了賓拉登信使的名字。美國多年來試圖發現這位信使的真實姓名和住址未果，直到 2010 年夏天才出現曙光。2010 年 7 月，美國中央情報局的巴基斯坦員工在巴基斯坦白沙瓦繁忙的街道上追蹤到了一輛白色的鈴木轎車，並記錄下這輛轎車的車牌號碼。開車的人就是那位賓拉登最信賴的信使，美國人為了掌握他的真實姓名，又花了六年時間。此後一個月中，中情局特工為了追蹤他，跑遍了巴基斯坦的中部地區。這位信使最終把美國人帶到距離巴基斯坦首都伊斯蘭馬巴德以北六十公里的阿伯塔巴德市郊外的一處建築。

美國隨即對這處建築進行調查。美國中情局、國家地理空間情報局和國家安全局利用衛星和其他監聽設備對該建築進行嚴密監控。美國中情局局長帕內塔每週都要求報告最新情況。到 2010 年秋，美國已經知道該建築內共有二十二位居民，基本是賓拉登最信任的那位信使的親屬。除此以外，美國還瞭解到建築物內住有第三個神祕家庭。這個家庭與賓拉登可能有的家庭相符合。但這第三個家庭的成員從未離開這處居所。2010 年 9 月，歐巴馬被告知這處建築裡可能住著反恐戰爭的重要目標——賓拉登。歐巴

馬為此召集包括中情局局長帕內塔、副總統拜登、國務卿希拉蕊以及國防部長蓋茨在內的核心成員舉行了一次祕密會議。那天，帕內塔講述了疑似賓拉登藏身地的詳情。

2010 年 11 月，帕內塔下令全國反恐中心確認賓拉登是否住在此座建築內，偵察衛星不久就拍攝到貌似賓拉登的人物在院中散步的圖像。2011 年 2 月，帕內塔認為應該制定最後行動計劃，於是便和美軍特種部隊司令威廉・麥克雷文中將會面，決定組織一個團隊來制定行動方案。幾週以後，麥克雷文和中央情報局相關人員一起，提出了突襲行動的三種方案：第一、直升機機載突襲隊隊員，空降賓拉登住所實施襲擊；第二、使用 B–2 轟炸機直接轟炸該建築，但可能將整個公館摧毀；第三、在行動的幾個小時前通知巴方，和巴基斯坦情報人員聯合進行突襲。

2011 年 3 月 14 日，美國中央情報局局長帕內塔將行動方案提交白宮討論決定。美國空間監察機構和中情局又拍攝多張衛星圖片，以瞭解該建築中住戶的生活習慣。在對房屋結構和相關人

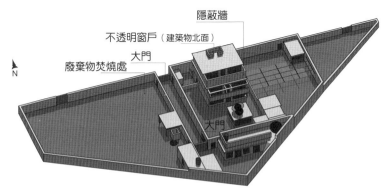

圖 63：賓拉登藏身之處

員的圖像深入分析後，情報分析師意識到，建築物內的第三個家庭，幾乎可以確認是賓拉登和他的一個妻子及孩子。然而，歐巴馬總統的顧問在下一步該如何行動的問題上產生了分歧。3 月 22 日，歐巴馬向身邊的顧問徵詢意見時，國防部長蓋茨對直升機襲擊行動持懷疑態度，認為存在太大風險。他指示軍方考慮使用輕型炸彈的空襲方式。幾天之後，研究的結果是空襲需要三十二枚平均重達二千磅的炸彈。但無法確定是否殺死了賓拉登，因為空襲可能只會留下一個大坑，而不會留下任何一具屍體。

動用直升機發起突襲的方式看來是最佳的選擇。這樣最有可能拿到賓拉登確實藏身在此建築中，並被打死或抓獲的證據，儘管這一行動方式複雜和危險。4 月 29 日上午 8 點，歐巴馬把國家安全顧問多尼隆、白宮幕僚長戴利和白宮反恐首席顧問布倫南再次召集到了白宮的外交廳。歐巴馬提出了自己的決定：用最新式的隱形直升機長途奔襲賓拉登住所。5 月 1 日上午，歐巴馬給這次軍事行動下達了最後命令，此前一天，由於天氣原因，行動被推遲了二十四小時。

美國時間 5 月 1 日下午 2 點 5 分，中情局局長帕內塔最後一次向國家安全委員會的成員概述行動情況。阿富汗時間 5 月 1 日深夜，二十四名美國海豹突擊隊隊員在阿富汗賈拉拉巴德市的軍事基地，登上了幾架隱形直升機。海豹突擊隊起飛後，兩架滿載美國士兵的武裝直升機也在阿巴邊界待命。美國憂慮一旦特遣隊行動被巴基斯坦發現，可能會發生交火，因為附近是巴基斯坦著名陸軍軍校。十天以前，歐巴馬命令突擊行動人員增加一倍，並

且要求美國間諜衛星密切監視巴基斯坦軍方動向，確保特遣隊停留賓拉登房間，收集證據時的安全。美國參謀長聯席會議主席也在行動期間密切關注行動動態，一旦特遣隊被巴基斯坦軍方發現，美國將不惜與巴軍交戰，增援直升機會在九十分鐘內抵達賓拉登住所。

5月2日凌晨1點左右，隱形直升機飛臨賓拉登住所上空，周圍的居民幾乎沒有覺察出隱形直升機的低沉轟鳴聲。然而，意外還是發生了，在向賓拉登住所院落降落時，直升機葉片掀起的氣流和賓拉登住所建築物高牆造成「渦旋」，一架美軍直升機重重撞向地面後嚴重受損。其他直升機迅速降低高度，抵達目標上方，突擊隊員降至建築圍牆內。屋內的人被突襲驚醒，隨即引發交火。海豹突擊隊用了四十分鐘時間一邊開火，一邊搜查建築內的每一個房間。突擊隊員頭上佩戴的攝像裝置直接把襲擊時的景象即時傳回美國大本營。在美國華盛頓白宮，歐巴馬和副總統拜登、國務卿希拉蕊與國安會成員集聚在戰情室裡觀看突襲實況。

在院落中央三樓的一個房間裡，突擊隊員發現了賓拉登，身材高姚的賓拉登蓄滿絡腮鬍，身著當地尋常的寬鬆長衫和長褲，他沒有抵抗，但是他二十九歲的妻子卻撲向突擊隊員，被擊中腿部倒地。一名海豹突擊隊員隨後對準賓拉登開火，槍彈從賓拉登的左眼射入，貫穿賓拉登頭顱，賓拉登倒地身亡。突擊隊員隨即報告美國大本營：「傑羅尼莫」（賓拉登）已死。為了進一步確認是否為賓拉登，一名身高一米八的美國海豹突擊隊員不得不躺在賓拉登身旁，以測試其身高。除賓拉登外，還有三名男子和一名

圖 64：歐巴馬在戰情室中監看戰況

女子喪生，三名男子是賓拉登的兒子和賓拉登的二名隨從。

　　突擊隊員仔細檢查了賓拉登住所的物品，拿走了所有有情報價值的物品，包括電腦硬碟。撤離時，那架撞向地面的直升機無法升空。為了避免直升機落入他人之手，突擊隊將建築物內的婦女和兒童轉移至一處安全區域，然後將故障直升機炸毀。5 月 2 日凌晨 3 點半左右，載著搜繳來的檔案、電腦硬碟和 DVD 光碟，以及賓拉登的遺體的美軍直升機升上空中，賓拉登住所周圍已集聚了一批圍觀的人群，住在附近的一位前巴基斯坦工程師用自己的社群媒體報導這不尋常的事件。當時，他當然並不知道那裡是賓拉登住所。夜幕下，阿伯塔巴德市上，許多房間的燈光已經點亮，驚醒的人們也在向外觀望。遠處，一車隊巴基斯坦軍隊正迅

速向阿伯塔巴德市賓拉登住所駛來,巴基斯坦軍隊還被蒙在鼓裡,他們不清楚是誰在此登陸,幾十分鐘後,才派出武裝部隊來迎戰外來入侵者。返航的武裝直升機很快消失在遠處的夜空中,不久就降落在美軍在阿富汗的基地,美軍參謀長布倫南這時才鬆了一口大氣,「感謝上帝,(我們)沒有和巴基斯坦武裝部隊交火。」

　　突襲終結了賓拉登近十年隱匿生涯,也終結了這位年少時穿著喇叭褲,而在中年後卻主導了反抗美國世界霸權的「恐怖主義活動」的叛逆者。賓拉登的兩個妻子、六個孩子和四名親信也被巴基斯坦軍方逮捕。美國專家們對比遺體容貌和賓拉登的照片,還讓突襲發生時在賓拉登身邊的賓拉登妻子辨認遺體。最後,也對屍體做了去氧核糖核酸 (DNA) 檢測,經過與賓拉登家族其他數人的 DNA 資訊對比,確認了遺體身分。

　　5 月 2 日,根據死者遺體必須在二十四小時之內下葬的伊斯蘭習俗,美國軍方將賓拉登的遺體進行了海葬。葬禮在美軍「卡爾‧文森」 號航空母艦上舉行 ,美國東部時間凌晨 1 時 10 分開始,大約一小時後結束。賓拉登的遺體裹上白布,被放上一塊木板,緩緩倒入阿拉伯海,整個過程被錄影記錄下來。

　　賓拉登的死訊迅速傳遍世界,成為各國媒體的頭號新聞,政要們紛紛表態。英國首相大衛‧卡梅倫發表聲明,稱賓拉登在九一一事件和後續多起恐怖襲擊中,奪走數以千計包括英國人的生命。賓拉登「再也不能從事全球恐怖活動……全世界得以放鬆」。以色列、義大利、法國、俄羅斯、德國、日本、巴基斯坦等國也積極回應賓拉登之死。阿富汗總統卡爾扎伊說,賓拉登「為他的

行為付出了代價」，阿富汗塔利班應「吸取教訓、停止對抗」。一些國家媒體和專家也紛紛發表評論，但他們認為賓拉登之死不意味著恐怖主義的終結。

在繳獲的賓拉登筆記中發現，賓拉登仍在思考策劃新的大規模殺傷恐怖活動。在賓拉登死後一個月內，巴基斯坦又發生了多起爆炸襲擊事件，蓋達和塔利班宣稱對此負責。

第三節　阿富汗和解進程的開啟

2004 年，美國懸賞兩千五百萬美元取一個叫扎卡維的約旦人的人頭，此價格幾乎與賓拉登的人頭持平。此前，2003 年 2 月伊拉克戰爭爆發前夕，美國國務卿鮑威爾在向聯合國做報告時把扎卡維列為與賓拉登同等危險的人物，認為他與賓拉登以及伊拉克海珊獨裁政權都有聯繫。《華盛頓郵報》記者瓦里克認為，扎卡維曾一度想要保持「中立」，與蓋達組織撇清關係，正是由於美國的指控使他的「大名」傳遍世界，成了國際恐怖組織的頭面人物。美國軍隊入侵伊拉克，推翻海珊政權後，走投無路的海珊軍隊的散兵游勇很快集聚在扎卡維的麾下。此後，在伊拉克混亂無序的狀況下，扎卡維指使手下到處製造汽車爆炸和自殺式襲擊，煽動宗教仇恨，加劇緊張局勢。網路上不斷流傳，人質被用鐵鍊鎖住，困在籠裡以及被斬首的血腥場面錄影，據稱均出自他領導的統一聖戰組織之手。

阿布·穆薩布·扎卡維 (Abu Musab al-Zarqawi, 1966–2006)，

生於約旦。他和賓拉登都是在 1980 年代以「阿富汗阿拉伯人」參與抗擊蘇聯侵略的形象而出現的。蘇軍撤出阿富汗後，扎卡維返回約旦。他隨即被指控圖謀推翻約旦君主制度，建立伊斯蘭教國家，在約旦的監獄被囚禁了七年。

　　1999 年扎卡維獲釋，次年便逃離約旦，來到和阿富汗接壤的巴基斯坦白沙瓦。半年後，扎卡維又來到阿富汗，在坎達哈和喀布爾與賓拉登等蓋達組織領導人見面，請求給予資金援助，幫他在靠近伊朗邊界的赫拉特建立訓練營。在蓋達組織的支援下，訓練營很快建立起來，並吸引來大批約旦好鬥分子。2001 年九一一事件後，美國入侵阿富汗，扎卡維與塔利班和蓋達組織成員一起抵抗美國軍隊入侵。2001 年，扎卡維在阿富汗的基地遭美軍導彈襲擊，他被炸斷一條腿後，逃往伊拉克。2003 年，在阿富汗生存空間極度萎縮的 IS 前身「一神論與聖戰組織」遷往伊拉克並加盟蓋達組織，從此以蓋達組織伊拉克分支的名義開展活動。2004 年 10 月，賓拉登任命扎卡維為伊拉克分支負責人。扎卡維於是把自己組織的名字改為「蓋達伊拉克聖戰分支」，其聖戰網路延伸至四十個國家，與全世界二十四個武裝極端組織有聯繫。

　　扎卡維作為蓋達組織的「第三把交椅」後來居上，活動能力超越其「前輩」賓拉登。扎卡維表現出極端殘忍的一面，成為恐怖的「象徵」。伊拉克戰後的混亂成就了扎卡維，他在這裡找到了施展自己的恐怖手段的機會。扎卡維極力反對伊拉克通過民主選舉實現和平和恢復秩序，他聲稱「對邪惡的民主原則以及這種錯誤意識形態的追隨者發起猛烈戰爭，選舉中的候選人是在尋求成

為半神，為他們投票的人是異教徒。」戰後，伊拉克境內發生的
一系列自殺爆炸襲擊，他均是幕後主使。

　　扎卡維成為美軍頭號通緝犯後，數次逃脫了美軍的追捕，
2005 年 2 月 20 日，美軍得到消息，扎卡維將前往費盧傑以西的
拉馬迪參加祕密會議，於是派出特遣部隊在前往拉馬迪市的周邊
建立了數個機動車輛檢查站。一輛小汽車在美軍檢查站前被截停
下來，小汽車後面不遠處的一輛小型卡車迅速調頭離去。美軍隨
即展開追擊，並估計扎卡維就在那輛逃跑的卡車上。追擊數公里
後，這輛卡車被截住，車上卻沒有發現扎卡維，但有扎卡維的筆
記型電腦和八萬歐元現金，扎卡維顯然在途中逃脫。後來得知在
卡車通過一個地下通道時，扎卡維跳車，並躲在那裡，然後前往
了拉馬迪的另一個安全地點。

　　2006 年 6 月 7 日美軍從伊拉克安全部門得到情報，扎卡維和
他的助手將在巴古拜以北約八公里的地方開會。美軍很快發現了
扎卡維的助手謝赫·阿布杜拉─拉赫曼的位置，並跟蹤他到了一
片樹林旁的一個屋子，隨後立即命令兩架 F-16 戰鬥機飛臨上空。
晚上六時左右，兩架 F-16 戰鬥機向目標投擲了兩枚五百磅重的
炸彈。空襲過後，伊拉克員警首先趕到現場，不久，多國部隊也
到達空襲現場。房屋內共有六人被炸死。美軍通過指紋、面部辨
識和傷疤，認定其中的一具屍體就是扎卡維。然而，扎卡維的死
並沒有阻礙他所創立的恐怖組織繼續發展。

　　扎卡維喪生後，另一位恐怖分子馬斯里 (Abu Ayyub al-Masri,
1967–2010) 隨後宣布自己是扎卡維的繼任者，成為蓋達組織伊拉

圖 65：伊斯蘭國國旗

克分支機構的領導人。2006 年 10 月，蓋達宣布建立「伊拉克伊斯蘭國」，由阿布‧歐瑪爾‧巴格達迪 (Abu Omar al-Baghdadi, 1959–2010) 領導，目標是消除二戰結束後現代中東的國家邊界，並在這一地區創立一個由蓋達組織領導的大公國。

2011 年「阿拉伯之春」爆發後，中東和北非數個國家出現動亂，尤其是在敘利亞的戰亂，為 IS 攻占敘利亞和伊拉克大片領土提供了機會。敘利亞和伊拉克政府軍幾乎望風披靡，IS 占領大片土地後，實施滅絕性的大屠殺，引起大批難民逃離家園。該組織也無視文明基本準則，他們處死戰俘，砍新聞記者的頭，毀滅數千年的宗教古蹟。2014 年 6 月，阿布‧貝克爾‧巴格達迪 (Abu Bakr al-Baghdadi, 1971–2019) 自稱為哈里發，將政權更名為「伊斯蘭國」，並宣稱對整個穆斯林世界（包括中世紀阿拉伯帝國曾統治的所有地區）擁有權威。「伊斯蘭國」（Islamic State，縮寫為 IS），全稱「伊拉克和大敘利亞伊斯蘭國」（Islamic State of Iraq and al-Sham，縮寫為 ISIS），al-Sham 的意思是「大敘利亞」，包括現今敘利亞、黎巴嫩、約旦、以色列和巴勒斯坦地區。這是一個極端恐怖組織。

「伊斯蘭國」在伊拉克和敘利亞一度為所欲為，縱橫馳騁，給世界造成更加嚴重的威脅，使阿富汗的局面相形見絀，更像是

一個地方性的事件。與此同時，阿富汗的對立兩派的局勢也發生重要事件。從 2011 年 5 月中旬起，就有傳言說塔利班的創始人及領導人穆罕默德・歐瑪爾在巴基斯坦被擊斃。2011 年 5 月 23 日，阿富汗國家安全局發言人馬沙勒在新聞記者會上說，歐瑪爾過去十年間居住在巴基斯坦奎達，但在三四天前從藏匿地點消失。滲透進阿富汗塔利班高層的情報部門線人提供消息說，塔利班也與歐瑪爾失去聯繫。當地一家媒體報導阿富汗一名情報官員透露，兩天以前歐瑪爾在離開奎達前往北瓦濟里斯坦的途中，被巴基斯坦三軍情報局主管古爾將軍的部隊擊斃。隨後，多家媒體轉引，成為全球新聞界關注焦點。

　　阿富汗的塔利班發言人扎比烏拉・穆賈希德則否認此說法，宣稱這則報導為宣傳。穆賈希德說：「這是情報陰謀，目的是⋯⋯製造混亂。」歐瑪爾「人在阿富汗，正與其他指揮官一起指揮軍事行動」。巴基斯坦塔利班同樣否認這則消息。2014 年 5 月，美國政府用五名塔利班囚犯換回了被俘的美國士兵鮑・伯格達爾。5 月 1 日，塔利班以歐瑪爾的名義發表聲明，稱與美國政府換囚是「重大勝利」。2015 年 7 月 30 日，塔利班的一項聲明確認歐瑪爾已經死亡，隨後（2015 年 8 月 31 日），塔利班的公告聲稱歐瑪爾是死於 2013 年 8 月 23 日。在塔利班內部，歐瑪爾一直在強硬派和溫和派之間扮演著「和事佬」的角色，維護著塔利班團結的大局。這位一手創辦宗教學校，並曾經使塔利班武裝分子席捲阿富汗，奪得政權的塔利班創始人的死亡，似乎標誌著阿富汗一個時代的結束。

　　2013 年，阿富汗武裝部隊從北約聯軍手中正式接管對阿富汗全國的安全主導權，負責全國三十四個省的四百零三個地區的防務任務，並承擔了 90% 的軍事行動。按計畫，到 2013 年底，駐阿富汗的北約聯軍將減少一半，2014 年底所有戰鬥部隊將撤離。但直到 2014 年撤軍前，阿富汗的治安狀況仍然沒有太多改變，與塔利班的戰鬥持續不斷。就在北約聯軍移交安全主導權的同一天，首都喀布爾發生一起炸彈襲擊事件，造成三名平民死亡。2013 年 12 月 4 日，一百多名美歐聯軍士兵，在赫爾曼德省阿里的村落中與塔利班武裝分子展開激戰。交火持續四個多小時，聯軍派出了武裝直升機加強火力。美軍步兵攜帶有望遠鏡的 M-240 機槍、M-21 狙擊步槍和 81 毫米迫擊炮等武器，並往往乘坐悍馬越野車和其他裝甲車輛。塔利班的主要武器則是 AK-47 步槍和 RPG-7 火箭筒，RPG-7 火箭筒似乎對美軍威脅較大。典型的案例是當美軍車隊沿著蜿蜒的山路爬行時，埋伏在山坡上的塔利班武裝分子引爆地雷，並用火箭筒射擊美軍車輛。不出意外的話，受襲美軍會召喚戰機前來支援，向塔利班陣地發射火箭彈和投擲炸彈。由於美軍在阿富汗各個戰略要地都設有軍用機場，而且有無人機和一些值班戰機在戰場附近的空中遊弋盤旋，空中支援多半會很快到來。

　　美軍的阿帕契武裝直升機適應各種地形，並能超低空飛行和懸停，發射火箭和導彈，成為美軍戰場的利器。黑夜中，匍匐在地上，躲藏在山溝或其他地方的塔利班武裝分子，在阿帕契武裝直升機的紅外線瞄準儀中，呈現為蠕動的白色人影，四處躲避。阿帕契武裝直升機駕駛員所要做的就是在四處遁形的目標中，選

定對準哪一個目標首先開火。戰場宛如屠場，往往數分鐘以後，幾十名塔利班武裝分子蠕動的人形就變成破碎的，逐漸失去熱量的屍影。

　　然而，戰鬥並不是一邊倒，塔利班的游擊戰也多次給聯軍造成重大損失。2012 年 9 月 14 日，塔利班對英軍在阿富汗赫爾曼德省的軍用機場發動攻擊。襲擊使美軍遭遇越戰後最慘重的單日飛機損失，八架作戰飛機受損，包括六架 AV–8B 被摧毀，兩架嚴重損傷，並有兩名美國海軍陸戰隊隊員死亡。英國的哈利王子據說當時也在該機場，距離交火地點不到四百公尺。該機場位於赫爾曼德省偏遠的沙漠地區，是英軍在該地區的行動中心，此前曾被視為是一個絕對安全的地點，因為它地處沙漠，周圍沒有樹木和建築屏障。2006 年 4 月啟用後，規模逐漸擴大，當時有三個營地，除英軍的營地外，還有美軍和阿富汗政府軍營地。英軍營地裡的機場是英國人在阿富汗最繁忙的軍用機場，每天要起降約六百架次的飛機。

　　這次襲擊經過精心策劃，塔利班的游擊隊事先在軍營附近的沙漠裡藏匿了武器，然後不帶武器通過軍營附近的檢查站。晚上十點，十六名塔利班襲擊者在軍營東面的圍牆挖洞，潛入營地，然後向機場和停機坪潛行，突然遭遇巡邏的兩名美國海軍陸戰隊員。塔利班立即發射火箭彈，炸死兩名美軍，並把一些飛機點燃。五十多名英軍和美軍趕來對戰，戰鬥持續約三小時。塔利班武裝分子想要靠近哈利王子的居住地以及哈利王子駕駛的阿帕契戰鬥機停放的跑道。攻擊發生後，哈利王子的貼身保鏢立刻把他送到

　　了一個更加安全的地點。戰鬥結束後，總共有十五名塔利班游擊隊被擊斃，一名被活捉，美軍也損毀八架戰機。

　　這次襲擊發生在哈利王子重返前線一周。哈利王子當時是作為軍人，在那裡駕駛阿帕契戰鬥機執行軍事任務。據報導，參與行動的塔利班武裝分子全都身穿自殺炸彈背心，偽裝成附近種植園工作的農民。事後，塔利班的發言人對媒體說：「我們攻擊了那個營地，因為哈利王子也在那裡，這樣，他們會知道我們的憤怒。還有數千名自殺攻擊者已經準備好為了先知而獻出生命。」

　　2011 年 5 月美國擊斃賓拉登時，在阿富汗仍駐有十萬美軍。2011 年 6 月，歐巴馬宣布完成了其在入侵阿富汗時確立的目標，並公布了撤軍計畫，首先於 2011 年底撤回一萬名士兵。2011 年起，多國部隊也陸續從阿富汗撤軍。2014 年 5 月，歐巴馬宣布在 2016 年其第二任期結束前將撤回所有駐阿富汗美軍。2015 年 10 月，面對死灰復燃的塔利班，歐巴馬認為由於局勢並不見好，美軍宜在阿富汗保持現有兵力。

　　2014 年 4 月，塔利班發動「春季攻勢」，以炸彈和小規模武裝襲擊為主要形式，一路從阿富汗南部和東部的傳統根據地向北推進，滲透到首都喀布爾及其周邊省份，甚至把觸角伸向一向平靜的北部地方。北部的昆都士省、巴格蘭等省的塔利班活動也呈上升趨勢。喀布爾等重要城市和戰略要地雖仍在政府軍和美軍手中，但美國一度認為塔利班武裝分子實際上控制了阿富汗國土 70% 的面積，阿富汗政府承認至少十個地區在塔利班的控制之下。為了應對仍然活躍的塔利班勢力，美軍在阿富汗保持了九千

八百人的駐軍，以幫助政府軍控制局勢。

塔利班不僅在外省和山區發動游擊戰，並且對他所聲稱的所有外國部隊，幫助外國人的阿富汗人，包括阿富汗政府高級官員、安全人員、法官等發動襲擊。2014 年 7 月 17 日凌晨，塔利班武裝分子對喀布爾機場發動襲擊。一夥武裝分子於凌晨 4 時 30 分，占據喀布爾機場附近一座正在興建的大樓，並向機場軍事區域開火和發射火箭彈。機場軍事區域內有北約軍隊行動指揮部以及阿富汗空軍指揮部。隨後趕來的阿富汗軍警與之激烈交火。現場可以看到，武裝直升機在上空盤旋，數枚火箭彈飛入機場，並傳來巨大的爆炸聲，一名阿富汗員警受傷，至少三名襲擊者被擊斃。

2015 年 2 月 1 日，一名自殺式襲擊者試圖闖入阿富汗邊境員警總部所在的大樓，受到警衛阻攔後引爆了身上的炸彈。2015 年 12 月 8 日，阿富汗南部坎達哈省首府坎達哈市的機場遭到夜襲。塔利班武裝分子襲擊了坎達哈機場的政府工作人員的公寓大樓和軍事據點。武裝分子在襲擊過程中躲在一處大樓中，將一名軍官的家屬作為人質，並使用 AK-47 突擊步槍。襲擊持續了好幾個小時。襲擊造成至少二十二人死亡，其中包括八名塔利班武裝分子。

2015 年 12 月 11 日，阿富汗首都喀布爾市中心使館區突然響起巨大爆炸聲，隨後伴有持續槍聲。事後得知，一名塔利班武裝分子首先在西班牙大使館附近的一家飯店前引爆汽車炸彈，緊接著另三名塔利班武裝分子闖入西班牙大使館內，從使館的一個陽臺向外射擊，後來均被擊斃。事件造成西班牙駐阿富汗大使館所有人員撤離使館。襲擊事件共造成兩名西班牙籍安保人員、一名

阿富汗平民、五名阿富汗員警遇難，四名恐怖分子也均被擊斃。

2016 年 1 月 2 日，一家外國人和阿富汗官員經常光顧的法國餐廳又遭到襲擊。喀布爾警察局長拉希米說，一名自殺式襲擊者當天下午五點多在餐廳門口引爆了安放在車上的簡易爆炸裝置，造成兩名平民死亡，另有十八人受傷。喀布爾警方抓獲了一名參與襲擊的嫌疑人。塔利班宣稱對此次襲擊事件負責。

北約地面部隊於 2014 年 12 月正式撤出阿富汗後，平民傷亡的數量並沒有減少，反而每年均呈上升趨勢。2016 年 2 月 14 日，聯合國發表的年度報告聲稱，2015 年傷亡平民總數達一萬一千零二人，比去年增加 4%，其中死亡人數為三千五百四十五人，是 2009 年以來，阿富汗衝突中平民的死傷人數最多的年份，死傷人數的增加與北約戰鬥任務結束相吻合。塔利班在阿富汗人口密集地區及附近發動地面進攻，自殺性爆炸襲擊等有增無減。在人口聚集區的戰鬥是導致阿富汗平民死亡的最主要原因。塔利班武裝侵入城市中心地帶，特別是在 2015 年 9 月攻占昆都士市。最脆弱群體為此付出了沉重的代價：四分之一的受害者是兒童。

昆都士市的一名男子對聯合國小組說：「當時我的兄弟正外出打水。突然他給我打手機說：我中彈了……不知道誰向我開的槍，但我傷得很重……我的腸子都流到我騎的摩托車上了。」這之後，電話就斷了。由於那裡正在激戰，沒人敢去救他。他的屍體就在街上躺著，三天後家人找到他，然後把他埋了。聯合國的報告注意到阿富汗反政府武裝正調整策略，有意造成平民傷害。「壓力板引爆的自製炸彈」被無區別地使用。阿富汗的親政府武裝也存在

侵犯人權的行徑，如「故意殺戮、性侵、敲詐、侮辱和偷盜」。

　　阿富汗的經濟也並無很大起色，阿富汗經濟屬於「輸血型」經濟，經濟能否實現穩定增長取決於國內安全形勢、國際外援和外國投資（尤其礦業投資）等因素。阿富汗的經濟重建，需要其政府積極爭取外援，重塑國家經濟架構。

　　高寒和崎嶇不平等自然地理狀況，缺少灌溉管道網路和農機具等現代化設施制約了阿富汗農牧業的發展，糧食未實現自給自足，每年需要國際援助或進口來解決糧食短缺問題。世界糧食署在《2015 年阿富汗季節性糧食安全評估》中描述，面臨嚴重糧食不安全的阿富汗人口從十二個月前的 4.7% 上升至 2015 年的 5.9%，超過一百五十萬人，比前一年增加了近三十萬人，另有七百三十萬阿富汗人口被列為中度糧食不安全。這個數字超過了四分之一的阿富汗人口。嚴重糧食不安全狀況人口的上升趨勢，意味著更多的人將被迫出售土地，兒童輟學參加勞動，向親友求助等等。過去一年來，阿富汗面臨糧食不安全狀況的人口增長了一倍，達到了 20%，情況令人擔憂。當農民開始出售生產性資產，如牲畜、農機或土地時，這不僅是有損農民自身，也是對整個社會農業生產力的打擊。阿富汗人農業生產的技能和手段將會漸失，使農民對於未來的生存衝擊將失去恢復力，代之的會是飽和的城市勞動力市場。

　　2015 年，阿富汗農業、灌溉和畜牧業部長扎米爾對糧食不安全狀態持續惡化表示震驚，並呼籲國際捐助方能夠繼續向該國最脆弱的人口提供援助。世界糧食署的報告認為，糧食不安全狀況

不僅是糧食產量的問題，也是能否獲得糧食的問題。2015 年阿富汗的小麥產量有所增加，但大批的飢餓民眾卻無法從市場上購買糧食。脆弱人群，如婦女當家的家庭和流離失所民眾陷入饑荒中。由於收入較低，以婦女當家的家庭陷入朝不保夕的狀態的機率比其他家庭高出近 50%，婦女採取包括乞討在內的緊急應對措施的機率也高出一倍。

隨著阿富汗政府在 2014 年換屆選舉的完成，以及北約安全部隊全面撤軍，阿富汗進入了國內政治、社會安全、經濟發展和外交的轉型期。但阿富汗形勢的發展顯示政治前景仍舊不明朗，安全局勢一度惡化，經濟自立自足也為時尚早。2010 年 6 月阿富汗政府召開了和平支爾格會議，呼籲包括塔利班在內的阿富汗各派政治和解。2015 年 7 月，阿富汗政府和塔利班在巴基斯坦舉行了首次公開對話，但由於塔利班前最高領導人歐瑪爾於兩年前去世的消息公布，塔利班取消了第二輪談判。塔利班二號人物曼蘇爾繼任，引發了紛爭。直到 2016 年才再次啟動阿富汗和平進程談判，前三輪對話分別於 1 月 11 日、1 月 18 日和 2 月 6 日舉行，2 月 23 日在阿富汗首都喀布爾舉行第四輪對話。和平進程由阿富汗、巴基斯坦、中國、美國構成的四國機制主導，旨在結束政府與塔利班十四年的軍事衝突，促成社會和解。2016 年 2 月 6 日的阿富汗和平進程四方機制對話結束後，四方發布聯合聲明稱，各方對實現阿富汗和平進程的路線圖達成一致，阿富汗政府與塔利班之間的直接對話或將繼續舉行。聲明還呼籲塔利班各個派系參與到對話中來。

第二十三章 | *Chapter 23*

塔利班重掌政權

　　九一一事件以後，美國軍隊侵入阿富汗，決心摧毀襲擊美國、為蓋達組織提供庇護的塔利班政權。美國領導的這項軍事和政治使命另一項任務是在自由民主法治思想下，重建阿富汗的國家體系。在此後的十八年裡，美國撥款約一千三百七十億美元用於援助阿富汗的各種重建。光是 2020 財政年度，美國對阿富汗安全部隊的援助總額就為四十二億美元，是迄今為止美國最大的援助類別。

　　二十年來，國際社會對阿富汗的援助超過兩千億美元。2002年在東京召開的援助阿富汗國際會議，二十二個國際組織承諾援助阿富汗和平重建，近二十個國家駐軍阿富汗。美國耗資八百多億美元打造和維持了一支三十萬人的阿富汗武裝力量。

　　阿富汗城市外貌發生了很大變化：現代化的鋼筋水泥建築、無線通訊網路和高速公路、三十萬現代武器裝備的政府軍隊和定期的直選總統制度。阿富汗的 GDP 從 2003 年的四十億美元增加到 2020 年的兩百億美元，人均 GDP 增長了 166%，達到五百零

九美元,人口從兩千兩百萬增加到三千九百萬。但是阿富汗的農業人口仍占比約 90%,屬於世界上最貧窮的國家之一。

第一節　美國與塔利班和談並撤軍

2001 年,美國推翻了塔利班政權。塔利班殘餘勢力逃亡鄉村,在經歷一段時間的消停後,其勢力又逐漸壯大。2018 年 10 月起,美國政府開始與塔利班進行和談,並且著手釋放一些長期被關押的塔利班高階領導人,以創造和談氣氛。歷經多次談判,雙方終於在 2020 年 2 月 29 日,於卡達首都杜哈簽署了結束阿富汗戰爭的和平協定。美國國務卿龐培歐 (Michael Pompeo, 1963–)

圖 66:龐培歐在卡達與塔利班領袖協商

出席了協議簽署儀式。協議規定包含美軍在內的外國軍隊將在十四個月內撤出阿富汗。塔利班承諾不再庇護蓋達組織等恐怖組織。

龐培歐表示，美國將關注塔利班遵守承諾情況，並相應進行撤軍。美軍預計在未來幾個月把駐阿軍隊人數由一萬三千人減少到八千六百人。塔利班領導人阿卜杜勒‧加尼‧巴拉達爾 (Abdul Ghani Baradar, 1968–) 表示，塔利班將遵守協議規定，並希望外國軍隊的撤離能為阿富汗帶來和平 。 阿富汗總統加尼 (Ashraf Ghani, 1949–) 和美國國防部長艾斯培 (Mark Esper, 1964–) 也在喀布爾簽署協議，承諾阿富汗政府將支持美國與塔利班達成的和平協議。埃斯珀說阿富汗最終和平需要各方妥協。此後，阿富汗政府與塔利班開始和平談判。在塔利班的要求下，阿富汗政府陸續釋放了五千名被關押的塔利班成員。

川普政府把 2021 年 5 月 1 日作為撤軍的最後期限 。 拜登政府上臺後，為了完成從阿富汗抽身，繼續執行川普執政時期簽定的美國和阿富汗的和平協定。2020 年 4 月 14 日，拜登總統宣布，美軍將從 5 月 1 日開始，到 9 月 11 日完成從阿富汗撤軍。美國中央司令麥肯錫在美國參議院作證時說 ， 塔利班現占有阿富汗近 60% 的領土，擁有約六萬名戰鬥人員。

在沒有徹底清除塔利班勢力前，美國堅持撤軍可能有三方面的原因：第一，美軍即使集結多國部隊，也無法完全把塔利班勢力從阿富汗清除掉。第二，美國在這二十年間於阿富汗耗資一萬五千億美元，金額龐大，幾乎難以為繼。第三，美國認為，把寶貴的資源浪費在阿富汗，而不用於如中國等更大的競爭者對抗，

是不明智的表現。

　　美國還相信，他不會重蹈蘇聯的覆轍，或者出現從越南撤軍後，敵對勢力全面接管國家的結局。美國認為，新的軍事技術革命，已經賦予美國多種更為有效的武器和軍事手段，足以遏制塔利班威脅美國和阿富汗的能力。

　　美軍中央戰區司令麥肯錫聲稱，美軍可以從境外「超視距」打擊塔利班，影響阿富汗未來的戰場形勢。《紐約時報》披露，五角大廈打算與阿富汗交界的塔吉克和烏茲別克等國商議，把駐阿美軍轉移到這些國家。美國在烏茲別克有軍事基地，在離阿富汗數百公里的吉爾吉斯，美國還有二十六個祕密軍事基地。這些被美國稱為「睡蓮」的基地，擁有遠端雷達、偵察和攻擊無人機，以及武裝直升機。麥肯錫稱，一旦阿富汗出現大規模戰鬥，美軍可以用遠端精確火力、特種作戰突襲、戰鬥機和無人機打擊塔利班軍隊。這些設在阿富汗境外的基地，可以不用大量軍隊守護，「事半功倍」。

　　美國新軍事戰略背後的高人，軍事問題專家尼克‧特爾什論述說，在遠離美國的歐亞大陸上，遂行全面入侵和大規模占領，已經過時，取而代之的應該是特種作戰部隊突襲、武裝無人機的偵察和攻擊、電磁壓制和網路攻擊，以及五角大廈與所在國軍隊和私人軍事公司雇傭軍的聯合行動。

　　美軍鼓吹的新戰爭模式，是軍隊可以隨時和及時到達戰場，並且以靈活多樣的武器進行打擊。借助覆蓋阿富汗全境的戰場態勢感知系統、全天候偵察的近地軌道衛星、二十四小時空中盤旋

的無人機等等，一旦塔利班大規模地進攻，美軍將會在戰場上迅速建立一個數位化戰場態勢圖，逐一鎖定和消滅塔利班軍隊。

美軍還計畫在塔吉克和烏茲別克，建立物質和武器設備儲存轉運站，建設和運營馬扎里沙里夫—喀布爾—白沙瓦鐵路走廊，以便戰時迅速把軍事裝備、彈藥和燃料從中亞轉移到阿富汗。美國認為新的軍事技術和武器，使其具備遠比越南戰爭更強大有效的武器裝備。它可以從鄰近國家，甚至是巴基斯坦的軍事基地進行快速反應，用武裝直升機突襲，還可以用「女武神」無人機母艦，攜帶成群的小型偵查和攻擊無人機，像蜂群一樣攻擊塔利班武裝。事後，阿富汗的形勢發展，說明這一切都是紙上談兵。

2021 年 5 月 1 日，美軍開始撤軍，幾天後，阿富汗局勢就急轉直下，塔利班在赫爾曼德南部和六個省份發動重大攻勢。美國宣布將發放緊急簽證給為美國服務的雇員及其家屬，協助他們撤離阿富汗，這等於是公開宣布美國已斷定塔利班最終會席捲阿富汗取得勝利。

6 月 7 日，阿富汗三十四個省份中有二十六個發生戰鬥。6 月 22 日，塔利班在遠離南部傳統根據地之外發動一系列襲擊。7 月 2 日，美軍在一夜間突然撤出其主要軍事基地巴格蘭空軍基地。7 月 21 日，塔利班叛亂分子控制了阿富汗約一半的地區，推進的速度令人瞠目結舌。7 月 25 日美國加強空襲，但成效甚微。

8 月 6 日，南部的扎蘭季成為多年來第一個淪陷於塔利班的省會，隨後是昆都士市。8 月 13 日，又有四個省會城市淪陷，包括第二大城市坎達哈。西部的重要城市赫拉特也被占領。塔利班

席捲阿富汗的速度令所有人感到震驚。三十多萬人逃離家園，喀布爾市內湧入六萬多避難的婦女兒童，恐慌情緒四處蔓延。

9月中旬，阿富汗戰局到了全面崩潰的地步，政府軍兵敗如山倒。9月14日，塔利班占領馬扎里沙里夫，在幾乎沒有受到抵抗的情況下，又占領了距喀布爾六十多公里的洛加爾省首府普里阿蘭，並截斷部分喀布爾供電線路。

同一天，政府軍的一支的特種部隊車隊在從扎布林向喀布爾撤退途中被堵截，特種部隊投降，數十輛M1117裝甲車被塔利班繳獲。塔利班奪取馬扎里沙里夫後，又繳獲二十多架Mi–17、UH–60A、MD–530F等系列直升機，四架A–29B超級巨嘴鳥攻擊機。塔利班擁有足以抗衡政府軍的重火力。塔利班隨即宣稱將在一周內拿下喀布爾，媒體報導，赫拉特塔利班軍事首領已滲透進喀布爾市中心。15日，塔利班距喀布爾僅十一公里，喀布爾危在旦夕。

英美正與時間賽跑，緊急撤僑。美國大使館開始燒毀機密檔案。英國和其他歐洲國家想把大使館搬到喀布爾機場，以便隨時乘機撤離，但已經來不及了。英報刊用「逃出地獄」來形容英國外交人員緊急撤離，並與1928～1929年大英帝國軍隊倉皇撤離英國和歐洲外交人員相提並論。英國在阿富汗有四千位僑民，美國有約七萬名為美軍服務的阿富汗雇員及家屬需要撤離。英國政府派出六百位特種兵，將英國大使和其他外交人員立即撤離。

拜登14日宣布緊急派遣五千名美軍士兵重返阿富汗，幫助撤僑。精銳的美軍第82空降師一千名士兵先期抵達阿富汗機場。

圖 67：阿富汗人在喀布爾機場登機逃離

82 空降師的一個旅四千人緊急部署在科威特軍事基地，隨時準備幾個小時內進入阿富汗支援。英國前國防大臣呼籲緊急調派正在中國東海附近的伊莉莎白號航母戰鬥群返回印度洋，用船艦載 F-35 戰機轟炸塔利班，遏制其對喀布爾的進攻，但遭到首相強森的拒絕。

　　除俄國和中國大使館外，多國大使館加速撤出人員。各國飛往喀布爾的航班已經停運。8 月 15 日，塔利班占領了東部重鎮賈拉拉巴德，完成了對喀布爾的包圍。8 月 16 日起，成千上萬的阿富汗人擠在喀布爾機場跑道上，絕望地要登上飛機逃離阿富汗。

第二節　為何塔利班比預想更快捲土重來

　　2021 年 4 月，美國軍方曾告誡總統拜登，目前還不到立即撤軍的時候，如果要撤，必須要有一個緩衝期和精心策劃，拜登卻選擇四個月內撤出所有美軍。事態的發展充分顯示拜登政府，缺乏從戰略和宣傳心理諸方面來考慮問題的成熟心態。美國高看了阿政府軍裝備精良的三十萬士兵，小看了衣衫襤褸的塔利班士兵。阿政府軍迅速崩潰，原因是多方面的，其中幾個原因尤其關鍵。

　　拜登政府主導下的撤軍，過程欠缺考慮，很多分析說拜登政府脫離現實。前美國駐阿富汗司令彼得雷烏斯批評撤軍行動過於倉促，使局勢急轉直下，是美國軍事戰略的巨大挫折。這位熟悉阿富汗局勢的美軍司令評論說，美國把軍隊迅速地全部撤離，導致了骨牌效應。當阿富汗政府軍意識到不再擁有以往的支援，心理防線便發生崩潰。

　　拜登所犯最大錯誤是把維修飛機的承包商也一起撤走。這就使阿富汗政府軍的一百多架戰鬥機、轟炸機和武裝直升飛機不能正常地起飛，為前線的政府軍提供空中支援，或給運輸線被塔利班阻斷的據點和城市提供彈藥和糧食補給。這支按照美軍的戰鬥模式來訓練和裝備的阿富汗軍隊，失去了制衡塔利班的空中優勢，沒有了美軍的策劃和心理支持，其弱點就被放大了。戰場情況顯示，很多地方政府軍不是不抵抗，而是因為被圍困後得不到增援，彈盡糧絕時才投降。

7月2日，美軍在一個晚上就從阿富汗巴格蘭軍事基地撤離，暴露出對塔利班的恐懼。這個倉惶撤離的行為，對阿政府軍士氣的影響甚大，連世界頭號超級大國都如此害怕塔利班，阿政府軍普通士兵會怎麼想，可想而知。

另外，塔利班採取遊擊戰術，常常突然集中兵力包圍和攻擊一個城市。阿政府軍正確的戰術應該是集中兵力，以運動戰消滅塔利班有生力量為主，而不是分散布防，防守多個據點和城市。塔利班士兵通常穿著普通老百姓的服裝，避開城市檢查站和政府軍防線，滲透進城市，然後對政府主要軍事據點進行打冷槍式的包圍騷擾，造成政府軍被圍困的局面。士氣低落的守軍在得不到其他地方的支援，槍彈和食物消耗完後就只有逃竄或投降。

8月初，卡達半島電視臺一位記者想去阿富汗第三大城市赫拉特採訪塔利班首領，得到的回答竟是可以在喀布爾會見，記者硬是在政府軍重兵把守的首都喀布爾一家酒店採訪了這位塔利班首領，由此可見塔利班是多麼容易就滲透進阿富汗首都。

阿富汗民眾基本上對於政府軍和塔利班的交戰袖手旁觀。二十年來，美國和阿富汗政府沒能有效改造社會，動員民眾，使之站在政府一邊。實際上，美國加給阿富汗的「民主制度」是以放任自由為特徵的。阿富汗政府沒有強力推進對社會的改造，剷除塔利班基本教義派的影響。二十年年間，美國耗費一兆美元重建阿富汗，但阿富汗廣大鄉村地區仍舊是一個部落、族群分立的社會。長期以來，塔利班都是阿富汗唯一一支有堅定信念，組織性強的武裝團體。這是主張恢復中世紀嚴謹道德規範和宗教禁忌的

塔利班能夠橫掃阿富汗的原因之一。

第三節　塔利班進入喀布爾

　　8 月 15 日，九位塔利班代表進入阿富汗總統府與加尼總統會談。阿富汗總統加尼不久逃離喀布爾。8 月 16 日凌晨，塔利班領導人巴拉達爾發表演說影片，告誡贏得戰爭的塔利班應「在真主面前謙卑，考驗的時刻剛剛開始」。

　　塔利班兵不血刃拿下喀布爾，有評論說這是不幸中的萬幸。因為這種未流血的奪權方式，會促使塔利班變得溫和一些。多國的評論也期望，塔利班能夠遏制極端勢力，走溫和路線。攻占喀

圖 68：塔利班的悍馬車駛入喀布爾

布爾之時，塔利班溫和派曾不斷表態，要建立一個有包容性的伊斯蘭政府，通過對話解決國際社會的關切。但最終，塔利班建立的政權還是命名為「阿富汗伊斯蘭大公國」。這是 1996 年至 2001 年間，塔利班政權首次統治阿富汗時使用的國名。塔利班臨時政府還宣稱實行伊斯蘭法規，國家政體仍舊是一個神權政體。

塔利班的核心領導成員有六個。保守派的代表是精神領袖海巴圖拉‧阿洪扎達 (Hibatullah Akhundzada, 1961–)，他對塔利班政治宗教及軍事事務有最終決定權。他於 2016 年從曼蘇爾手中接過指揮權，此前一直是學校老師，塔利班很多高層人物都出自這所學校。2021 年 7 月，一直低調的阿洪扎達發表演說，聲稱塔利班支持政治解決阿富汗問題，但將在阿富汗建立伊斯蘭國家體系，實現和平與安全。他向各國保證不允許極端勢力利用阿富汗領土威脅別國安全，同時呼籲它國不要干預阿富汗內政。

塔利班副領導人阿卜杜勒‧加尼‧巴拉達爾屬於務實派，1990 年代與歐瑪爾一起創建塔利班運動，2010 年在巴基斯坦被捕，2018 年在美國的要求下被釋放，此後作為塔利班的代表參與阿富汗問題的國際協商。

穆罕默德‧雅各 (Mohammad Yaqoob, 1990–) 是塔利班創始人歐瑪爾的長子，三十歲左右，主管軍事事務。2016 年，他以年輕為由，將總負責人的位子推給阿洪扎達。2021 年 8 月初，雅各指揮塔利班軍隊發動了從農村到城市的軍事進攻。另一位領導成員，西拉傑丁‧哈卡尼 (Sirajuddin Haqqani, 1979–) 屬於強硬派，五十歲左右，2018 年他子承父位，擔任塔利班重要的武裝力量

「哈卡尼網路」（約一萬人）負責人，主掌恐怖攻擊和處決等任務；他同時也負責塔利班的金融和軍事資產，以及在全球募集資金。塔利班的首席談判代表希爾·斯塔內克扎伊 (Sher Stanikzai, 1963–) 可能是溫和派。他常年生活在卡達首都杜哈，2015 年起擔任塔利班杜哈政治辦公室負責人，參與與政府的談判。阿卜杜勒·哈基姆·哈卡尼 (Abdul Hakim Haqqani, 1967–) 是塔利班談判小組的負責人，主管宗教學者委員會，並參與各種談判。

第四節　結　語

美軍及其盟軍全部撤離阿富汗，塔利班重組政權，歷史似乎又回到了原點。塔利班接管喀布爾政權的頭幾天，喀布爾機場發生了恐怖攻擊。最近一年，比塔利班更加激進的「伊斯蘭國」呼羅珊分支在阿富汗發動了好幾次恐怖攻擊，針對的既是塔利班政權，也不顧及平民的生命。

美國耗費一兆美元，二十多個國家駐軍阿富汗，國際社會援助約一千五百億美元，所扶持起來的政權和社會還是土崩瓦解。這標誌著美國主導對阿富汗的軍事、政治和社會政策的全面失敗，其原因是多方面的。

首先，美國軍事征服阿富汗後，其國家重建計畫有嚴重缺陷，沒有及時實施一個連貫的社會改造計畫。實際上，阿富汗的政治現代化，以及建立一個現代國家的征程開始得很早，二十世紀上半葉，阿富汗曾一度政治穩定，1970 年代，蘇聯扶持的政權也曾

用蘇式社會主義意識形態，來聚攏民眾對國家的認同，最終也遭到落後的宗教觀念和群體的進攻。

其次，阿富汗是一個多民族的國家，有塔吉克族、烏茲別克族、哈薩克族、普什圖人、哈拉扎人等等，教派分離，信仰不同，民眾對自己的種族、地區和教派的認同，遠高於國家認同。以自由放任和代議制為特徵的西方自由民主制度，難以團結分裂的種族和多樣的宗教意識形態。美國和西方也沒有認真設想過改變阿富汗民眾的思想和意識形態，以建立一個支持國家認同，並抵禦塔利班宗教極端思想和基本教義派的世俗文化氛圍。

從社會發展的角度來看，一些觀察家評論說，阿富汗的重建只是部分失敗。二十年間，阿富汗的 GDP 和人口有長足的增長、興建多所大學、保障基本的婦女人權，從 2003 年的四十億美元增加到 2020 年的兩百億美元，人均 GDP 增長了 166%，達到五百零九美元，人口從兩千兩百萬增加到三千九百萬。多所大學興建，婦女的人權得到基本保障，但是社會現實仍非常嚴峻，塔利班不准婦女進入眾多部門工作，導致大量婦女失業。喀布爾大學男女學生必須分開就坐。塔利班武裝力量僅有七八萬人，監管並不能嚴密覆蓋全國，一些地方女孩子也仍能到學校上課。阿富汗過去發展起來的私營電視臺、報紙和媒體，許多被迫關閉。2022 年 7 月 2 日，阿富汗臨時政府外交部長塔拉基在杜哈與歐盟代表們會見，呼籲國際社會承認阿富汗臨時政府，並聲稱將保障人民權益。

2022 年，塔利班政府重申了過去禁止婦女獨自離家、公共場合應穿戴波卡的政策。年底，宣布禁止女性就讀大學，也禁止擔

任教師。過去重建起來的人權受到嚴重的侵害。如今的阿富汗，又變回那個神祕而不可觸的世界，塔利班政權至今仍不為世界上大多數國家承認。從國內逃亡而出的大量難民，至今也仍滯留在鄰國，無法得到妥善的安置。這個由各大文明碰撞、融合而出的古老國度，如今的命運茫然迷惘，沒人知道將會行往何方。

Afghanistan

附　錄

大事年表

西元前

50000–20000	阿富汗地區已進入石器時代，並且在阿富汗的北部地區已有作物耕種和馴養動物
3000–2000	阿富汗境內已出現兩個具有規模的古城市，Mundigak （位於今坎達哈附近） 和 Deh Morasi Ghundai，特別是前者更是兩河流域文明和印度河古文明兩者往來的必經之地
2000–1500	今日的喀布爾城已經出現
1500–600	阿富汗人開始使用鐵器
西元前六世紀	瑣羅亞斯德在阿富汗北部創立祆教 。 他最後被游牧民族所殺害，死於巴喀 （位於今馬扎里沙里夫西方）
522–486	波斯統治大部分的阿富汗領土
329–323	亞歷山大大帝統治阿富汗
312–246	阿富汗歸屬塞琉古王朝
246–145	阿富汗進入希臘巴克特里亞統治時期
西元前二世紀	大月氏人定居阿富汗，中國史稱「大夏」
128 年	張騫抵達「大夏」期待共同打擊匈奴

西　元

40–237	印度貴霜王朝統治阿富汗。貴霜王朝著名的君主迦膩色伽時,融合印度與希臘的犍陀羅文化發展至最高峰
237–567	薩珊波斯、嚈噠人不斷爭奪阿富汗 嚈噠人更大肆破壞阿富汗的佛教寺廟
622	取西經的玄奘抵達巴米揚、巴格蘭等地
652	阿拉伯人開始將伊斯蘭教傳入阿富汗地區
十至十一世紀	阿富汗逐漸接受伊斯蘭文化
1030	加茲尼王朝的創建者馬赫穆德逝世(998～1030年在位)
1219–1221	成吉思汗入侵阿富汗地區,嚴重地破壞當地的灌溉系統,許多良田因此變成沙漠
1273	馬可波羅到達阿富汗
1370–1404	帖木兒建立一個僅次於蒙古的大帝國
1412–1413	明成祖二次派遣使團出訪帖木兒汗國(明朝稱哈烈國)
1451	阿富汗人攻入印度的德里奪取王位
1504–1519	蒙兀兒王朝的創始者巴布爾占領喀布爾
1560–1638	在巴亞濟德帶領下,爆發反抗蒙兀兒王朝的羅沙尼特運動,其死後反抗運動仍持續
1673	胡什哈爾汗·哈塔克發動革命反抗蒙兀兒王朝
1709	米爾瓦依斯汗在坎達哈發動革命反抗統治阿富汗南部的伊朗薩法維王朝
1736	納第爾沙占領阿富汗的西南部和波斯的東南部

1751	阿赫馬德沙驅逐阿富汗境內的外敵，建立起領域大體相當於今天阿富汗的新國家
1761	阿赫馬德沙在帕尼帕特戰役中殺害了三十萬的印度人
1834	多斯特‧穆罕默德贏得「虔誠信教者的司令」，並在 1836 年再度統一阿富汗
1839–1842	第一次英阿戰爭
1873	俄國劃定了一條固定的俄阿邊界 俄國宣稱尊重阿富汗的領土完整
1879–1881	第二次英阿戰爭
1885	俄國強占阿富汗的北方領土——平狄綠洲
1895	英國與俄國簽訂 《關於帕米爾地區勢力範圍的協定》，瓜分阿富汗的領土
1901	新國王哈比布拉繼位緩步地朝現代化邁進
1918	阿富汗思想家塔爾奇將國外的雜誌引入阿富汗，並創辦多種報紙
1919	阿曼努拉繼位後積極推動改革，他更建立了阿富汗第一家博物館 爆發第三次英阿戰爭
1930	納第爾汗以武力結束了阿曼努拉晚期混亂的局面，成為新國王後減緩現代化的腳步
1934	美國正式承認阿富汗
1940	查希爾國王宣布阿富汗在第二次世界大戰時維持中立
1949	普什圖人尋求獨立 ，宣稱建立一個獨立的普什圖

國，但不被國際社會所承認

1955	達烏德總理向俄羅斯尋求軍事援助
1959	阿富汗女人可以接受大學教育，也能從事工作，以及進入政府機關
1963	查希爾國王要求達烏德總理下臺
1965	阿富汗共產黨成立
1973	達烏德和阿富汗共產黨發動軍事政變，推翻查希爾廢止立憲制，改國號為阿富汗共和國
1974	聯合國經濟社會文化組織指定赫拉特的城市設計遺跡為世界文化重要遺產
1979	俄羅斯於 12 月入侵阿富汗
1987	阿富汗執政黨中央總書記納吉布拉宣布停火
1989	俄羅斯在簽署《日內瓦協定》之後，開始從阿富汗撤軍
1994	塔利班民兵正式成立後，迅速推翻原有的阿富汗政府
1998	2 月時大地震造成阿富汗的東北部四千人以上的死亡，許多村落、房屋全毀，民眾無家可歸 美國已開始有計劃性的摧毀賓拉登的基地
1999	2 月大地震來襲造成阿富汗東部更大規模的傷亡，受到影響的民眾超過三萬人 因為塔利班提供賓拉登庇護，所以聯合國安理會第 1267 號決議案決定對塔利班實施制裁
2000	聯合國安理會通過更多對塔利班政權的制裁
2001	塔利班政權陸續摧毀喀布爾博物館中的歷史雕像、

巴米揚大佛等歷史遺跡

塔利班被打敗，阿富汗臨時政府成立，哈密德‧卡
爾扎伊就任臨時政府主席

2002　　聯合國向阿富汗派遣了國際安全援助部隊，並成立
阿富汗援助團

阿富汗大國民議會召開，選舉產生過渡政府，卡爾
扎伊當選總統

2004　　過渡政府頒布新憲法，確立國名為「阿富汗伊斯蘭
共和國」，實行總統制，國民議會為最高立法機關，
由人民院（下院）和長老院（上院）組成

首次直選總統，卡爾扎伊當選，任期五年

2010　　西方駐阿富汗聯軍開始逐步撤出

2011　　賓拉登在巴基斯坦被擊斃

美國歐巴馬總統宣布撤軍方案，預估 2012 年底前
撤出三萬三千人，2014 年完成安全責任轉交。開
始推動阿富汗政府與塔利班的和談

2012　　阿富汗和美國簽署《持久戰略夥伴關係協議》，對
今後美國和阿富汗在政治、經濟、安全等領域合作
做出規劃

阿富汗成為上海合作組織觀察員國

2013　　塔利班創始人和最高領導人歐瑪爾死亡

2014　　塔利班發動「春季攻勢」

美國宣布 2015 年底駐阿富汗美軍將縮減至約五千人

阿富汗舉行選舉，卡爾扎伊政府前財政部長阿什拉
夫‧加尼當選為新一屆阿富汗總統

2015	阿富汗政府和塔利班在巴基斯坦舉行了首次公開對話
2016	阿富汗、巴基斯坦、中國、美國構成的四國機制主導的阿富汗和平進程談判啟動 2月底，塔利班發表聲明只有外國軍隊撤出阿富汗，才參加和平談判
2018	美國開始與塔利班和談
2020	美國與塔利班簽署和平協定
2021	美國開始撤軍，阿富汗局勢急轉直下，塔利班快速席捲全國。8月，美軍完全撤出，塔利班占領喀布爾，宣布重新建立「阿富汗伊斯蘭大公國」
2022	塔利班政府宣布禁止女性就讀大學
2023	巴基斯坦強制驅離國內一百多萬的阿富汗難民

參考書目

A. K. Thakur, *India and the Afghans, A Study of a Neglected Region (1370–1576 A.D.)*, New Delhi: Janaki Prakashan, 1992.

Elizabeth Wyse & Barry Winkleman, eds., *Past Worlds, The Times Atlas of Archaeology*, London: Times Books, 1996.

Geoffrey Barraclough, ed., *The Times Concise Atlas of World History*, London: Times Books, 1994.

Louis Dupree, *Afghanistan*, Princeton University Press, 1973.

Pierre Vidal－Naquet, ed., *The Collin Atlas of World History*, London: Guild Publishing, 1987.

Robert Thompson, ed., *War in Peace, An Analysis of Warfare from 1945 to the Present Day*, London: Orbis Publishing, 1981.

Vartan Gregorian, *The Emergence of Modern Afghanistan, 1880–1916*, Stanford University Press, 1969.

William Maley, ed., *Fundamentalism Reborn? Afghanistan and the Taliban*, New York: New York University Press, 1998.

圖片出處：

Wikipedia：圖 1、2、3、8、9、11、15、16、17、18、20、21、22、23、25、28、29、30、31、32、34、35、36、37、38、39、40、41、42、43、44、45、46、49、50、51、53、54、55、57、59、60、63、64、65、66、67、68

Shutterstock：圖 5、6、7、13、14、19、26、27、47

Library of Congress：圖 33、48

Kanishka Afshari/FCO/DFID：圖 56

The Children of War：圖 61

國別史叢書

阿富汗史——戰爭與貧困蹂躪的國家

歷經異族入侵、列強覬覦,阿富汗人民建立民族國家,在大國夾縫中求生,展現堅韌的生命力。

然而內戰又使阿富汗陷於貧困與分裂,戰火轟隆下,傷痕累累的阿富汗該如何擺脫陰影,重獲新生?

伊朗史——創造世界局勢的國家

曾是「世界中心」的伊朗,如今卻轉變成負面印象的代名詞,以西方為主體的觀點淹沒了伊朗的聲音。本書嘗試站在伊朗的角度,重新思考那些我們習以為常的觀念與說法,深入介紹伊朗的歷史、文化、政治發展。伊朗的發展史,值得所有關心國際變化的讀者深入閱讀。

伊拉克史——兩河流域的榮與辱

兩河流域的人民,憑藉洪水沖積後的肥沃土壤,創造出歷史上最古老的農耕文明之一。美索不達米亞不只是地理名詞,更代表古老文明的黎明時分。但四通開放的環境,也引來周邊民族的競逐,這塊成就人類文明、靈性的搖籃,如何化作流淌血與淚的悲痛地?本書參酌豐富史料,細述伊拉克的數千年歷史,邀您一同見證兩河流域的榮與辱。

阿拉伯半島史——伊斯蘭的崛起與地緣爭霸

阿拉伯半島,自古以來不僅是中西方交流的重要中介地,更是香料貿易的產地,作者以地理環境、氣候及物產交織建構出一個立體的阿拉伯地域,更藉由諸如貝都因在沙漠帳篷的游牧生活、定居民在高聳黃土建築的城鎮生活等,帶我們深入了解最為傳統的阿拉伯面貌。

約旦史——一脈相承的王國

位處於非、亞交通要道上的約旦,先後經歷多個政權更替,近代更成為以色列及阿拉伯地區衝突的前沿地帶。本書將介紹約旦地區的滄桑巨變,並一窺二十世紀初建立的約旦王國,如何在四代國王的帶領下,在混亂的中東情勢中求生存的傳奇經歷。

以色列史——神祕與驚奇的古國

本書聚焦於古代與現代以色列兩大階段的歷史發展,除了以不同角度呈現《聖經》中猶太人的歷史及耶穌行跡之外,也對現代以色列建國之後的阿以關係,有著細膩而深入的探討。

埃及史——自由與浪漫的激情演繹

溫和的尼羅河為埃及帶來豐沛的水源,孕育出埃及璀璨的上古文明。近代以來,埃及為對抗外來勢力的侵略,建立起民族獨立國家,並致力於現代化。本書以通俗易懂的文字描述埃及歷史文明的演進、主流文化與特色,帶你一探埃及的過去和現在。

土耳其史——歐亞十字路口上的國家

在伊斯蘭色彩的揮灑下,土耳其總有一種東方式的神祕感;強盛的國力創造出充滿活力的燦爛文明,特殊的位置則為她帶來多舛的境遇。且看她如何在內憂外患下,蛻變新生,迎向新時代的來臨。

國別史叢書

希臘史——歐洲文明的起源

從航行於碧海眾島間的古代英雄，到奧林帕斯山上的諸神，希臘的山與海是孕育歐洲文明的故鄉。雖然擁有偉大而悠久的歷史，走向現代的路途卻是顛簸坎坷。這個歐洲文明的起源地，能否發揮她古老的智慧，航向名為未來的彼岸呢？本書將帶您一起見證，希臘如何經歷數千年的歲月，打磨出其歷久彌新的榮光。

愛爾蘭史——詩人與歌者的國度

愛爾蘭與臺灣皆為海島國家，也因其優良的地理位置，吸引諸多民族到訪、開墾，抑或統治。十八世紀末的愛爾蘭向英格蘭爭取議會民主，其情景與日治時期的臺灣有幾分相似，皆為自由而奮鬥，但其歷史卻鮮為人知。因此，本書以愛爾蘭歷史為核心，從政治、經濟、文化、藝術等多方面建構愛爾蘭，期盼讀者能輕鬆閱讀愛爾蘭的歷史，並一同悠遊於「詩人與歌者的國度」。

烏克蘭史——西方的梁山泊

地處歐亞大陸交界的烏克蘭，歷史發展過程中不斷受到周遭勢力的掌控，但崇尚自由的他們始終堅持著民族精神與強鄰對抗。蘇聯解體後，烏克蘭終於獨立，但前途仍然一片荊棘，且看他們如何捍衛自由，朝向光明的未來邁進。

丹麥史——航向新世紀的童話王國

全球最幸福國家不是一天內打造出來的！這個童話國度裡有全歐洲最開明的王室、勇敢追求改革的文人、還有積極擁抱創新的人民，讓我們一窺丹麥人如何攜手面對種種時代風潮，建立人人稱羨的幸福王國。

日本史──矜持的變色龍

日本列島列島的人們,自古以來長期吸收外來文明,就像是條靈活的變色龍,隨著環境改換面目來適應衝擊與變局,但同時又能維持自身特色,最後發展出獨樹一幟的歷史文化。本書以清晰脈絡與多元面向,幫助讀者認識日本這條變色龍如何從僻居大洋一隅的島國到建立現代國家,並分析其不同時期的政治、文化與對外關係,及至當代日本概況的完整歷程。

韓國史──悲劇的循環與宿命

位居東亞大陸與海洋的交接,注定了韓國命運的多舛,在中日兩國的股掌中輾轉,經歷戰亂的波及。然而國家的困窘,卻塑造了堅毅的民族性,愈挫愈勇,也為韓國打開另一扇新世紀之窗。

越南史──堅毅不屈的半島之龍

龍是越南祖先的形象化身,代表美好、神聖的意義。這些特質彷彿也存在越南人民的靈魂中,使其永不屈服於強權與失敗,總能一次又一次的挺過難關,期盼就像是潛伏大地的龍,終有飛昇入天的一日。

印尼史──異中求同的海上神鷹

印尼是一個多元、複雜的國家──不論在地理或人文上都是如此。印尼國徽中,神鷹腳下牢牢地抓住"Bhinneka Tunggal Ika"一句古爪哇用語,意為「形體雖異,本質卻一」,也就是「異中求同」的意思。它似乎是這個國家最佳的寫照:掙扎在求同與存異之間,以期鞏固這個民族國家。

國別史叢書

智利史——山海環繞的絲帶國

讓我們在智利的土地上跳舞／……／這片土地有最翠綠的果園／最金黃的麥田／與最紅的葡萄園／踏上去似糖如蜜！——智利詩人米斯特拉
越過大山大海的限制、走出極權統治的陰影，
看智利如何從世界邊緣走向拉美強國。

法國史——自由與浪漫的激情演繹

法國，她優雅高貴的身影總是令世人著迷，她從西歐小國逐漸成長茁壯，締造出日後舉足輕重的地位。在瑰麗的羅浮宮、不可一世的拿破崙之外，更擁有足以影響世界的歷史與文化成就。

國家圖書館出版品預行編目資料

阿富汗史：文明的碰撞和融合／何平著.－－增訂四
版一刷.－－臺北市：三民，2024
面；　公分.－－（國別史）

ISBN 978-957-14-7762-6　（平裝）
1. 阿富汗史

736.21　　　　　　　　　　　　113001205

國別史

阿富汗史——文明的碰撞和融合

作　　者	何　平
創 辦 人	劉振強
發 行 人	劉仲傑
出 版 者	三民書局股份有限公司 (成立於 1953 年)

三民網路書店
https://www.sanmin.com.tw

地　　址	臺北市復興北路 386 號　（復北門市）　(02)2500-6600 臺北市重慶南路一段 61 號 (重南門市)　(02)2361-7511
出版日期	初版一刷 2003 年 7 月 增訂三版一刷 2016 年 10 月 增訂四版一刷 2024 年 4 月
書籍編號	S730090
I S B N	978-957-14-7762-6

三民書局